WANLI
SIDAZHENG

万历四大征

下

赵恺 著

团结出版社
UNITY PRESS

下

部

楔子：神宗

所谓"万历四大征"，指的是发生在大明王朝第十三位皇帝明神宗朱翊钧在位期间的四场大规模的战争。虽然这些战争的爆发固然有着各种各样的偶然因素，但从历史唯物主义的角度来看，也是一种必然。

明嘉靖四十五年（1566）十二月，明世宗朱厚熜病死，其子朱载垕继位，是为明穆宗，改翌年为隆庆元年（1567）。明穆宗朱载垕在位六年，醉心于玩乐挥霍，使嘉靖以来"帑藏匮竭"的财政危机进一步恶化，尖锐的社会阶级矛盾进一步激化，明帝国的社会、政治、经济已到了不改革则无以为继的地步。

明穆宗朱载垕于隆庆六年（1572）五月去世，其子朱翊钧即位，是为明神宗，诏改翌年为万历元年（1573）。不过登上皇位的明神宗朱翊钧此时只是一个十岁的孩子，政务由穆宗陈皇后及神宗生母李贵妃主持。穆宗去世后，阁臣张居正与司礼监秉笔太监冯保相结纳，冯保素与首辅高拱有郄，在太后面前诉说高拱擅权不可容，于是太后下旨，将高拱逐出朝堂，由张居正接任首辅。陈皇后与李贵妃"内任冯保，而大柄悉以委居正"。

张居正可以说是明皇朝最有权势的首辅，当时阁臣吕调阳、张四维皆"恂恂若属吏，不敢以僚自处"。李贵妃在训责明神宗朱翊钧时，则往往说："使张先生闻，奈何！"年幼的朱翊钧听了很害怕。当张居正父丧归乡时，朝廷大事专门派人"驰驿之江陵，听张先生处分"。

张居正还朝，一路上守臣率长跪，抚按大吏越界迎送，身为前驱。道经襄阳、南阳，藩王襄王、唐王俱抵郊外迎候，设宴款待。史称："帝虚己委居正，居正亦慨然以天下为己任，中外想望丰采。"张居正在万历初柄政的十年中，可以说是权侔帝王了。正是凭借着这样的权势，张居正雷厉风行地推行了一系列的改革政策，对明皇朝的旧政积弊进行了大刀阔斧的革新。

为了改变"贪官为害""驱民为盗"、吏治腐败的局面，改变因循敷衍、没有实效的官场恶习，张居正创立了"考成法"，用以考核官吏的政绩。"考成法"规定评判官吏政绩好坏的标准以"安静宜民者"为上，"沿袭旧套虚心矫饰者"列下考。

其具体方法是逐级考核，抚按以上述标准考核属吏，吏部以之考核抚按一级，朝廷以之考核吏部。如抚按不能悉心甄别、如实考核，则抚按为不称职，吏部应秉公汰黜之；如吏部未能精心核实处理，则吏部为不称职，朝廷宜秉公处置。

逐级考核之外，还有随事考成的制度，即规定六部都察院及各衙门之间来往公文、传达处理均根据"道里远近，事情缓急，立定程期，置立文簿存照"。如有延误者，各级官吏都有责举报。如此月考、岁考，建立了严密的考核制度，使得"纪纲法度莫不修明"。张居正据"考成法"裁革了一大批慵懒无能的官吏，奖励提拔了一批廉能的官吏。"考成法"的实施也在组织制度上保证了其他各项改革措施的顺利推行。

为了增加田赋收入，缓解财政危机，张居正不得不接二连三地下令清理积欠的租赋。万历元年（1573），诏令"自隆庆改元以前逋租，悉赐蠲除，四年以前免三征七"，第二年又规定，拖欠七分之中，每年带征三分。次年又规定"输不及额者，按抚听纠，郡县听调"。张居正将之列为官吏考成的一项内容，令"朝下而夕奉行"，迅速扭转了明皇朝财政窘迫的困境。至万历四年（1576），"太仓粟充盈，可支十年"，"太仆寺亦积金四百余万两"。

为了解决长期遗留的"豪民有田不赋，贫民曲输为累，民穷逃亡，故额顿减"的社会矛盾，张居正于万历六年（1578）下令在全国清丈田地，并严令强宗豪民不得挠法，否则严惩不贷。万历九年（1581）丈量完竣，计田地的总额比弘治时期多三百万顷。

这个数字中虽有个别官吏为邀功而改用小弓丈量以求田多的情况，但清查出来的田地大部分是强宗豪民的田地则是毫无疑问的。史称"清丈"以后"豪猾不得欺隐，里甲免赔累，而小民无虚报"。嘉靖年间，"一条鞭法"的赋役改革，在张璁的主持下曾在一些地区推行过，但"数行数止，至万历九年乃尽行之"。

万历九年（1581），张居正在全国范围内推行了"一条鞭法"的赋役制度改革。"一条鞭法"的内容为：将赋役以及土贡方物等杂征皆合并为一项，一律征银，按人丁和田亩分摊；赋役额数以州县为单位，原有赋役额不准减少；赋役额由地方官直接征收。

"一条鞭法"统一了赋役，简化了征收项目和手续，减少了中间环节，便于管理，在一定程度上抑制了豪强漏税和官吏贪污的弊病，减轻了贫穷小民的负担，保证了朝廷的田赋收入。因此史称："赖行一条鞭法，无他科扰，民力不大绌。"

鉴于明中期以来"虏患日深，边事久废"，"守备单弱"的状况，张居正竭力整饬边防，擢用了一批有才干的将领守御边疆。如用名将李成梁镇辽，鞑靼左翼诸部十余万人数次入寇辽左，均被李成梁力战击败。戚继光镇蓟门十六年，边备修饬，蓟门晏然。而在他之前十七年间，"易大将十人，率以罪去"。史称，由于张居正知人善任，努力整饬边防，故使得这一时期"边境晏然"。

此外，张居正还在整理驿递、裁汰冗官、整理学校方面多有所改革。

张居正是一个务实的改革家，他的许多改革政策都是针对明皇朝历代积弊而制定的，他的改革也取得了很大的成效：由于吏治有了很大改变，号令一下，"虽万里外，朝下而夕奉行"；财政亏空变为帑藏绰有剩余；从"边事久废"基本达到"边境晏然"。然而在张居正去世后，由于改革触及了一些权贵的利益，招致他们的怨恨和非议，也由于其生前"威柄之操，几于震主，卒致祸发身后"。

从万历十年（1582）初开始，张居正病倒在床，明神宗朱翊钧仍频频遣使慰问、赐物。至同年六月十一日，张居正已危在旦夕。明神宗朱翊钧以论辽东战功，晋他为太师，荫一子为锦衣卫世袭指挥同知。文臣没有生前加"三公"的，只有死后才能赠给。在明代，一人而独享"三公"之殊荣者，唯有张居正也。在此之前，明神宗朱翊钧还多次说过不仅要破例赏赐张居正，而且要特殊优待他的子子孙孙。

六月二十日，张居正与世长辞，终年五十八岁。一代名相谢世，皇上悲痛，下令辍朝一日，举国哀悼，赐祭九坛，礼视国公兼师傅，赠上柱国，谥文忠。明代身后得赠上柱国者，只有洪武朝武臣江阴侯吴良、永乐朝僧人太子少师姚广孝和张居正三人。

张居正之所以成为中国古代史上伟大的政治家，是因为他在万历初年置生死于度外，"工于谋国，拙于谋身"，为了富国强兵，进行政治经济改革。他业绩炳然，他的名字也可以说是当时"改革"的代名词。对此，国人有定论，明神宗更清楚：如果没有张居正，就没有他的新政，没有那时"太仓粟充盈，可支十年"的繁荣气象。

然而，明神宗朱翊钧终归是一个封建帝王。封建帝王共有的思想特征和心理状态，是喜怒无常，翻脸不认人，一切以实用为标准。朱翊钧也是这样一个皇帝。他长大以后，越发感觉到张居正处处揽大权。为了防止今后再发生这种现象，张居正一死，他马上就来了个一百八十度大转弯，于是生前"忠贞不贰"的"元辅张先生",死后反而变成了"谋国不忠"的"大奸"。

明神宗朱翊钧心里明白,张居正在世时,他是如何重用张居正,并许下了多少诺言。而今要实现这个转变,必须寻找时机,找到借口,不能平白无故地说张居正是坏人,而要有计划、有步骤。问题是从哪里下手?明神宗朱翊钧素以"贪财好货"闻名。当时他的弟弟潞王朱翊镠即将结婚,需要一大笔开支。其母李氏为儿子的婚费焦急,多次催促神宗赶紧筹办。朱翊钧舍不得动用内府的丰富积蓄,又顾虑大臣再批评他天天随意挪用国库的钱,正巧,这时有一个名叫张诚的贴身太监向他秘密奏报,说经过长期暗中侦查,张居正和冯保"宝藏逾天府"。

朱翊钧一听,怦然"心动",而且怀疑张居正积蓄多于冯保。加上冯、张二人以前对他约束太严,使他时存反感,及渐长而"心厌之"。于是就不管什么冯"大伴"和"元辅张先生",也不顾不是"谋反、叛逆与奸党"不可抄家的祖宗法律了。经过权衡利害得失,朱翊钧决定先拿冯保开刀。

万历十年(1582)十二月,朱翊钧以"冯保欺君蠹国,罪恶深重",免去东厂提督,押到南京软禁,抄家没产,神宗得到金银一百余万两,珠宝瑰异无算。当时,冯保和张居正是互为依存,生死与共,谁也离不开谁。冯保垮台,张居正必在劫难逃。

由于张居正生前是内阁首辅,又是太傅、太师,影响很大,所以在做法上有些不同。朱翊钧先大造舆论,形成"举朝争索其罪"的强大声势,将张居正重用的人统统罢去,同时为从前反对张居正的人一一恢复名誉或官职,然后再步步升级,彻底搞臭。万历十一年(1583)三月,朱翊钧诏夺张居正上柱国、太师兼太子太师,八月,夺"文忠"谥号。

万历十二年(1584)四月,辽王朱宪㸅次妃王氏状告张居正强占辽王庄田和金宝万计。遂以侵盗王府资产罪,命抄张氏在京与江陵老家财产,总计得银十多万两、黄金数万。八月十三日，朱翊钧诏削张居正官秩，夺所赐玺书、四代诰命，公布罪状，曰："张居正诬蔑亲藩，侵夺王坟府第。钳制言官，蔽塞圣聪。私废辽王。假丈量田土，骚动海内。专权乱政，罔上负恩，谋国不忠。本当破棺戮尸，念效劳有年，姑免尽法。其弟都指挥居易，子编修嗣修，子张顺、张书，都着永远戍边。"

自此开始，"终万历世，无敢白居正者"。张居正其人其事，成为禁区，谁也不得议论。张居正当然有不少过错，但他所从事的改革事业是进步的。明神宗朱翊钧不问青红皂白，一概加以否定，用心甚毒，却也因此走向了反面。这道诏令，是他自毁新政，全面扼杀他与张居正共同进行的改革成果的自白书，也是他本人由勤变懒、全面废弃励精图治的标志。从此以后，明神宗朱翊钧已完全变成了另一个人。皇上怠荒，朝纲必坏，各种社会弊端开始全面复辟，地方秩序由相对稳定而走向混乱。

从万历十一年（1583）十二月初一起，明神宗朱翊钧一面搞臭张居正，一面以"病"为借口，不亲郊庙，不见廷臣。内治不修，上梁不正下梁歪。继张居正为首辅的张四维，"及代柄，务倾江陵以自见，尽反其所为。所裁冗官秕政，一切复之"。

失去了张居正的管束，明神宗朱翊钧"日夜纵饮作乐"。而张居正之后入主阁者申时行等人"亦蹈其故智，使纪纲陵迟，侵渔日恣，吏贪而民玩，将惰而兵骄，国储动荡"。万历十三年（1585）正月，四川建武所兵变。此后，次年，为争立皇太子，演变成了旷日持久的"国本之争"。

所谓"国本之争"，是明神宗朱翊钧因册立太子的问题而与群臣的矛盾，由于中国古代有"太子者，国之根本"之说，所以被称为"国本之争"。明神宗的长子朱常洛原为他与宫女王氏在偶然之下所生的，明神宗因为朱常洛为宫女所生，所以不喜欢他。

王氏原为慈宁宫宫女，在张居正主政的万历九年（1581）的某一天，明神宗去往慈宁宫向慈圣皇太后请安。当时太后不在，王氏端水让他洗手，他一时兴起，就宠幸了王氏，王氏受孕后，太后询问明神宗朱翊钧。明神宗朱翊钧起先不承认是他的作为，太后命人取《内起居注》查看，至此明神宗朱翊钧方勉强承认，后封王氏为恭妃。当时宫中称宫女为"都人"，明神宗朱翊钧因此也常称朱常洛为"都人子"，不是很喜欢他。

明神宗朱翊钧嫔妃众多，其中最宠爱郑氏，万历十年（1582）封为淑妃，次年进为德妃。到万历十四年（1586），郑氏生子，即朱常洵。明神宗朱翊钧大喜，有意晋封为皇贵妃，这与他对恭妃冷落的态度形成鲜明的对比。很快，有流言说明神宗与郑贵妃曾到大高玄殿祷神盟誓，相约立朱常洵为太子，并且将密誓御书封缄在玉匣内，由郑贵妃保管。

大臣们受到流言影响，纷纷建议尽早册立皇长子朱常洛为太子，以破除流言。万历十四年（1586）郑氏生子同年，首辅申时行上疏，列举明英宗两岁、明孝宗六岁被立皇太子为例，要求册立皇长子朱常洛为太子，明神宗以长子幼弱为由，等两三年后再举行。这加深了群臣的不安，户科给事中姜应麟、吏部员外郎沈璟等人纷纷上疏请册立东宫。

其中姜应麟措辞激烈，让明神宗朱翊钧颇为激怒，将奏折扔在地上，对身边宦官说："册封贵妃，初非为东宫起见，科臣奈何讪朕！"遂降旨："贵妃敬奉勤劳，特加殊封。立储自有长幼，姜应麟疑君卖直，

并不受宠的太子朱常洛

可降极边杂职。"于是贬姜应麟为大同广昌典史。吏部员外郎沈璟、刑部主事孙如法相继上言，都被处罚。但迫于舆论压力，明神宗朱翊钧处罚姜应麟的谕旨之中也指出立太子一定会依长幼顺序册立。

此后大臣仍然要求册立皇长子朱常洛为太子，并于万历十八年（1590）集体要求册立，并且杜门请辞，向明神宗朱翊钧施加压力。朱翊钧只好推至次年或皇子十五岁时，之后又推说延至万历二十年春举行。到次年八月工部张有德提议需要动工准备，然而被明神宗以不准奏扰为由罚禄三月。首辅申时行与大臣等人上疏反对，明神宗朱翊钧大怒，然而申时行又暗中表明辩白。此事曝光之后申时行名誉扫地，被弹劾后只得辞职返家。其余众大臣或被辞职，或被廷杖。

万历二十一年（1593）正月，明神宗朱翊钧加快了改立进程，下手诏给大学士王锡爵，要将皇长子朱常洛、皇三子朱常洵和皇五子朱常浩一并封王，以后再择其中善者为太子。王锡爵既怕得罪明神宗，又怕被朝臣攻讦，于是上疏请由皇后抚育长子，如此长子就是嫡子。

然而明神宗朱翊钧只以前谕示朝臣，继续准备行三王并封之礼，顿时朝中大哗。因为王锡爵这么一说，等于明指朱常洛还需要补办手续，质疑了朱常洛做太子的合法性，因此大臣们纷纷指责王锡爵阿谀顺上，王锡爵无奈自劾请辞，而朱翊钧也迫于众议收回了前命。

群臣请立朱常洛为太子一事，前后纷争凡十五年之久，在慈圣皇太后的干预下，明神宗终于在万历二十九年（1601）让步，立虚龄已二十岁的皇长子朱常洛为太子，朱常洵为福王、朱常浩为瑞王、朱常润为惠王、朱常瀛为桂王。朱常洛出阁读书时，正值寒冬，太监不给太子生火取暖，朱常洛冻得浑身发抖，讲官郭正域怒斥太监，太监们才给他生火。

此后，福王又不赴封国长期逗留京师，于是大臣们又纷纷开始上疏要求其按祖制离京赴封地居住，这其中以大学士叶向高、礼部右侍郎孙慎行争执得最为激烈。直到万历四十二年（1614）三月，爆发了郑贵妃收买流浪汉张差欲行刺太子朱常洛的"梃击案"，在朝臣的压力下，福王朱常洵才勉强宣布离开北京前往自己的封国。

在"国本之争"持续发酵的同时，明帝国内部各种天灾人祸更不断上演。万历十六年（1588）八月，明神宗朱翊钧不顾南北各地大饥荒，为身后之计，大肆挥霍，加紧修建"寿宫"。万历十七年（1589）正月，太湖、宿松地方爆发农民起义，饥民数万闻风响应。三月，云南永昌卫士兵暴动。四月，广东白莲教起义。

至同年十二月底，太仓外库银只剩下三十一万余两，"利孔已尽，无复可开"。初年改革的积蓄，用得近乎精光。这一年，明神宗因为有人批评他唯好酒色财货，暴跳如雷，大怒不止，从此章奏留中不发。万历十八年（1590）二月，再罢日讲，"自后讲筵遂永绝"。缺官严重而不补，也是从这一时期开始的。

万历十九年（1591）十月，京营武官闹事，直冲入长安门。举朝惊骇，人心不安。是时，明神宗朱翊钧也不得不承认这样严峻的现实："近年以来，人各有心，众思为政——以致国是纷纷，朝纲陵替，大臣解体，争欲乞身，国无其人，谁与共理。内治不举，外患渐生，四夷交侵。"可惜他非但不吸取教训，反而越走越远，继续大逞酒色之乐。

万历二十年（1592）正月，御史冯从吾奏言：陛下郊庙不亲，朝讲不御，章奏不发，而"每夕必饮，每饮必醉，每醉必怒"，真是"内治不举，外患渐生"。同年二月，宁夏致仕副总兵官哱拜起兵反叛；五月，日本丰臣秀吉政权发动侵朝战争；其时西南又发生播州土司杨应龙之乱。也由此引发了所谓"万历三大征"——大明帝国长达十余年的三线作战……

第一章：和议与破城

——沈惟敬其人与中、日
平壤之战

一、沈氏

万历二十年（1592）五月上旬，辽东巡抚郝杰向兵部发来有关朝鲜方面的紧急军情："据朝鲜国王咨称，本年四月十三日，有倭船四百余只，从大洋挂篷，直犯朝鲜，围金鱼山镇地方。本镇将领等官督兵交战，贼势方炽，镇城外人家尽被焚烧。"

兵部把这一军情向明神宗朱翊钧奏报，朱翊钧当即作出决定："这倭报紧急，你部里即便马上差人，于辽东、山东沿海省直等处，着督抚镇道等官，严加操练，整饬防御，毋致疏虞。"算是明确要求辽东、山东沿海做好临战准备，以防事态恶化，及时采取进一步行动。

随后，明神宗朱翊钧又根据朝鲜特使——参判申点的报告，得知国王李昖因兵力单薄，已退避平壤云云，特别关照兵部："朝鲜危急，请益援兵，你部里看议了来说。王来（指李昖若来投靠），可择一善地居之。"可以说，明神宗朱翊钧在军国大事方面的办事效率还是很高的，毫不犹豫地便作出了东征御倭援朝、接纳朝鲜国王避难的决定。

然而，兵部虽然遵旨出兵，但由于对敌情的估计严重不足，仅派出辽东副总兵祖承训所部渡鸭绿江增援，结果一败涂地。初战失利的消息传到京师，朝野为之震动，但并没有影响明神宗朱翊钧的决心。他第一时间任命兵部侍郎宋应昌为蓟保辽东等处备倭经略，任命员外刘黄裳、主事袁黄为军前赞画。

宋应昌是浙江杭州人，嘉靖四十三年（1564）二十八岁的他在浙江乡试中举之后，次年才以廷试二甲二十名的成绩，留在了礼部观政。两年之后的隆庆元年（1567）六月，宋应昌实授绛州知州，开始了他的三年外放生涯。直至隆庆四年（1570）五月才被调回中枢，先后任刑部员外郎、户科给事中等职务。其间虽然因为父亲宋儒去世而不得不回乡"丁忧"三年，但其万历三年（1575）二月重回中枢之后，便立即进入了升迁的快车道。

万历三年（1575）七月，宋应昌升任济南府知府，五年之后升任山西按察司副使。万历十一年（1583）二月升河南右参政，次年又升山东按察使。万历十四年（1586）正月升江西右布政使。三年之后的万历十七年（1589）正月宋应昌又升任福建左布政，二月又升右副都御史、巡抚山东，筹建营卫巡司。

宋应昌担任山东巡抚期间，提出整饬海防的意见吸引了明神宗朱翊钧的注意。客观地说，宋应昌所谓"海防事宜五事：一设专官，以备责成；二加职衔，以资弹压；三增营房，以恤士卒；四撤防海，以俾实用；五复海汛，以消奸宄"不过是些泛泛之论。但他提出的"倭奴情形已著，春汛可虞"，却是大明朝野之中较早提出有关日本军事威胁的警告。

万历二十年（1592），随着日本入侵朝鲜的消息传来，明神宗朱翊钧显然是想起了让他重视"倭奴"威胁的宋应昌，便于当年八月将这个上任仅两个月的工部右侍郎，改任为兵部右侍郎，并让他前往保定、蓟镇、辽东等地经略备倭事宜。

此时的宋应昌可谓毫无军事经验，而兵部尚书石星为其委派的两个助手则比他还要不通战阵。袁黄时年五十九岁，却是万历十四年（1586）的进士，在正式升任兵部职方司主事之前，只当过几年的宝坻县令。而另一个兵部员外郎刘黄裳同样是万历十四年进士出身，此时更已是六十二岁的高龄，而屈指可数的工作经验便是在刑部当过从六品的主事。

带着这样一个参谋班子，宋应昌自然不敢轻易言战，只能一边老生常谈地建议朝廷强化海防，一边驻足于山海关附近，以训练部队和打造兵器为由，伸手要钱要粮，制造备用。宋应昌的行为显然给人以怯敌之感，是以御史郭实上疏参劾，认为宋应昌出任经略并不称职。而本就是"赶鸭子上架"的宋应昌也乐得顺水推舟，当即便请求辞职。

宋应昌"撂挑子"的举动当即便惹恼了明神宗朱翊钧，他下旨谴责两人说："宋应昌已奉命经略，只为郭实一言，遂畏避不肯前去。沿海边务，责成何人？浮言反重于朝命，国纪何在？倭报已紧，宋应昌可即择日行。九卿科道依违观望，今亦不必会议。郭实怀私妄奏，阻挠国是，着降极边杂职用。再有渎扰的，一并究治。"

面对明神宗朱翊钧的决绝姿态，身为兵部尚书的石星权衡利弊，决定派遣自己府中的"帮闲"沈惟敬前往朝鲜，一边安抚朝鲜，一边迷惑日军，以谈判为名拖延时间，加强登莱、天津、旅顺、淮扬等地沿海的战备，防止控制朝鲜的日本军队进一步袭扰中国沿海。

由于最终以被大明王朝追责论死，因此后世对沈惟敬的评价历来以负面居多。如明朝官方就称他为"市中无赖""市井恶棍"，朝鲜方面亦斥之为"奸人"。

但是近年来，关于沈惟敬及其外交活动，也出现了一些新的看法。中外学者纷纷指出沈惟敬有功于明朝，且在外交过程中既无出卖朝鲜利益的行为，也无出卖明朝军情的事实，认为对其奸人之定性属不实之词。那么沈惟敬究竟是怎样的一个人，我们或许有必要对他的籍贯家世及其早年经历做一个全方位的考述。

关于沈惟敬的家世，《天启平湖县志》卷十九《外志·丛记·沈坤》中称沈惟敬之父沈坤"家颇饶，不为产业计""嘉靖间，以门户充役，集收银米"。也就是至少在沈惟敬的父亲沈坤一辈，其家境殷实、门第不低，因而得以充任征收银米的官役。而沈惟敬日后在外交活动中的表现，或许便与其早年经历有一定的关系。

明代学者沈德符在其专门收集人物事件、典故遗闻的《万历野获编》中曾称沈惟敬"少年曾从军，及见甲寅倭事"。这里的"甲寅倭事"，指的是嘉靖三十四年（1555）发生于江南苏州、松江、嘉兴、宁波诸府州县的大规模倭寇侵扰事件。由于当时的明军腐败无能，使得倭寇肆无忌惮地烧杀掳掠、横行无忌。

面对连年倭寇袭扰所导致的饥荒，不忍面对"死者相枕"惨剧的沈坤果断散尽家财赈济灾民，却似乎忘记了自己的本职工作，随着上级部门前来征收银米，两手空空的沈坤只能"甘罪狱中"。好在不久之后，倭寇大举入侵，沈坤被总督胡宗宪所招募。而在不久之后的王江泾战役中，明军一度失利，连胡宗宪也被倭寇围

面对倭寇的入侵，嘉靖年间的明军表现得极为无能

困。关键时刻，沈惟敬策马冲入敌阵，救出了胡宗宪。胡宗宪由此授予了沈坤千总的职务。此后，沈坤父子更设计伪装出犒赏部队的军官，故意将满载毒酒的船只行驶到倭寇军营的附近。倭寇大举杀出之后，父子二人便弃船而走，缴获了大批毒酒的倭寇开怀畅饮，结果纷纷毒发身亡。

这些《天启平湖县志》中的记载虽然看似荒诞不经，有些地方却偏偏得到了其他史料的佐证。如同时期的浙江书生采九德在《倭变事略》中便这样写道："侍御胡公宗宪亲自驱兵水陆并进，斩获数十。前兵忽覆，后兵皆溺，胡公亦在溺中，仅露其髪。有勇士沈坤、钱灿急援，出棹小舟济去。"这里面虽然没有沈惟敬"单骑救主"的桥段，却也肯定是沈坤的确曾救过胡宗宪一命。

至于沈坤父子毒杀倭寇事件，朝鲜人申钦在其所著《象村稿》中有如下一段相关记述："（沈）惟敬自言，嘉靖年间在浙直总督胡宗宪票下，用间谍鸩杀倭众，因此备谙倭国事情，上书于兵部，请往谕倭奴。"《明史》之中也曾有"倭寇嘉兴，宗宪中以毒酒，死数百人"的记载，只是将其功劳算到了总督胡宗宪的名头上而已。

沈惟敬在嘉靖倭乱平定后的活动情况，时人胡应麟的《甲乙剩言》记为"以落魄侨寓燕中"，沈德符的《万历野获编》记为"后贫，落入京师"。虽然两则记载都没解释沈惟敬入京的真正原因，但可以想见，随着胡宗宪的倒台，本就因赈济灾民而散尽家财的沈氏父子自然也失去了靠山，最终因为政治落魄或经济贫困而流落北京。而就是在流寓北京期间，沈惟敬意外结识了兵部尚书石星。

《万历野获编》中称沈惟敬"好烧炼，与方士及无赖辈游"，这里所谓的"烧炼"，指的是当时在京师方兴未艾的炼丹之术。而正是在和各路方士的交际之中，沈惟敬得以结识了一个姓袁的同道中人，而此人正是兵部尚书石星妾室的父亲。

在一段时间的接触之后，沈惟敬开始向这位袁某讲述自己当年与倭寇打交道的种种过往以及道听途说的一些倭寇故事。袁某听得如痴如醉，自然便将其介绍给了自己的女婿——兵部尚书石星。一番交流之后，石星同样觉得沈惟敬气度不凡且以辩才之长，而沈惟敬则向石星自荐，以"京营添住游击"的名义前往宣慰朝鲜。

客观地说，沈惟敬与石星的结识更像是一场刻意安排。那么沈惟敬接近石星并为自己争取到出使的目的究竟是什么？从现有的史料之中我们似乎很难找到一个准确的答案。但可以肯定的是，与日本侵略者有着刻骨仇恨的沈惟敬绝对不是贪图钱财的小人，毕竟他此行要冒的风险要远远大于他的收益。

二、军议

八月十七日，沈惟敬等三人携带皇赐银渡江抵达义州。朝鲜国王李昖率群臣出义州西门，迎沈惟敬于龙湾馆大厅。沈惟敬告知对方，明朝已发兵七十万人帮朝鲜复国，还将反攻日本本土。他还告知朝鲜提学吴意龄，他要亲自去平壤向日军问责，甚至连台词都已经想好了："朝鲜礼仪之邦，本无罪过，汝何敢无名出兵，伐人之国，杀戮无辜之生灵……朝鲜、中国唇齿之国，汝若不为退兵，非但尽出山东之兵，将尽发天下之兵，尽灭无遗类，期于退兵。"（辽镇归属山东承宣布政使司。）

有趣的是，就在沈惟敬与朝鲜国王会晤的十天之前，日本方面也召开了一次重要的军事会议。总大将宇喜多秀家与军监黑田孝高、总奉行石田三成、奉行增田长盛、大谷吉继等人，在朝鲜王国的都城——王京（今天韩国首尔），召集在朝鲜的诸将以商讨下一步战略，是为"王京军议"。

有趣的是，虽然此前各路日军皆是一路高歌猛进，但此番聚首不免个个垂头丧气。个中缘由，除了各地朝鲜义军前赴后继地抵抗和大明援军逐渐逼近的威胁之外，很大程度还在于丰臣秀吉注意力的转移，以及"八道国割"后占领区分配上的不合理。

五月十六日，得知朝鲜首都王京陷落的消息，身处名护屋的丰臣秀吉一度颇为亢奋，当即写信指示在朝诸将，要求他们在朝鲜各地为自己修筑供行营，以便其亲自渡海直抵前线。两天以后，丰臣秀吉致书丰臣秀次，要求其整备三万精兵，调动各地储备粮、储备金以充实军用。

得知太阁将亲临前线，诸将自然是欢欣鼓舞。但是不久之后，名护屋方向便传来了丰臣秀吉将延期渡海的消息。六月二日，丰臣秀吉再度致信在朝鲜的日军诸将，表示"（德川）家康、（前田）利家等以夏秋之交，海有暴风，固止我行。且云：'大舸虽独进，舟舰不多，待其返还，必在八九月之后。秋季海恶，舟不能解缆，后军何以得继发。'公私危机，所关匪细，故纳其言，先发遣军士。如进大舸，姑延为来岁三月。但明国处分，断不可不了。及期渡海，信如曒日，诸军其勿懈。"

丰臣秀吉虽然将延期渡海的原因归结于德川家康、前田利家的劝阻，却不能改变前线诸将的不满。毕竟，丰臣秀吉本人不来便意味着后续的援军、军粮和物资也不会来。虽然为了缓解前线兵力不足的问题，丰臣秀吉也做出了一些尝试，试图将原日军第三军团、第四军团合并为一个军团，原第五军团拆分为三个军团。但这种胡乱的拆分重组，虽然名义上可以多出一个军团，但实际兵力并不会真的发生变化。

在本土的援军和物资指望不上的情况下，在朝鲜的日军诸将不得不在丰臣秀吉"安辑人民，督征租赋。军人粮食，以管内租谷给之"的方针之下，以"道"为单位，对朝鲜王国展开了分区占领。然而，如此一来，较为富庶的京畿道便成为了各家争抢的"香饽饽"，最终被宇喜多秀家凭借总大将的身份独占了。而原先驻守当地的第五军团被排挤到了邻近的忠清道去了。福岛正则当然咽不下这口气，此后通过各种运作之后，早早地打着组建水军、以对抗朝鲜海军的名义打道回府去了。

身为丰臣秀吉的亲信武将，福岛正则的撤离自然得到了这位太阁的首肯，而其余诸将自然只能心怀怨气。因此，军议一开始，会场气氛便十分沮丧。而身为总奉行的石田三成更是秉承上意，开场便表达了军粮征调困难，且天气日渐转冷，釜山至辽东一线土地辽阔，山谷众多，现在防守交通要害尚且兵力不足，占领地内叛乱四起，故关于侵入大明一事应放在明年春天再行讨论。

既然暂时不考虑进攻的事宜，那么防御便是当务之急。作为军监的黑田孝高当即指出日军应该收缩战线，以宇喜多秀家率主力固守王京，同时以一日路程为限，在王京以北筑造几处城寨，分派将士屯守。通过以逸待劳的方式来化解明军可能的攻势。但是这一提案显然刺激到了驻守在最前线的小西行长，当即与之针锋相对。

一番争执之后，"王京军议"最终确定了如下方针：由于即将迎来严寒天气，暂时停止在朝鲜各处攻城略地，先固守各自的阵地，并确保各部储备有充足的过冬之粮。而身在名护屋的丰臣秀吉收到了石田三成的报告后，便放弃了亲自渡海督战的想法。

"王京军议"之后，日军为了防止明军在未来大举来袭，在防线上做了很大的调整，原先负责"经略"全罗道的小早川隆景、立花宗茂等人被调防至京畿道最前线的开城。刚刚攻克黄海道首府海州的黑田长政所部，也将兵力移动到靠近王京的黄海道白川城、平山城等地，此外宇喜多秀家还派出户田胜隆所部驻守王京南面的广丹城；长宗我部元亲驻守王京北面的京畿道麻田城；岛津丰久、岛津义弘则分别驻守王京东面的江原道春川城、金化城。

与日军大量猬集的王京形成鲜明对比的是北方的平壤城中，小西行长所部孤悬前线，军事处于被动，后勤也出现困难，加上跨国远征作战导致士兵水土不服，疫病流行，甚至出现思乡厌战情绪，所以急需整顿自身以消化战果，这也在客观上促进了沈惟敬抵达之后，小西行长便迫不及待地与之展开和谈。

三、试探

与朝鲜君臣短暂会晤后，沈惟敬离开义州迅速南下，先抵达平壤郊外的顺安县，之后抵达釜山院。之后，沈惟敬派家仆沈嘉旺前往平壤宣谕日军。小西行长看了沈惟敬的信后，随即便决定与明朝特使进行接触。他为此派出了早年间被倭寇俘虏到日本、目前作为日军随军翻译的浙江人张大膳，让他前往釜山院，与同样出身浙江的沈惟敬约定八月二十九日双方在平壤郊外的乾伏山议事展开谈判。

小西行长为迎接沈惟敬，带着宗义智等大将，摆出杀气腾腾的战阵，沈惟敬在平壤城，但沈惟敬丝毫没有畏惧，他下马直入日军阵中。一时引来了小西行长的赞许，小西行长开门见山地提出了日本与大明重开"勘合贸易"的要求。而沈惟敬则要求小西行长先退出平壤，再等待大明回复。小西行长虽然同意退出平壤，但提议以平壤城东面的大同江为界，朝鲜将大同江以东的土地悉数割让给日本。

之后，沈惟敬和小西行长立下约定，称他会向明朝奏报日本的通贡之请，等待朝廷裁决，并约定五十天内给答复。在这段时间里，沈惟敬要求日军不得出平壤西北十里之外，朝鲜军也不得入平壤十里之内。为此，沈惟敬专门写了一封榜文，让人公示在日军与朝鲜军的缓冲地带：

"天朝大将有令，此界口，二国且各不许过界，亦不许交战。大明游击将军沈传示贵国日本先锋大将，烦转传与王京等处日本来将知悉。本府亲往天朝请旨通贡等情，面与先锋大将议定五十不可与朝鲜兵马交战，亦不可杀害百姓，烧毁民房，且各暂守住处，勿得逞强，偏特见以使本府，亦先锋大将失信于朝鲜，决不可违误。"

送走沈惟敬后，小西行长派人将议和停战的消息报告给了在王京的侵朝日军总大将宇喜多秀家，以及石田三成、增田长盛、大谷吉继三人奉行。这些日军高层认为这是明军经过平壤之战的惨败后，被吓得失魂落魄，因此才派人来求和，要求休战两个月。宇喜多秀家自然也是欣然应允。

值得一提的是，就在前线诸将认为和议将成之际，远在名护屋的丰臣秀吉反倒对局势有所警觉，他在十月十一日派遣近臣熊谷直盛、垣见一直携带朱印状前往朝鲜，对在朝的日军诸将宣谕军令。丰臣秀吉要求各部应固守朝鲜占领区，囤积粮食，修缮城池，等待他亲自渡海，剿灭朝鲜义军，并且除了在朝鲜熊川港留下足够的船只，剩下的船只全都返回日本，作为后续援军渡海至朝鲜之用。此外，在写给前线将领加藤光泰的私人信件中，丰臣秀吉指出小西行长孤军深入，所处位置颇为危险，让增田长盛、石田三成、大谷吉继、前野长康、加藤光泰等人监督小西行长，做好抵御明军来袭的准备。

可惜，后方的丰臣秀吉虽然清醒地对前线做出防御明军来袭的指示。但由于通信手段的落后，前线诸将依旧对与明朝和谈抱有幻想。十二月九日，日军高层集结在开城召开军议，并商讨出了三条痴人说梦般的强硬要求：

一、大明每年都要回应日本的要求，派遣使者前往日本京都。

二、将朝鲜八道中的三道还给朝鲜国王，但剩下的五道割让给日本。

三、大明、朝鲜交出人质，在次年正月送到釜山浦，由小西行长送往日本。

十二月十三日，开城军议结束，日本大名将相关内容写信报告给丰臣秀吉，之后便各自返回驻地，等待议和好消息。然而，他们等来的却是李如松所部的大队明军。

沈惟敬虽然承诺将朝鲜的一部分领地割让给日本，但他的这一承诺更多只是牵制日军的缓兵之计，目的是给明军出兵朝鲜争取足够的时间。因此在与小西行长谈判之时，沈惟敬特意以索要礼物为名，将日军现役装备如盔甲、刀剑以及火绳枪带回国内，检验其作战性能。

经过对比，日军的步兵用刀要长于中国的马兵腰刀，"我兵在马上，倭兵在步下，我兵之刀短，倭兵之刀长"，而日本称善的火绳枪，又多以小口径为主，且受限于弹药进口，发射药重量较低，射程不如中国火绳枪，"倭丸只到百余步，中原之丸可至二百步"。

此外宋应昌还亲自测试了遮蔽弹丸的柔性防牌的性能，"人又谓鸟铳能击二层，尝试之矣，八十步之外，能击湿毡被二层，五十步之外，能击三层四层"。是以明军认为自己现役的移动防御工事，只要搭设三层湿毡被，便可直面日军现有的远程火力，无伤抵近至五十步（明制一步为一点六米，五十步就是八十米）后展开白刃冲锋。

日本战国时代的火绳枪手

就在宋应昌于辽阳一带测试日军各类武器装备之际，以李如松为首的各路明军也大举汇集而来。由于刚刚结束了宁夏的平叛战斗，李如松所部还来不及进行大规模的补充。预计调动的七万明军之中实际抵达前线的仅有四万之众，且其中不乏从各地刚招募的新兵。但在朝鲜人的不断催促下，宋应昌不得不于万历二十年（1592）十二月三日、十二月四日间，陆续命吴惟忠、王问、钱世桢三部总计五千人先行渡过鸭绿江、进入义州。

其中年逾六旬的吴惟忠是戚继光的旧部，其麾下三千步卒也是招募于浙江义乌等地的"南兵"。来自蓟镇的王问则统率着一支千余人规模的"车兵"。而年仅三十一岁的钱世桢则被宋应昌从浙江往京师押运漕粮的人马刚刚召入麾下的标下都司管游击事，其所指挥的千余骑兵可谓宋应昌的中军精锐。

然而，随着大明援军的抵达，粮食补给问题也很快便显现了出来。虽然朝鲜国王李昖此前曾承诺由朝鲜筹措明军粮饷："江以西则我给饷，江以东则尔给饷，饷必给五万人，必支三月。"但是，李昖的许诺是一张空头支票，义州至平壤直路十官（地方官仓），平壤附近三县六邑的储粮仅够供应入朝明军使用两个月，马豆仅够月余。更不要说平安道内还有上万朝鲜府兵也同样需要粮食供给。不过此时明军已然大举入朝，只能寻求机会速战速决。

十二月八日，李如松与宋应昌在辽阳会面，以"倭奴畏寒"对明军有利，约定尽快出兵。十二月十三日，援朝明军中军部队率先出发。十六日，左军跟进。十九日，右军开拔。二十五日，朝鲜国王李昖便亲自于义州南门迎接李如松大军的到来。

有趣的是，虽然早在十月十一日，平壤城中便有明军袭来的消息传来，但小西行长仍犹豫不决，只是派出四十余名朝鲜籍情报人员在肃州、安州、义州等处刺探军情。十二月上旬，为日军担任间谍的金顺良被朝鲜方面擒获，并交代了间谍人员名单，小西行长谍报网随即被一扫而空。因此当绵延四百余里的明军阵列逼近平壤之时，小西行长依旧一无所知。

当然，明军在进军过程中也并非一帆风顺。按照钱世桢所著《征东实纪》中的说法，万历十三年（1585），其所率先锋军于距平壤一百二十里处安营扎寨时，便发现一小股日军游骑。钱世桢随即亲率二十名家丁前往追击，却不料被百余名倭骑所围困。

好在该部倭骑主将并没有自恃人马众多、一拥而上，而是选择了与钱世桢进行单挑（日方称："一骑讨"），钱世桢也挥退家丁，独力应战，交手二十余合，钱世桢选择诈败疾走，倭骑主将以为占了上风，策马追赶，却被钱世桢回马一箭射倒。钱世桢麾下家丁乘胜出击，轻松击溃了该部倭骑。

钱世桢的这段记述由于太像小说演义而不为后世学者所采信。甚至连他本人所著的《征东实纪》中也没有提及斩首倭将后理应所获得的军功奖赏。小西行长似乎也并未因此次遭遇战而发现大举来犯的明军。但值得注意的是，小西行长所部此时虽然没有向北哨探，却并不代表这一区域内没有其他敌对武装，或许钱世桢遭遇的是一股朝鲜当地的兵匪。

万历二十一年（1593）正月初一，明军以吴惟忠麾下备御王珀领火器手二千七百人先行渡江，开赴前线。但也就在这个过程中，明军与朝鲜方面的沟通协作出现了问题。首先是正月初三，兵部员外郎刘黄裳借慰问之名前往龙湾馆与朝鲜国王李昖见面，并提议由朝鲜方面派人前往平壤城，联合城中父老、豪杰为明军内应。

但朝鲜国王李昖却以"平壤城中，愚民畏死，姑为投附，岂有豪杰也"为由拒绝。连朝鲜国王的态度都如此懈怠，下面官员对明军的配合自

　　然更是消极，明军渡江后便时时粮草不继，朝鲜明言肃州粮草不足，也无法提供大量的畜力，进而导致明军所载火炮辎重过半落后。

　　好在这些问题此时还并未进一步发酵，正月初三，李如松便跟随部队从嘉山抵达安顺，下营于城南。黄昏时分，他叫来平安道都体察使柳成龙谈话。柳成龙从袖中拿出平壤地图给李如松看，并为其指点形势和城门入口。李如松则得意地言道："倭但恃鸟铳耳，我用大炮，皆过五六里，贼何可当也？"

　　交谈完毕，李如松在扇子上题诗一首，赠送给柳成龙：

　　提兵星夜渡江干，为说三韩国未安。

　　明主日悬旌节报，微臣夜释酒杯欢。

李提督如松

李如松戎装画像

　　春来杀气心犹壮，此去妖氛骨已寒。

　　谈笑敢言非胜算，梦中常忆跨征鞍。

　　次日，李如松抵达肃川，便命人前往顺安通知小西行长，带着明廷和谈文书的沈惟敬已然抵达，只是因为不慎坠马而不能行走。小西行长闻言大喜，当即与对马岛大名宗义智一同派出家臣大浦孙六、竹内吉兵卫，带着二十三名武士和通士（翻译）张大膳，到釜山院去迎接沈惟敬。

　　大浦孙六、竹内吉兵卫、张大膳一行人抵达釜山院后，受到了李如松部下查大受的设宴款待。但待日本武士放松警惕之际，副总兵李宁等人举起酒杯大声呼喊，埋伏在帐后的明军将士一拥而上，当即生擒竹内吉兵卫、张大膳，斩杀日方武士十三人。但大浦孙六趁着混乱冲出重围，跑去向小西行长报告去了。李如松盛怒之下本欲将李宁、雷应坤二人斩首示众，好在李如松之弟李如柏在一旁求情，才避免了明军尚未开战便损失两员大将。但"死罪可免、活罪难饶"，李宁和雷应坤还是挨了一顿军棍。而平壤之战也由此拉开了序幕。

四、序战

万历二十一年（1593）正月初六，李如松所部明军会同朝鲜军，进抵平壤城西，在与日军相距约一里的地方，开始修造鹿角，以备攻城。李如松会同诸将及沈惟敬绕平壤城勘察地形。作为军中宿将，李如松一眼便看出平壤城东、南两面临江，西面沿山势修筑的城墙，地形险要，皆易守难攻。而相对平坦的北面又有牡丹峰遮蔽。因此要想攻占平壤，必须先行夺占牡丹峰这处制高点，才能借助山势俯压全城。

但李如松同时也注意到，小西行长早已明了平壤城的防御重心所在，早早在牡丹峰上修筑了"倭城"（日式城郭），并在平壤城墙上设置了木栅。而随着明军的抵达，小西行长迅速派出一支两千人的精锐进驻牡丹峰，竖起蓝白相间的战旗，并释放铁炮以示威。同时，小西行长动员城内的上万日军悉数登上平壤城墙，以展示军威。而城内此时还有四五千日军往来巡视，显然是担任着机动预备队的任务。

面对着耀武扬威的对手，李如松先是命人在城下竖立起写有"朝鲜军民，自投旗下者免死"字样的白旗。随后，更调动朝鲜军队向牡丹峰一线集结。这里值得一提的是，虽然连续遭遇军事上的重创，但朝鲜的军事力

其实牡丹峰海拔仅九十五米，但因为平壤地势平坦，使其成为了重要的制高点

量并未完全崩溃，事实上就在明军大举来援之前，朝鲜国王李昖身边还是汇聚起了一支上万人规模的勤王之师。

由于李成桂依靠兵变起家，因此其子李芳远为了集兵权于中央，首先废除高丽时期的私兵制，实行统一的府兵制。府兵日常务农时，盔甲、火器等敏感装备收入武库，进入军队时，下发或自带装备。府兵节省了军队开支，但在役时间较短，军队组织度较低，自备粮食和购买兵器对个人负担较重。而此后的历代朝鲜国王更是变本加厉，除了在军事制度上长期奉行文人治军和兵将分离制度之外，甚至在"无定将"的基础之上发展出了"无定卒"，也就是建立起了一种全国男丁轮流服役的非常备军制度。

朝鲜正规军的装备

为控制户口，保证国家的赋税收入和兵源。朝鲜王国于明永乐五年（1407）起实行"邻保"制度，后又改为"五家作统法"，即以五家为统，设统主，五统为里，设里正，集若干里为面，设面长。六年之后的明永乐十一年（1413）又实行"号牌法"，规定凡十六岁以上、六十岁以下的全体男子，均按身份佩戴号牌。发号牌时会进行户口登记，号牌上烙有官府印记，须随身携带，有不戴号牌者或伪造、遗失、借用者，均受处罚。

尽管轮流服役导致朝鲜军队训练不足，在战场上无法与精锐的职业化士兵相抗衡。但凭借着"五家作统法"和"号牌法"，朝鲜王国还是可以在遭遇外敌入侵后，迅速以两班贵族为核心，动员全国参与过军事训练的男丁组成所谓"义军"，与来犯之敌展开持久战。

随着小西行长迫于明军的压力而选择固守平壤之后，朝鲜借此机会开始重建军队，李元翼等人在顺安召集了千余名精锐士兵，防御使金应瑞、别将朴命贤等召集龙冈、三和、甑山、江西沿海都邑府兵一万余人，沿路建立了二十多处军营，逼近平壤城西。别将金亿秋率领平安道水军，占领大同江口。可以说，在李如松大举进军之前，朝鲜军队已经在平壤周边隐隐形成了围攻之势。

或许正是因为朝鲜军队纸面兵力颇为充沛，李如松才以吴惟忠所部南军与朝鲜军混编，尝试对牡丹峰上的倭城展开进攻。果然，面对依托城墙上的射击孔展开狙击的日军火绳枪手，仅有木质盾牌的朝鲜军卒很快便因仰攻不利而全线后撤。而就在日军趁势杀出以图扩大战果之际，吴惟忠所部南军从朝鲜军队身后冲出，迅速便遏制了日军的攻势。

值得一提的是，按照钱世桢所著《征东实纪》的描述，此时李如松亲率本部精锐家丁和大同镇所部马军也已然前出至牡丹峰附近，显然是有利用牡丹峰这个"敌所不得不救"的战略性据点来实现"围点打援"的目的。然而，小西行长显然也不是无能之辈，顶着牡丹峰倭城随时可能失守的巨大压力，他硬是熬到了日落之后才展开反击。

当天夜间，日军大举出动，先以数百偏师突袭右翼的杨元、李如柏、张世爵所部营垒以吸引明军的注意力，而携带有大量火绳枪的三千精锐直逼吴惟忠所部。关键时刻，深谙火器之道的吴惟忠和钱世桢命令部下全体卧倒、宁死不动。最终日军虽然抵近明军营垒密集射击，一时火星蔽天，但明军方面并未出现太大的伤亡。但驻守在平壤城含毬门外的朝鲜军队便没有那么幸运了，面对从大同门出城，迂回到其营垒背后的日军，被打得措手不及的朝鲜军全线崩溃，以至于很难再作为一支军队参加收复平壤的战斗了。

次日天明，检视战场的李如松对朝鲜军队的溃败似乎毫不在意。毕竟，由于朝鲜方面在处于作战前线的肃州仅储存了供应明军三四天食用的军粮。而朝鲜提供的运输工具，又仅有牛马五百匹，且瘦弱不堪，运送能力"不足兵马一日所需"。是以此时的明军不仅大半辎重、火炮并未运抵前线，粮草更是严重匮乏。在自己麾下的明军都面临绝粮的情况下，毫无战斗力而言的朝鲜军队被击溃，反而有助于减少消耗。

在奖赏了昨夜表现突出的吴惟忠等将领各数十两银子之后，李如松派人取来朝鲜军在顺安准备的长梯，以作为攻城用的工具。又派出几天前在顺安俘虏的日方通事张大膳，让他回到平壤城，对城内的日军晓以利害。午时，张大膳带回了小西行长的书信，称平壤城内的日军请求明军解除围困，日军愿意放弃平壤，此外小西行长更向李如松保证："愿暂退天兵，奉表纳贡于福建。"

派出张大膳本就是为了瓦解日军斗志的，李如松自然不会中小西行长的缓兵之计。他当即命明军左、右、中三营齐出，尝试从城东的普通门展开攻坚。当然这次攻击同样只是为了试探日军的防御体系。在日军大多数火力点悉数暴露之后，明军便果断后撤。日军试图出城反击，却再度踩中了明军的陷阱，当即被斩首三十余级。不甘心失败的日军再度集中八百精锐于当夜对李如柏的营地发动奇袭，同样无功而返。

按常理来说，面对平壤这样规模的城市以及上万守军，明军往往需要长时间的试探才能确定攻击方向。但承受着巨大后勤压力的李如松显然耗不起。因此，当天夜间，李如松便以占卜得卦大吉为由，下达了次日对平壤城发起总攻的命令。

按照部署，游击将军吴惟忠、辽东副总兵查大受将率所部兵马主攻牡丹峰。其中，查大受所部兵马主要是此前驻守宽甸的五百九十余骑兵，因此该部兵马所承担的任务主要是在外围拦截日军可能的增援。对牡丹峰上倭城的攻坚任务主要由吴惟忠麾下的南兵负责。

中协大将杨元、右协大将张世爵所部负责攻打七星门，这个方向上明军虽然名义上集中了两万人，但大部分部队皆为骑兵，真正顶在第一线的依旧是戚继光的远房侄子戚金所部车兵。负责攻打的左协大将普通门的李如柏、参将李芳春所部同样拥有上万人的军力，但攻坚时仍主要依仗于蓟镇都司王问麾下的千余车兵。

在大部分兵力都已经派出的情况下，明军对含毬门方向的攻坚便只能交给此前兵败平壤后仅剩七百余骑的副总兵祖承训所部及神机营参将骆尚志麾下的六百步卒了。为了壮大声势，李如松特意将朝鲜平安道兵使李镒、防御使金应瑞麾下的残余朝鲜军队也部署在了这个方向。与此同时，李如松还要求朝鲜将领曹好益率部赶赴平壤城东的大同江设立阻击阵地，以截断日军退路。李如松同时开出先登者赏银三百两，并世袭指挥使的赏格。

而就在李如松做出总攻部署的同一天，明朝兵部移咨朝鲜，宣布无论是朝鲜军还是明军，只要能擒斩平秀吉（丰臣秀吉）、平秀沈（丰臣秀次）、倭僧景辙玄苏这三名倡乱元凶其中之一，便可获赏银一万两，立功之人封伯世袭。能够擒斩平秀家（宇喜多秀家）、平秀忠（羽柴秀胜）、平行长（小西行长）、平义智（宗义智）、平镇信（松浦镇信）等有名的日军头目，则赏银五千两，立功之人世袭指挥使。若能擒斩其他日本岛内的头目来献，许诺封立功之人为日本国王。

五、平壤

万历二十一年（1593）正月初八，明军早早地在五鼓时分（凌晨三点至凌晨五点）做好了饭，传食三军。当然，由于时间仓促且军粮有限，部分明军来不及用餐便匆匆投入战斗。如吴惟忠麾下的游击王必迪所部便来不及用餐便匆匆赶赴战场，准备对牡丹峰上的倭城展开攻坚。

天亮之后，明军骑兵尽出，在平壤城外列阵。根据葡萄牙耶稣会士弗洛伊斯在其著作《日本史》中的记载，此时的军阵之中"明军战斗人员全部为骑兵，他们的坐骑高大强健。他们身着厚薄适中的、钢铁制成的铠甲，佩戴着钢铁打造的护膝。就算他们骑在马上，铠甲也能垂到足边。由于他们的身体被这些制作精良且强韧的铠甲所覆盖，所以就算用优良的日本刀、枪也无法给他们造成丝毫损伤"。

当然，李如松并不准备让这些精锐骑兵下马攻城。从辰时（上午七时至上午九时）开始，明军于平壤城外由佛郎机、虎蹲炮、灭虏炮等火器组成的炮兵，开始向牡丹峰、平壤城方向远程投射炮弹。一时之间，平壤城头爆炸四起、硝烟滚滚。

客观地说，此时的明军所装备的大多为轻型火炮。如首尾长二尺、周身加了七道铁箍、炮头由两只铁爪架起、全重三十六斤的虎蹲炮。看似威风，却每次只能发射五钱重的小铅子或小石子。灭虏炮虽重九十五斤，却也只能发射一斤左右的铅弹。因此明军火炮数量虽多，却也只能杀伤有生目标，无法对城墙主体结构造成毁损。

好在除了火炮之外，明军还装备有大量的火箭，这些以大型箭矢加上火药筒的新型武器，可以架设在树枝或冷兵器上点燃以火药为动力发射。而为了最大限度地增加射程和杀伤力。明军还设计出了多管火药并联、用细竹篾和纸做成双翼的"神火飞鸦""飞空击贼震天雷砲"等新型火箭。由于内部装有独立的火药筒，所以这些火箭击中目标之后往往会引发爆燃或因为燃烧不充分而释放出大量有毒气体。

借助冬季干燥的环境，明军发射的火箭迅速引燃了平壤城内的诸多建筑，甚至连日军在七星门后的密德台方面修筑的倭城也被点燃。一时之间，城内的日军纷纷忙着救火，外围城墙上本就被明军炮火大量杀伤的防御兵力更显得捉襟见肘起来。

明军各路攻城部队趁此机会，以盾牌和轻车、滚车为掩护，顶着密集的火绳枪弹、箭矢全力向牡丹峰和平壤城的方向推进。在这个过程中，除了普通兵士之外，一些身先士卒的明军将领也不幸负伤。参将李芳春被日军的箭镞射中咽喉，右臂也被射穿。参将李如梧被日军的铁炮击穿了左臂。副总兵李如柏的头盔被日军铁炮击穿，幸亏头盔里的布料比较厚实，才不致重伤。游击将军吴惟忠被日军铁炮打中了胸部，但仍然坚持作战。

随着明军进抵城下，两军开始以弓矢、火器对射，以长枪互戳。李如松虽然精锐家丁不停在战场上巡视，甚至手刃了一名逃兵，但局势依旧焦灼。关键时刻，却是此前被李如松视为偏师的骆尚志率部在含毬门方向打开了局面。

战斗打响之前，骆尚志命所部南兵伪装成朝鲜军卒的模样，含毬门上的日军果然放松了戒备，竟放任其部从容进军。抵近城墙之后，骆尚志突然暴起，手持长戟、盾牌，奋勇先登。

平壤城下使用虎蹲炮的明军

其间，虽然一度被落石砸中脚，但依旧顽强地攀梯直上，在其带领之下，所部南兵前仆后继，很快便杀散了日本守军，在含毬门城楼之上竖起了明军大旗。

随着含毬门城门大开，早已在城外列阵以待的祖承训所部骑兵及朝鲜军队立即大举杀入，似乎是为了报复上一次平壤之战日军以火绳枪狙杀明军的血海深仇。这一次，祖承训所部骑兵携带了大量可于马上使用的三眼铳，一路在城内追杀日军溃兵。

三眼铳是明军骑兵大量使用的马上火器之一

含毬门被攻破的同时，七星门方向的明军也在集中炮火轰塌了城楼后，中协大将杨元亲自持藤牌登城，戚金、钱世桢紧随其后，终于成功控制了城墙并打开了七星门。当天巳时（上午九时至十一时），由李如松亲自前压指挥的明军左协、中协两路大军由七星门攻入平壤城内。一时之间，数万明军铁骑蜂拥入城，呈现出"大城既破，我兵四集，云涌风驰，雷轰电掣，健马奔冲，短兵相接，贼尽摧伏"的壮烈景象。

不过平壤城内狭窄的街道显然不利于明军骑兵的驰骋。吸取了此前祖承训进入平壤后，骑兵部队被街道两侧建筑物内的日军伏击的教训，李如松果断下令明军在城墙上建立火箭发射阵地，远程打击平壤城北至密德长庆门，南至大同馆、永崇殿一带的建筑。在一场"栅下火箭飞射，中者焚，触者死"的无差别射击中，散入屋中以备巷战的日军不是被烧死，便是被迫向城内的练光亭等倭城集中。

李如松本想率部一举拔除这些倭城，但麾下在城内终究施展不开。在督兵攻打练光亭倭城时，李如松本人战马被日军铁炮打死，换了一匹战马后，李如松又被己方的火箭所释放的毒烟所熏，以至于鼻孔流血。无奈之下，明军只能暂时解除了对练光亭等倭城的围攻，全军撤至平壤城外。

由于明军的主动撤退，令城内的小西行长产生了一种胜利的错觉。但清点兵马后，他先发现此战日军损失之大令人咋舌。除了被明军阵斩的一千二百余人外，被明军骑兵践踏、远程火箭射烧而死的竟多达上万人。也就是仅在几个小时的战斗中小西行长的第一军团便减员近三分之二，可谓被打断了脊梁骨。

沮丧之余，小西行长召集诸将发表了一番"援兵不至，今已如此，岂得击走明之多兵乎？今与徒死，不如先逃"的高论。恰在此时，李如松再次派通事张大膳前来向小西行长传话："以我兵力，足以一举歼灭，而不忍尽杀人命。姑为退舍，开尔生路。速领诸将，来诣辕门，听我吩咐。不但饶命，当有厚赏。"面对这样的嘲讽，其他丰臣系武士可能会选择拼个鱼死网破，但小西行长却选择通过张大膳向李如松回话："俺等情愿退军，请无拦截后面。"

李如松似乎并没有想到小西行长身为一军主将竟会如此无耻，在无法判断对方是真的有意南逃还是在故意引诱明军入城的情况下，只能暂时谨守营垒、静观其变。孰料到了夜半时分，小西行长真的率领平壤城内的残兵溃卒出大同门，渡过大同江一路南逃。而驻守该方向的朝鲜军队则始终保持观望态势，并未按李如松的军令拦截日本方面的溃兵。

次日天明之后，李如松才得知日军大举南逃，平壤已成一座空城的消息，当即命李宁、查大受、祖承训等将领率精兵三千余骑，在大同江以东扫荡日军残余。果然，一举便斩首了日军溃兵三百五十九人、生擒三人。至此平壤之战由明军的全面获胜而告终。

值得一提的是，至于明军在此战中的伤亡，中日之间有着不同的版本。中方史料大多记载较为详尽，如《经略复国要编·叙恢复平壤开城战功疏》中便详细记录为："阵亡官丁七百九十六员名，阵伤官军一千四百九十二员名，在阵射死马骡五百七十六匹。"

而日方为了掩饰失利，不惜过分夸大明军的兵力，甚至还有声称日军在此战中获胜的。如《梨羽绍幽物语》《吉见元赖朝鲜日记》称明军有数十万骑，《大曲记》《吉野甚五左卫门觉书》称明军有百万骑。《增田长盛书状》更是宣称小西行长击破数十万明军、杀敌三万，最后因为粮食用尽才退兵。

同样的，明军在战报《叙恢复平壤开城战功疏》中也有夸大之处。战报中提到一共在平壤之战中斩得三名知名日军将领的首级，分别是宗逸（僧竹溪宗逸）、平镇信（松浦镇信）、平秀忠（丰臣秀胜）。但是，这些都是明军在战报中的误记。毕竟竹溪宗逸和松浦镇信当时都还活得好好的，至于丰臣秀胜，则是出兵后病死在巨济岛上的。

除此之外，《经略复国要编》卷五收录的《议取王京开城疏》，也谎称倭僧景辙玄苏在平壤被箭射中，于逃亡途中身亡。据此可见，明军战报同样存在夸张和虚构之处，不可尽信。在战争中夸大战绩，在世界各国的军队之中都属于普遍现象。

第二章：碧血与铁蹄

——碧蹄馆血战的台前幕后

一、溃乱

小西行长虽然成功从明军的围攻之中逃出生天，但一路南下也是窘迫不堪。根据日本史料《黑田纪略》中的记载，从王京至平壤之间，日军驻屯的朝鲜城及修筑的倭城有十三座之多。其中距离平壤最近的便是大友义统部所控制的黄州、凤山两城了。

然而，小西行长虽然早在明军大举攻城之前，便早早地派遣使者向驻守凤山城的大友义统以及驻守白川城的黑田长政、牛峰城的小早川秀包讨要援兵，但此番日本的征朝大军本就互不统属，而大友义统更堪称是其中情况最为特别的一个。

大友氏本为九州丰后国的当地土豪，但在室町幕府统治时期经过数代人的努力，一度掌握了丰后、筑前、筑后三国之地。而大友义统出生之时，恰逢大友氏雄踞九州的巅峰时期，甚至连幕府将军足利义昭都跑来赐了一个"义"字，以示亲近。

作为大友氏的少主，大友义统一度颇受其家父大友宗麟的器重，为了维护大友义统合法继承人的地位，大友宗麟甚至不惜将性格霸道的次子大友亲家赶去了寺庙。但是这一段父慈子孝的佳话很快便随着明隆庆四年（1570）大友氏兵败于龙造寺家的佐嘉城下而画上了一个尴尬的句号。

尽管当时指挥大友氏军队的并非大友宗麟本人，但大友氏出动六万大军，被龙造寺方面五千众击溃。大友宗麟仍不得不主动担责，将家督之位传给长子大友义统，自己则选择隐居幕后。起初，十八岁的大友义统对于充当父亲的傀儡似乎也没什么不满，但随着时间的推移，父子之间难免还是渐生嫌隙。加之，此时大友氏在侵入日向国的过程中遭遇岛津氏的迎头痛击，无法获取新领地的家臣们之间同样矛盾重重。

客观地说，大友宗麟、大友义统父子都不愿意看到祖辈的基业毁在自己手中，但本就没有力挽狂澜能力的两人更因为彼此猜忌而难以形成合力。万历十三年（1585），随着重臣立花道雪病故，大友氏彻底失去了雄踞九州的资本，迅速被岛津氏逼到了墙角。关键时刻，大友宗麟不得不拖着垂老的身躯亲赴大坂谒见丰臣秀吉，请求其出兵支援。

面对丰臣秀吉所发动的"九州征伐"，岛津氏被迫选择了主动请降。大友氏也堪堪保住了丰后一国和丰前国宇佐郡半郡，总计三十七万石的领地。据说，丰臣秀吉曾有意将日向国的领地赠予大友宗麟，但这位已然风烛残年的老人选择了拒绝。我们不知道大友义统是否因此而

大友宗麟画像

再度嫉恨自己的父亲，但可以肯定的是大友宗麟不久便因病去世，享年五十八岁。

从后世的记载来看，大友宗麟贪婪自私，以至于做出过抢夺家臣妻子的卑劣行径。而正是他的沉溺酒色、横征暴敛，造成了大友家众多家臣和亲族对他的叛离。但大友宗麟终究是经历过一系列重大历史事件打熬的战国大名，在大是大非面前仍有着自己的坚持。相比之下，大友义统虽然当了十几年的家督却性格懦弱，以至于在朝鲜战场上一接到小西行长的求援信便惊得六神无主起来。

色厉内荏的大友义统

据说，当时大友氏的家臣中分成了意见相对立的两派，重臣志贺亲善以为应该固守凤山城以观其变，以枪术见长的武士吉弘统幸则认为应该全力救援小西行长。但令两人都没有想到的是，大友义统不仅以明军势大、小西行长必然以阵亡为由拒绝出兵平壤，更擅自放弃了黄州、凤山两城，带领麾下六千之众果断地撤往王京去了。

大友义统的提前后撤，直接导致了小西行长的后撤之路失去了庇护。小西行长所部溃兵刚刚从平安道逃到黄海道，便遭到了朝鲜黄海道左防御使李时言的尾随追击，一路击杀了因饥饿、生病而掉队的六十多个日军士兵，又生擒了一人，移交给明军。而随着小西行长逃到黄海道的黄州时，黄州判官陈晔见也跟着痛打落水狗，一口气斩首日军九十余人。

小西行长好不容易率领残部逃到凤山以后，却发现原本驻军于此的大友义统早已弃城逃走，担心明军追兵将至的小西行长根本不敢在凤山停留，只能继续挣扎着连夜上路了。好在接近龙泉城时，终于遇到了黑田长政的家臣小河传右卫门派出的数百兵马。

有趣的是，在《黑田家谱》中却是这样记述这一事件的：明军一路杀来，追击小西行长到龙泉城外，并将其残部围困在两座山中间的险要之处。小西行长等人仰发铁炮、全力抵抗，但终究是渐渐不支。关键时刻，小河传右卫门在龙泉城的城橹上望见，派出川岛七郎左卫门、河端八右卫门率领两队人马支援，才帮助小西行长打退了明军的追兵，是为"龙泉之战"。

但根据明军的记录，李如松麾下奉命追击的游击李宁仅抵达凤山便草草收兵。因此不可能与小西行长、小河传右卫门所部发生交战，因此这场"龙泉之战"要么是《黑田家谱》所虚构的，要么便是与小河传右卫门所部交战的可能是小股朝鲜义兵。

尽管龙泉地区日军修筑完备的防御工事，但已如惊弓之鸟的小西行长不敢驻足。在享用了一顿热粥，并向小河传右卫门许下日后重谢的承诺之后，便马不停蹄地于万历二十一年（1593）正月十一日继续南下，并于次日抵达白川城与北上来迎的黑田长政部主力会合。

此时小西行长兵败平壤以及大友义统放弃凤山南逃的消息已然传至王京。身为总大将的宇喜多秀家迅速暴露出了其临战经验不足，特别是没打过"逆风仗"的短板来。在完全没有摸清明军虚实的情况下，他便第一时间派出"外交僧"出身的安国寺惠琼前往开城，要求驻守当地的小早川隆景迅速收拢平壤以西的各路日军，再由开城后撤至王京一线。

身为军中宿将，小早川隆景显然要比宇喜多秀家沉稳得多。在他看来虽然小西行长的第一军团在平壤被打残、第三军团中的大友义统所部不战而逃，但此时在开城以北仍有黑田长政所部以及自己麾下第六军团各部精锐不下两万之众，利用当地险要的地势仍有与明军一战之力。更何况，此时加藤清正的第二军团仍在咸镜道，如果自己依照宇喜多秀家的部署仓皇南逃，那么加藤清正所部便有被明军围歼的危险。

事实上，小西行长兵败平壤的消息使早已驻守咸镜道的加藤清正所部陷入了混乱之中。首先被这一消息波及的，是盘踞在以咸兴府为中心的咸镜道南部德源、文川、高原、永兴、定平、洪原等地的锅岛直茂所部。

作为昔日击败大友氏六万大军的所谓名将，锅岛直茂同样拥有统揽全局的战略眼光。早在万历二十年（1592）十二月二十日，在听到了明朝出动大军救援朝鲜的风声后，锅岛直茂便派遣家臣下村生运从咸镜道南下，前往王京向宇喜多秀家询问对策。

由于从咸镜道通向王京的路途被朝鲜义兵所阻，下村生运所部且战且走。直至万历二十一年（1593）正月初十左右才抵达王京。但他所带来的消息还是令宇喜多秀家及石田三成等人为之咋舌。受制于交通和通信条件以及加藤清正喜欢越级向丰臣秀吉汇报的跋扈性格，很长时间内，王京方面是不清楚第二军团在咸镜道的具体

被誉为"智将"的小早川隆景，拥有相对高超的战略眼光

作战情况的。

而如果仅按照此前加藤清正一路高歌猛进的战报来看，宇喜多秀家及其参谋团队甚至有调动第二军团由咸镜道南下，攻击平壤方向明军侧翼的想法。可当了解到较为真实的情况后，宇喜多秀家等人便彻底打消了这一念头。毕竟，按照下村生运的说法，加藤清正能带着第二军团从咸镜道全身而退便已属"天照大神庇佑"了。

二、咸镜

自率部越过小西行长的第一军团进入咸镜道以来，加藤清正便可谓顺风顺水。在朝鲜咸镜北道节度使韩克诚所部骑兵在海汀仓之战中被一举击溃后，本就对两班贵族心怀不满的咸镜道百姓趁势揭竿而起，甚至连逃到该地的两名朝鲜王子——临海君、顺和君，也是被当地的朝鲜叛军生擒后献给加藤清正的。

面对这些朝鲜当地的叛军，加藤清正也颇为大方。他将明川以北八镇，悉数分封给当地的叛民首领。在留下加藤清兵卫、片冈右马允、加藤传藏、永野三郎兵卫、原田五郎右卫门、天野助左卫门、山口与三右卫门等七名家臣留守吉州之后，加藤清正自己便退回安边府，准备坐享其成了。

然而，日本国内长期都实施着"五公五民"的高达五成的实物地租。虽然为安抚朝鲜的百姓，丰臣秀吉将朝鲜的地租设定为"四公六民"。但即便只收取四成的地租，日本方面对百姓的盘剥也远高于"十分而税其一"的朝鲜旧制。

进入咸镜道后便顺风顺水的加藤清正

　　日本方面自认为"仁政"的横征暴敛，最终引发了咸镜全道的揭竿而起。对此，朝鲜史料不无得意地记录道："国中之庶民，初虽随日本之号令，纳产贡勤，后归朝鲜之旧令，辞恒居，串山野，横干戈，事弓箭。"显然是将这些曾经的叛军重新认定为"忠臣孝子"。

　　咸镜道第一次有组织的大规模义军活动，以低级文官郑文孚为首，由逃亡的各地在职、离职官员，地方豪族，前叛军组成。万历二十年（1592）十月三十日，郑文孚领三千余名义军进攻吉州。

　　正月十五日，郑文孚占据吉州城东五里的长德山，在山西预设伏兵，待回城日军围山放枪之际，以骑兵击散日军阵形，将其赶入涧谷中。谷口伏兵乘势开炮射击，将这股日军阻截于谷内，随后大军云集，将其包围。

当晚大雪，气温骤降，御寒被服不足的日军不能再战，次日被斩杀六百余人，而驻扎在吉州的日军总计不过一千五百人，此战损失的兵员已超过三分之一，自然只能选择闭城死守。

虽然面对加藤清正派来的援军，久围吉州不下的朝鲜义军三战三败，无奈只能退守镜城。但是咸镜道义军凭借骑兵优势，给在野外征粮的日军小股部队带来极大的威胁，迫其只能困居于各大城寨，严重打击了需要就地征粮的第二军团在咸镜道地区的后勤，令其"炊饭以大豆，汁亦煮大豆"。

按理说，得知加藤清正所部的境遇之后，身为总奉行的石田三成应该考虑的是如何向咸镜道运粮增兵，以求最大限度地缓解第二军团的窘迫。但石田三成的第一反应是如获至宝的，当即便与增田长盛、大谷吉继、加藤光泰、前野长康等人联名给丰臣秀吉写信，以报告最新战况的名义告加藤清正的黑状。

按照石田三成等人的说法，小西行长虽然丢失平壤，却给予了明军以巨大的杀伤，最终也是因为粮尽才退兵。而一直夸耀其治下的咸镜道平安祥和的加藤清正在朝鲜义兵的打击下损失惨重，以至于拖累大局。眼下宇喜多秀家正在王京布阵，准备与明军决一雌雄，请太阁大人速速增派军粮。

在背后捅了加藤清正一刀之后，增田长盛和大谷吉继又以各自的立场写下书信，要求将下村生运带回咸镜道、转交给锅岛直茂。这两封信的内容大同小异，皆是先指责加藤清正贪功冒进、不听调度。随后又宣称他们已将加藤清正的种种越矩行径向丰臣秀吉做了汇报。丰臣秀吉盛怒之下必定会追究加藤清正的责任。最后，便是暗示锅岛直茂应该尽快与加藤清正进行切割，以求自保。

有趣的是，在不断贬损加藤清正战绩的同时，增田长盛和大谷吉继均不遗余力地为小西行长开脱。他们不仅坚称小西行长坚守平壤给明军造成了极大的杀伤，最终是因为军粮用尽才不得不南下转进，更一口咬定，连明军入朝也是受了加藤清正所部为朝鲜义军所败的鼓励，党同伐异的心态可谓昭然若揭。

然而，对于以石田三成为首的奉行众试图离间自己和加藤清正的意图，锅岛直茂早已洞若观火。老于世故的他更深知无论是石田三成还是加藤清正皆是丰臣秀吉的亲信，只要不做出什么大逆不道的举动，大体不过是被申斥几句，暂时被"打入冷宫"一段时间而已。但自己这样的外样大名一旦卷入其中，便将是万劫不复。

权衡利弊之后，锅岛直茂虽然第一时间派出家臣田尻鉴种、姊川房安、池尻右马助、田杂源六等人，率所部精锐由咸镜道南下，奔赴庆尚道的金海港去护卫停泊于当地的船只，并打通南下通道。与此同时也派兵北上，支援正在端州、吉州一线与当地朝鲜义兵缠斗的加藤清正。

有趣的是，就在石田三成等人恨不能将加藤清正所部于咸镜道全军覆没之际，朝鲜王国方面却期盼着他能尽快击败当地的朝鲜义兵，随后迂回包抄平壤，切断李如松的后勤通道。而盘桓在义州的朝鲜君臣之所以会有如此"亲者痛、仇者快"的设想，完全是基于一种极为自私的考虑。

自明军入朝以来，与朝鲜王国有关军粮补给的问题便可谓龃龉不

政治上长袖善舞的锅岛直茂

断。在收复平壤之前，朝鲜王国方面曾许诺将提供四十天以上的军粮，但明军进入平壤之后始终没有看到朝鲜方面提供军粮。忍无可忍的李如松随即于正月十三日正式发文给朝鲜国王李昖，要求对方"传知首臣，火速赴府，听议进剿机宜，料理粮草"，并警告称"若再慢违，定行题参正法，从重示戒，断不姑息"。

面对愤怒的李如松，朝鲜君臣采取了拖延的战术。毕竟他们对朝鲜目前粮草短缺的情况十分清楚。此时朝鲜传统产粮区全罗道虽然未遭兵祸，但被日军隔绝了陆路交通。而刚刚收复的平安道虽然多有储粮，但要优先保证朝鲜王室及两班贵族食用。

此时自认为已然躲过了亡国灭种危机的朝鲜国王李昖，开始吝啬于那些钱粮。为了避免自己的财产遭受损失，他一边故作忧虑地表示："天兵向京畿，北贼（指加藤清正）无乃掩袭其后乎？"一边却任由臣僚给出掩耳盗铃般的解决方案：只要明兵直接南下，大军不在平壤，便不会担心被南下的咸镜道日军袭击侧后，即所谓"若破京城，则无复忧矣"。

其实朝鲜君臣真正算计的是怂恿明军南下，明军最终会被围困于王京一线，为救被困孤军，明朝必然增兵，并从辽东直接渡海运粮，以供被南北包围的明军食用。如此一来，朝鲜非但不用自掏腰包来供养明军，甚至还能作为中间方捞取一定的好处，更何况大明王朝出兵朝鲜，这就从救朝鲜变成救明军，在粮饷问题上更不能对朝鲜有任何的指责了。

朝鲜君臣的蝇营狗苟自然瞒不过大明王朝众多士大夫精英，只是为了尽快击退日本方面的入侵，大明方面并不打算与之斤斤计较而已。对朝鲜粮草准备不满的户部主事艾维新虽然因运粮逾期，杖责朝鲜检察金应南、户曹参判闵汝庆，但大明方面同时决定不再由朝鲜供应粮草，转而筹划从国内调运。

三、转运

其实，大明王朝一开始便没有考虑依靠朝鲜来保证明军的粮饷供应。早在万历二十年（1592）九月，宋应昌便前往辽阳调度兵马和筹集粮饷。此事被宋应昌视为自己的首要工作，他自己曾言："朝鲜之难，不难于进兵，而难于运饷。今日军中之事，调兵固难，而运饷尤难。"

正是鉴于粮饷的筹集和运送困难重重，但又关系战争的胜败。为了确保粮饷能及时有效地供应，宋应昌亲自坐镇辽阳，居中调度；勒令各地官员积极配合，尽快筹集军粮；户部主事艾维新则负责督运，全力保障明军的粮饷能够尽早抵达义州。

平壤大捷之后，宋应昌在《叙恢复平壤开城战功疏》中，特别提到各地筹备军粮官员的功劳："经理粮饷户部主事艾维新，斤斤守法，款款中程，履殊方而跋涉惟艰，司军饷而拮据独苦，百计经营，三军藉赖，所当优叙者也。解银兵部主事黄杰，奉使勤劳，持身廉干，皇恩覃布而欢动边隅，战士奋扬而功昭属国，亦当并叙者也。标下管理钱粮河间府通判王君荣，才猷廉敏，心计精明，督饷而出纳惟公，谈敌而机宜更著，相应升级，授以同知职衔，以备边道之用者也……解银主簿邓明易，算筹有格，典守无私，履异域而不惮驰驱，委制器而率皆措办，亦应分别升赉者也……辽东粮储郎中王应霖、永平粮储郎中陈鸣华、蓟州粮储郎中陈履、密云粮储郎中陈一简，悉心经理，协力转输，人无半菽之虞，马有三刍之备……"

宋应昌特地将筹集和运输粮饷的官员同在前线冲锋陷阵的将士一道上奏请求朝廷论功行赏，盖因他深知筹集和运送粮饷是确保前线官兵战斗力的保障。从请求优叙的官员名单来看，囊括了户部尚书与多地的粮储郎中，这表明宋应昌在明军粮饷筹集与运输过程中，建立了一支精干的队伍和一套行之有效的办法。正是这批人的努力，才确保了粮饷的有效供应。

其实明朝当时已形成了一套以白银为主体的军事供给体系，完全可以由户部拨放白银，军队自行购买粮食和军需品。而明军将士粮饷标准相当高，完全可以通过发放饷银，让将士自行购买所需物资，但明军在朝鲜所遇到的情况与国内完全不同，朝鲜既不用银，也无物可售，因而明军所有重要军用物资都须自己供给，这样就为粮饷的运输带来了巨大压力。

为此，宋应昌不得不上疏明神宗朱翊钧，提出："近访知临海居民，制有海船，从天津、登、莱贩卖杂粮，历行无失，合无准照，顾巡抚议拨漕粮规则，查将临德仓粮量拨数万，由运河经天津直达山海，径至辽东卸载，以备征倭大兵支用，庶本色有备。"也就说当时辽东的储粮远远不足以支撑明军消耗，宋应昌必须就近将山东等地粮食先经运河运到天津，再由天津海运至辽东，最后由辽东运抵鸭绿江边。

自万历二十年（1592）九月宋应昌抵达辽阳后，着手筹备粮草，到当年十二月，宋应昌向兵部尚书石星汇报军粮筹备情况时，已经可以颇为自信地表示："近日严督各司道，多方料理，似有次第处……总计征倭兵马不满四万，通长计算，可足一年有余。"也就说，宋应昌在三个月内筹集了可供四万将士一年之需的军粮。

而在李如松率大军前来救援之前，宋应昌已派遣使臣前往朝鲜，落实朝鲜供应粮草问题。他提出鸭绿江以西由明朝供应，以东应由朝鲜供应，并提出只需要朝鲜准备五万兵马两个月的粮草，以及备足将义州军粮搬运到朝鲜前线的车马人员便可以了。但令宋应昌没想到的是明朝大军踏入朝鲜不久，军粮供应便出现了问题。

明朝大军进入朝鲜境内后，发现朝鲜根本无法提供充足粮草，别说一两个月，就是几天都非常困难。更糟糕的是，朝鲜竟然无法组织一支有效的军粮运输队伍，而大批堆放在义州的军粮更无法及时运送到前线。其实，朝鲜原本有仓储系统，如常平仓、社仓、义仓等皆有储备粮食，以备饥荒。但随着日本军队大举入侵，朝鲜国王李昖从王京北逃，经平壤，到义州。一路上，"列邑官吏溃逸，乱民焚劫仓库，一路已荡然"，"（六月）自驾出平壤，人心崩溃，所过乱民，辄入仓库，抢掠谷物。顺安、肃川、安州、宁边、博川，以次皆败"，可以说整个朝鲜王国的仓储系统已经被破坏殆尽。

后勤转运历代都是重要的军事课题

万历十九年（1591）七月，辽东副总兵祖承训率兵来援之时，朝鲜已无法承担粮草供应的任务，朝鲜大臣柳成龙便曾无奈地表示："天兵一千，

已为渡江，而前面各官，尽为空虚，仓谷散失，军卒逃匿，决无接应之
路。"当时仅仅是祖承训的数千兵，朝鲜已无法提供充足粮食，当李如松
率领四万大军前来之时，情况自然更为糟糕。

当时柳成龙被任命为"只掌粮饷，不主军机"的粮饷督运官，他虽然
唱着"粮饷、军兵、城池、器械四者，战守之大要。四者之中，又必以粮
饷为本"的高调，却依旧是巧妇难为无米之炊，只能在《料理军粮状》中
感叹道："各处郡邑，仓谷板荡之余，大兵遝出，调度之事，百计无策。"

眼见朝鲜王室实在拿不出那么多军粮，万历二十年（1592）十二月
十二日，宋应昌特命辽东都司张三畏到义州告知礼曹尚书尹根寿等："天
朝念尔国军粮不敷，准备八万石，米豆相半，已储峙于江沿堡。二万石装
载车两（辆），即夕已到江上，明早当输入官仓。尔国宜定监纳官三员，
与领来委官三人，眼同捧纳。其余六万余石，尔国当随力输运，搬到安
（州）、定（州）。"

然而，即便是大明提供的军粮，朝鲜方面也没有足够的运力送往前
线。张三畏亲眼看到朝鲜人运粮之艰难，"我于沿路，见尔国（指朝鲜王
国）运粮之人，男负女戴，辛苦万状，十分矜恻，心肠欲裂……"正是因
为同情朝鲜运粮百姓之艰辛，张三畏并没有严厉催促，却因此受到同僚艾
维新的批评。

其实朝鲜方面运粮不力，关键不是张三畏督责不严，而是朝鲜官员经
年累月"玩月偷安"，变乱之时，束手无策。虽然当时朝鲜已派户曹专门
督运军粮，但效果并不理想。司谏院为此曾上启朝鲜国王，指出军粮督运
弊端丛生，如机构设置过繁、令出多门、效率低下。

无奈之下，朝鲜国王李昖只能尽可能调动各方人员，甚至派出自己的
亲卫、扈从参与运输军粮，使其分工合作、分段运送。如万历二十一年
（1593）正月初一，朝鲜国王李昖便下令："军粮措运之事……本州男丁，

勿令遗漏，抄出输运；本道寺刹余存僧人，无遗抄发，使之输运。”次日，移咨都督府曰：“各该镇堡，起调牛马五百只匹，将已调军火等各样兵器，先期搬运外，上国米豆，亦系军中接济精饷，小邦溃散之余，物力凋瘵，恐难一时运完。”

由于五百匹牛马所运输粮草还不足明军兵马一天支用，宋应昌干脆请求李如松拨给张三畏一万名战斗力较弱的朝鲜兵，“分拨沿途村落，转运粮饷，紧要军火器械，传谕军士搬运，完日一体叙功，毋得迟延……沿途每十里拨兵一百名，至五百里一万名，每一百里付原将领责令各兵照依分拨地里，往来搬运粮饷及军火器械。其平壤至王京一路，亦照此法，务使转运流行，不致停阁误事。搬运完日，各官军亦从优叙，如有违误，以致军饷欠缺者，该管官员并转运军士，定以军法，重处不恕。”

或许是受到宋应昌的敦促，万历二十一年（1593）正月十一日，朝鲜国王下令义兵将参与军粮运输：“令义兵将统率其军，往于粮饷所在处，急急输纳于崔湜、李诚中、权征、李廷馣等处。如不用命，以军律从事。”

平壤大捷之后，柳成龙组织军队运粮，以备军需，“急移文于黄海监司柳永庆，使之催运。又移文于平安监司李元翼，调发金应瑞等所率军人之不堪战阵者，自平壤负载追随，送至黄州。又令船运平安道三县之谷，从青龙浦输运于黄海道，事非预办，临时猝急，而大军随至，恐乏军兴，为之劳心焦思”。

正月二十三日，朝鲜国王李昖再次下令：“各处义兵，无遗括出，使之输转粮饷，以供天兵。违令者，其将依军令施行。”柳成龙直接启陈："天将先锋，已到七站，而黄海各邑之谷，时未齐到。大军在途，而前头粮饷，愈远愈窘，百尔思之，接济无策。姑以大驾扈卫军八十名，东宫行次侍卫军有马者八十名，步卒一百三十名，湖南义兵有马者四十余，步卒三十余，宁边护卫军亦不下五六百，定别将押领，受顺安官所储谷而去……平安道平壤、顺安等官，黄海道各邑，则不分远近，随其残盛，且观其经乱与否，分等数，或马七百匹，人丁六百，以其官所储谷，输运于天将所在处，则似有可济之路。"

显然后勤供给是否充足，直接关系到前线明军战斗力强弱。当时因形势紧迫，不仅义兵，就连朝鲜国王李昖的扈从部队都被要求前往运输粮饷，以供所谓"天兵"支用。明军的粮草来源虽有两条，但主要粮草还须自己供给，朝鲜只能偶尔提供地方余粮，故而将义州储粮运到前线，是当时最为紧要的任务，也是唯一能够解决明军粮饷不足的办法。

四、开城

在运粮问题得到初步解决之后，万历二十一年（1593）正月十九日，李如松才派遣李如柏领精兵八千先行南下，直驱开城府青石洞。然而，原本信誓旦旦要与明军于开城一线决一死战的小早川隆景此时已然领受了宇喜多秀家的军令，向着王京的方向转进去了。

一月十四日，受总奉行石田三成委派的安国寺惠琼抵达开城，向小早川隆景宣谕了退守王京的命令。小早川隆景虽然依照要求将相关指示转达给了驻守黄海道白川城的第三军团黑田长政所部及自己麾下驻守牛峰城的小早川秀包所部，但自己坚持在开城迎战明军。

身为军中宿将，小早川隆景甚至口气强硬地表示："大同江以南，筑寨相保者，本以备明国也。今闻明兵至，未加一矢、交一兵，而框怯遁去，何以寨为？且吾初受命，奋不顾身。明兵新来，当决战以耀我武。吾龄已颓，死不足惜，且失一将，亦未为损国事。诸君自择去就，吾绝不弃此！"

或许是考虑到安国寺惠琼这个"外交僧"曾经侍奉过毛利家，面对小早川隆景有着先天的卑怯情绪。石田三成第二天便派出了自己的好友大谷吉继前往开城，劝谕小早川隆景退兵。大谷吉继虽然深得丰臣秀吉的宠信，但没有在小早川隆景面前摆什么架子，而是直接向对方送上了一顶"公之胆勇，非常人所企及"的"高帽子"，随后再以商讨军机的名义，请小早川隆景南下王京以主持大局。

面对大谷吉继的循循善诱，小早川隆景就坡下驴、一改之前的强硬态度，同意弃守开城，退向王京。而在稍早之前，黑田长政已然按照小早川隆景的要求开始收拢部队、准备向南后撤。而也就在南撤途中，黑田长政部遭遇了几次小规模的战斗。

在接应了小西行长所部残兵之后，驻守最前线龙泉城的小河传右卫门所部首先被要求后撤至白川城以北的江阴寨。按照《黑田家谱》中的说法，小河传右卫门在抵达江阴寨之前，一度遭到明军的奇袭，幸好黑田长政及时出兵支援，才将明军击退，是为"江阴之战"。随后《黑田家谱》之中又记录了明军于万历二十一年（1593）正月十一日对白川城的试探性进攻，并宣称黑田长政沉着应战，于城下以火绳枪轰击加白刃逆袭，将总数达三万以上的明军主力击退，是为"白川之战"。

由于"江阴之战"和"白川之战"与此前的"龙泉之战"一样无

作为石田三成的好友，大谷吉继擅长揣摩人性法与明军的战报相对应，因此普遍被史学界认为是伪造的战绩。但必须指出的是，如果《黑田家谱》真要夸大黑田长政的战绩，大可以在其他方面下功夫，而不必将笔墨浪费在从龙泉至白川的这一段步步后撤的过程中。

因此，"江阴之战""白川之战"的情况可能与"龙泉之战"类似，都是真实发生的战斗。只是黑田长政所部的对手并非是明军主力，而是小股朝鲜义军。也正因为这些朝鲜义军兵力有限、装备差，才会在遭遇黑田长政部的火绳枪攻击后迅速溃败。

黑田长政所部南撤之后，屯兵于江原道金化城、铁原城的岛津义弘、伊东祐兵也相继南撤。在日军全线后撤的情况下，号称"一夫当关"之地、"左右绝壁参天，中通一路"的青石洞等要隘也被轻易放弃。正月十九日，在李如柏所部日益逼近的情况下，小早川隆景率领所部二万军队从开城撤退，军队越过临津江，向南面的坡州撤退。撤军之前，日军对开城进行了疯狂的破坏和屠戮。

抵达开城的明军眼见开城内外"皆枕藉而死"的朝鲜百姓，心中自然升腾起了强烈复仇心理。因此，当两军隔着临津江展开对峙，小早川隆景从营中放出两名朝鲜妇女和一名儿童至明军营中带话，请求"天兵少缓，则彼当自退"之时，李如柏颇为不忿地表示："朝廷既令我辈尽杀倭贼，无使一人逸去，然后安下国王于京城，限十年留此护御，我无少缓之理。饶尔命不杀。"

除了口头警告之外，李如柏还歼灭了日本方面渡河侦察的小股精锐部队，于正月二十一日命李宁率部主动渡河夜袭驻扎于坡州梨川院的小早川隆景大营。日军完全没有预料到兵力远少于自己的明军竟敢主动出击，一时被明军的铁骑冲击得溃不成军。

面对明军骑兵的冲击，日军步卒往往无力招架

　　小早川隆景虽第一时间赶到战场，要求下属集中弓矢和火绳枪打击明军战马，暂时遏制了对方的攻势。但在付出了数百人伤亡的代价后，仅给明军造成了六人阵亡、六十七人负伤的代价，这令小早川隆景深感不安，随即下令焚毁营垒之后，全军向王京方向撤退。

　　小早川隆景从坡州撤退后，明军迅速组织起六七千精骑，渡过临津江的浅滩南下，占领了坡州，兵锋直指王京。与此形成鲜明对比的是，次日，在王京以北的日军诸大名，成群结队地逃回了王京。南逃日军的编队组成是：一番队天野元政（毛利元就第七子）、二番队小早川隆景（毛利元就第三子）、三番队小早川秀包（毛利元就第九子）、四番队筑紫广门、五番队吉川广家（毛利元就第二子吉川元春之子）、六番队立花宗茂与高桥统增兄弟、七番队大友义统、八番队黑田长政、九番队毛利元康（毛利元就第八子）。这数万日军于当天傍晚便抵达了王京城外，却依旧惶惶不可终日。

五、进退

此时通过审问俘虏和多方探查，明军已经大体了解日军在朝鲜的兵力分布。除了在平壤以北的咸镜道依旧屯驻有加藤清正、锅岛直茂所部两万余人外，剩余日军十万之众悉数猬集于王京之下。而考虑到明军入朝兵力仅三万八千余人，第二次平壤之战中又伤亡数千人。加上各地驻守兵力，此时能够开赴王京一线的机动兵力已不足二万人。

考虑到明军前出至临津江一线，距后方基地辽东的距离已超过千里，而当时王京方向的日军，仅在前线的便已不下五万，为明军此时可用之兵的两倍有余，而且明军主力南下后，位于咸镜道的日军随时可以威胁明军的侧后方，除非能够一鼓作气拿下王京，彻底孤立咸镜道的加藤清正部，否则便需退守平壤，以防遭到前后夹击。

但是为了尽快收复失地，在明知日军主力云集王京的情况下，朝鲜君臣仍催促明军立刻进军。柳成龙为此亲临一线在临津江面监督架设浮桥，协助明军的炮车、军械尽快渡江，并积极地向明军通报称"倭贼之在城（王京）中者，多不过万余"。

李如松当然不会相信这些来路不明的假情报。但作为一个军人，他深知自己入朝的目的便是驱逐倭寇。而这场战争给朝鲜人民来到的苦难，李如松更是感同身受。除了刀剑无眼的兵燹之外，战争导致的饥荒更令无数普通的朝鲜民众冻饿而死。

正是基于最大限度地解除朝鲜民众疾苦的目的，在思虑再三之后，李如松最终做出了留下大同镇游击高策、真（定）保（定）镇游击梁心所部三千人抢修平壤城防，自己则亲率本部精锐前出开城，准备与日军主力决战于王京城下的决定。

万历二十一年（1593）一月二十三日，从平壤南下的李如松率领大军进驻开城。看着大批衣不蔽体、食不果腹的朝鲜难民，长期跟随李如松的副总兵查大受忍不住大声质问柳成龙："倭寇尚未退兵，而朝鲜百姓却大批饿死，那么他们朝鲜君臣'将奈何'？"

柳成龙只好奏请散粮救济。李如松从本就不多的随军口粮中拨出银一百两、米一百石，令副总兵张世爵发放这些物资赈济朝鲜饥民，一时间"饥民相继就食，弥漫于开城三门外数里间，嗷嗷仰哺"。而眼前的这一宛如人间炼狱般的惨相更坚定了李如松加速进军王京的决心。

根据《征东实纪》记载，一月二十四日，李如松在城中置酒，邀请诸将共同商议进取王京的计策。诸将纷纷请战，唯有钱世桢上疏李如松，提醒他明军远来疲惫，而日军以大军屯兵于王京，不要太过轻视对手：

"我兵深入重地，去中土千里。以克平壤、取黄州、平开城，浃辰之间，席卷二十二州郡。倭奴取朝鲜，如拉朽木，自来未尝有此败衄，今丧气狂奔，心胆坠地。我整理大军，漫山遍野，多张旗帜，倍设烟火。徐行而前，为疑兵。若断其归路，彼当恫疑，恇惚之际，忽见大军，势必宵遁。若力争，吾兵虽云乘胜，实远来疲罢。倭奴集各道之兵于王京，且有以虎视石之戒，正未可轻敌也。"

然而，其他明军将领对钱世桢说的话并不在意，只有游击将军周弘谟与他看法相同。钱世桢推测，大概是因为辽东副总兵查大受料定王京城内的日军必会逃走，想要把攻取王京的功劳揽在自己身上，就对李如松进行伪报，说已有超过一半的日本人从王京逃走，不需要怎么调动兵力就能拿下王京，于是李如松被麻痹了。

但平心而论，钱世桢说的这些道理李如松并非不懂。只是明军目前糟糕的补给情况并不允许他"徐徐图之"。收复开城后，随着补给线的延长，明军粮食更为紧张。李如松对于粮饷不继忧心如焚，除了对主管运粮的朝鲜官员柳成龙等人施加压力之外，便只能速战速胜，甚至夺取日军的粮仓，以求因粮于敌。

有趣的是，就在明军方面召开军事会议的同时，王京城内也在连夜召开紧急军事会议，商讨如何应对明军来袭。以石田三成为首的奉行众可能是听取了小西行长有关明军骑兵居多的情报，因此坚持"笼城"（即"守城"）。而经历丰臣秀吉"水淹高松""饿杀鸟取"以及"小田原征伐"等系列围城战的小早川隆景则对守城充满了悲观的预期，坚持要求出城决战。

小早川隆景在军议中指出王京兵粮已经不充裕，难以支撑长时间守城，唯有主动出兵于城外野战中击败明军，才有一线生机。所谓"敌大兵围城，兵食乏绝，坐至危困。且行长自平壤退，逾程十日，兵势萎缩。苟不鼓舞士气，决胜于一战，何得自完"？

小早川隆景的意见迅速得到了其第六军团下属立花宗茂的支持。为了进一步说明出城野战的必要性，立花宗茂宣传明军既然以骑兵居多，那么势必会绕过日军全力固守的王京，阻断日军连接后方釜山浦的补给线，即所谓"我若婴城而守，敌兵合围，绝釜山援路，旷日弥久，援绝力尽，何以克捷？彼怙胜轻我，

日本艺术家笔下被美化过的立花宗茂

必为（我）不能战。今出其不意，张阵决战，取胜必矣"！

单纯讨论军事问题，被加藤清正、福岛正则等人揶揄为丰臣家"战下手"的石田三成自然不是小早川隆景和立花宗茂的对手，但身为总奉行的他却还是以一句"有殿下（指丰臣秀吉）命，不许城外战"来终止了这场讨论。接着宇喜多秀家以总大将的身份划定了各部的防区。只是为了防备明军绕过王京，打击日军的补给线，宇喜多秀家特许各部组建"物见队"（侦察部队），扩大外围侦察范围。

随着日军方面决定"笼城"，正月二十四日，日军在王京城内开始大肆屠戮。朝鲜《再造藩邦志》中这样记载："贼酋愤平壤之败，又疑京中人或有内应者，尽数搜出。自钟楼至汉江，列坐数万人，拔长刀，无论男女，以迭次斩之。"可以想见如果李如松真的采取徐徐图之的战略，那么随着时间的推移，又将有多少朝鲜百姓会沦为日本侵略者的刀下亡魂。

而就在军议结束的当天，石田三成便以自己及增田长盛、大谷吉继、加藤光泰、前野长康的名义写了一封联署状（联名书信），寄往日本名护屋。在这封联署状中，石田三成等人一方面以临津江即将开冻为自己逼迫小早川隆景放弃开城南逃寻找借口；另一方面则以"临津江与汉江的冰面解冻后，朝鲜军将利用水路迫近王京"，"日军在釜山浦到王京之间设置的系城，因受到朝鲜义兵的攻击而中断联络，目前很有必要加强系城的防御"，"为防止明朝出动水军，与朝鲜水军一起袭击釜山浦，也有必要在釜山浦一带筑城"为理由，开始为下一步南逃釜山打好伏笔。

有趣的是，为了进一步打动丰臣秀吉，石田三成谎称日军兵粮严重不足，王京城内仅余一万四千石的兵粮。但从事情的后续发展来看，被日军视为后勤大本营的王京，此时至少囤积着十万石以上的粮食。而石田三成作为总奉行既然如此欺上瞒下，显然是早已做好了如何处置多余粮食的预案了。

第三章：碧血与铁蹄
——惊心动魄的碧蹄馆血战

一、哨探

不知道是真的看透了宇喜多秀家和石田三成的色厉内荏，还是真的听信朝鲜方面的"倭贼已退，京畿（王京）已空"的假情报。总之，万历二十一年（1593）正月二十四日夜，李如松做出了以副总兵查大受所部五百骑兵为先锋，以朝鲜防御使高彦伯为向导，于次日天明南下探查王京方面虚实的决定。

正月二十五日清晨，突然出现在王京西南方向的查大受所部迎头撞上了一支日军。以查大受的性格自然不会去辨识该股日军到底是谁，当即便下令全军突击。孰料，该股日军虽然兵力不多却死战不退，以至于短时间内便被斩首百余人。就在查大受对于这股日军战斗意志如此高昂、战斗力却如此低下感到不解之时，大队日军自王京城内杀出。查大受也只得见好

奉行众中德高望重的加藤光泰

就收，带领着所部兵马匆匆撤走了。

根据日本方面的史料，当天与查大受所部发生遭遇战的是加藤光泰、前野长康所率领的四十多名骑马武士及百余名铁炮足轻。由于兵力上处于绝对劣势，加之匆促之下来不及列阵便遭遇明军的铁骑冲击，伤亡惨重也在情理之中。好在加藤光泰、前野长康都是在日本战国时代经历过腥风血雨洗礼的老兵，在亲卫武士的保护下，最终成功地逃出生天。

这场看似合理的战斗却有个最为不合理的地方，那便是身为奉行众的加藤光泰、前野长康缘何要屈尊降贵的亲自出来进行巡逻和侦察，而且还要两位奉行同行？结合他们与查大受所部发生遭遇战的地点为王京西门，那么这两位奉行的目的地很有可能是日军设立于王京西南龙山的粮仓。

而根据朝鲜重臣柳成龙在一月二十五日写成的《驰启京畿以后粮难料办缘由及提督自欲赈救灾民状》记载，李如松听说日军多聚集于王京之后，不等后方的军器全部运到，就在一月二十五日天刚亮的时候，宣布要挑选三千精兵前往占据龙山。

正所谓"功高莫过救驾，计毒莫过绝粮"，在兵力处于劣势的情况下，一举端掉日军的粮仓，显然是明军唯一的取胜之道。而为了保证行动的突然性，李如松并未将自己的目的坦然告知军中诸将，以至于一月二十六日黎明，钱世桢忽然看到李宁、祖承训、孙守廉率领三千精锐骑兵从开城南下之际，其余诸将皆是一脸懵懂。

按照《东征实纪》中的说法，发觉情况有些不对的钱世桢第一时间赶上了南下的明军。但在询问李宁等诸将时，对方只是含糊其词，不愿意据实相告。甚至在钱世桢追上意气风发的李如松时，对方也只是告诉钱世桢，他将要亲自前往前线探路，如果有兴趣的话可以率领几百人随行。甚感蹊跷的钱世桢不敢怠慢，当即便带着部队紧随其后。抵达临津江边，却无船可渡。询问向导后，一行人才从浅滩渡江，日暮抵达乌山，此处距离王京约八十里。

然而李如松虽然努力保持着奇袭的突然性，但查大受部的行动已然打草惊蛇。随着加藤光泰、前野长康两人逃回王京，小早川隆景等日军名将立即判断出了明军奔袭龙山粮仓的企图。为了确保这一后勤枢纽，宇喜多秀家不敢怠慢，第一时间派遣四万日军出城迎战，但部队向北搜索了四五里后，却发现查大受部已然退回坡州，于是只得无功而返。为了强化警戒，日军并未悉数撤回城内，而是在弘济院一带设立前哨阵地，以反制明军仍然不时出没的哨骑骚扰。

万历二十一年（1593）正月二十六日，李如松率部抵达坡州。此时明军的炮车、军器、辎重等通过柳成龙协助明军督造的浮桥陆续过江，运到前线的碧蹄馆中。

明军的神机箭是一种借助火药动力的大面积杀伤武器

碧蹄馆位于王京和坡州之间，本是朝鲜官员迎送明使的驿站馆舍，由于其南有砺石岘高地、北有惠阴岭，其自身所处的峡谷同样为上窄下宽的喇叭形，可谓是易守难攻。此时当地更云集了明军四五千精锐部队，且部署有神机箭、佛郎机炮等重型武器，俨然已成为明军南下王京的重要前哨要塞。

正月二十七日晨，李如松在留下杨元所部步卒驻守坡州马山馆后，亲自率领千余精骑驰向碧蹄馆。而与此同时查大受也带领所部五百骑兵借着黑暗的掩护，于黎明前从碧蹄馆出击，再度尝试越过王京的日军主力、直捣其龙山的粮仓。而在其部身后明军孙守廉、祖承训、李宁、张应种、高升、胡鸾各部陆续进发，先后出动的人马已达三千五百骑。

在正月二十五日的接触战后，日军为了应对明军的来袭，将王京城中的可战之兵悉数动员起来，并编组为前、后两军，其中前军由小早川隆景率领，编为四队。

其中前锋为立花宗茂、高桥统增两兄弟所部三千人、"二番队"为小早川隆景的家臣粟屋景雄、井上景贞所指挥的小早川家八千主力部队。紧随其后的"三番队"则为小早川秀包、毛利元康、筑紫广门所部五千兵马，"四番队"的四千余众则由吉川广家指挥。

应该说，这支前军基本是小早川隆景此前指挥的第六军团，由于参战诸将大多沾亲带故，各支部队之间也有着丰富的临阵配合经验。因此基本可以做到同进共退、守望相助，堪称是朝鲜战场上日军各军团中战斗力最为强悍的一支了。

与小早川麾下的前军相比，由宇喜多秀家亲自统率的后军却可谓战力参差不齐的乌合之众。后军前锋是黑田长政所部五千人，"二番队"是石田三成、增田长盛、大谷吉继三位奉行所部，合计五千部众。"三番队"是加藤光泰、前野长康两人统率的三千兵马。而身为总大将的宇喜多秀家带着八千人尾随在全军的最后方。

纵观整个后军将帅的能力和兵力配置，除了先锋黑田长政所部还有些战斗力之外，剩下的五位奉行的兵马一旦遭遇明军的铁骑冲锋，必然会陷入混乱和崩溃之中，而前面各路日军战败，那么只敢躲在军阵最后方的宇喜多秀家恐怕会第一时间转身就跑。而留在王京城内充当后备的小西行长、大友吉统此刻更早已是惊弓之鸟，根本不具备抵挡明军进攻的勇气。

因此这场即将开始的战役，与其说是数千明军对抗四万日军，不如说是李如松与小早川隆景的宿命对决。因为，只要李如松能够成功击败小早川隆景所统率的日军前军，那么王京的大门便将向大明的军队敞开。

二、对攻

万历二十一年（1593）正月二十七日丑时（凌晨一时到三时），立花宗茂麾下的两位"家老"——十时连久、森下钓云率"骑士、铳卒各数十"组成的队伍，在王京以北约二十五里的砺石岘附近发现明军大队的踪迹，两人不敢正面迎战，只能第一时间回报本队。

立花宗茂向来夸耀自己所部三千兵马能够对抗万人大军。因此，并没有等待后续部队，便迅速挥师向前，意图抢占交通枢纽砺石岘。但此时的朝鲜天寒地冻，数千日军在北风中列阵，自然苦不堪言。担心士气受到影响的立花宗茂亲自取来白米，熬成粥分给麾下兵卒享用。随后取来大碗热酒，与诸将同饮。

立花宗茂本意是让小野镇幸、米多比镇久率七百人为先锋，十时连久、内田统续率五百人随后接应，立花宗茂则与其弟高桥统增率二千人督后。但是感恩于主将的厚待，年逾五十的十时连久当即表示小野镇幸和米多比镇久皆为家中重臣，为防有失不可为先锋，自己愿以垂老之身为大军开路，立花宗茂感其忠勇，特许其为超越先锋，率先冲入战场。

十时连久果然老当益壮，当其率部抢先向明军发动了攻击后，竟成功将这支数倍于己的敌军击破，令其残部向北方的望客岘逃去。怀着必死决心的十时连久显然没有想到明军如此不堪一击，大喜过望之下，自然率军全力追击。十时连久不知此举恰恰踏入了查大受为其精心布下的圈套。

站在明军的视角来看，己方骑兵刚刚冒雾由望客岘山坳前出，便遭到了一队日军的疯狂冲击。在无法判断敌方兵力的情况下，查大受果断选择了暂时后撤，将日军吸引到望客岘山坳之后，再利用地形和兵力优势对其展开围杀。果然十时连久部突进山坳口之后，随即便遭到明军铁骑的侧面冲击。转瞬之间，明军便斩首一百三十余级，十时连久亦当场战死。

十时连久所部遭遇毁灭性打击的同时，紧随其后的小野镇幸、米多比镇久也曾试图救援，但此时明军已在望客岘山坳上方部署了神机箭和佛郎机等远程武器。密集的弹雨之下，日军伤亡惨重却偏偏寸步难行。为了救出十时连久所部残兵，立花宗茂不得不亲率本队借着大雾绕到了明军右侧，趁明军骑兵队形尚松散之际发起了突袭，并与正面的小野镇幸所部相呼应。

但此时立花宗茂全军上下仅有二百余骑，完全不是往来冲杀的明军对手。所谓的夹击也不过是付出了数百人的伤亡之后，救出了十时连久所部残兵，然后全军退入新院店的山坳中，依托狭长山谷，在隘口集中了两百余挺火绳枪，对抗明军骑兵的冲击而已。

虽然根据战后统计，立花宗茂所部战死总计不过三百余人。但考虑到日军远征海外，部队之中战斗人员与非战斗人员的比例本就接近1：1。而在登陆朝鲜以后，立花宗茂所部历经多方转战，已经产生了大量的减员。

据《毛利氏四代实录》记载，至万历二十年（1592）十二月，立花宗茂、高桥统增兄弟奉命进驻王京西北的长湍城时，其所部兵力便仅剩一千五百人左右。因此，扣除其中占比超过一半的非战斗人员，立花宗茂、高桥统增所部在碧蹄馆之战真正能拿得出手的战斗人员只有几百人而已。而朝鲜史料《宣祖昭敬大王实录》引述的《俞泓驰启》，也宣称立花宗茂所部的实际战斗兵员应只有六七百人。

虽然麾下的兵马伤亡过半，但立花宗茂的情绪似乎并未受到太大的影响。根据小野镇幸撰写的战争回忆录《小野和泉咄》中的记载，好不容易从明军铁骑的冲击下逃出生天的小野镇幸，在带着部下撤下战场后，试图开口劝说众人吃一些随身携带的竹叶饭团。但由于受败战情绪影响，又眼看明军的骑兵蜂拥到山谷，立花家麾下久经战阵的武士们失去了食欲。

小野镇幸本想带头垂范，以鼓舞士气，但拿起一个竹叶饭团后，始终难以下咽。此时铠甲上插满了明军的箭镞，看上去就如同一只刺猬的立花宗茂走来，当即招呼小野镇幸把饭团拿给自己，并一口气连吃了三个。小野镇幸本欲效仿，却还是怎么也咽不下去，最后只能将手中的饭团丢掉。

小野镇幸的这段描述本意恐怕是想显示家主立花宗茂从容淡定、有大将之风，但在后世的眼中只看到了一个胃口不错的"吃货"而已。更何况，对于此时的立花宗茂而言，己方兵马虽然损失惨重，却是真实地咬住了一股明军精锐。随着日军后续部队源源不断地抵达，胜利的天平自然而然地会向着自己一方倾斜，因此他才有心情大吃特吃。

有趣的是，在《黑田家谱》之中，是黑田长政主动赶到前方战场，接应了败下阵来的立花宗茂，并且击退了明军。然而极其讽刺的是，根据立花宗茂的家臣荐野增时的回忆录《宗茂公朝鲜军之次第御物语觉》记载，黑田长政、大谷吉继虽然赶到了战场附近，却始终畏惧不前，一味躲在后方，根本不敢迎战明军。

黑田长政、大谷吉继之所以出现在前线，主要是因为立花宗茂在砺石岘与明军交战时，王京的日军诸将已经出城准备迎战明军。立花宗茂战败的消息传来后，日军诸将不像立花宗茂一样仍能气定神闲地吃饭团，而是大为震动。奉行众经过紧急讨论后，决定立即停止战斗，全军退回王京，婴城固守，并让黑田长政去劝说拥有重兵、同时顽固主战的小早川隆景。

但此时已然率领前军奔赴战场的小早川隆景直接以军情紧急为由拒绝与黑田长政的会晤。奉行众之中最具军事才能的大谷吉继只好亲自出马去劝说小早川隆景，却不想小早川隆景直接对着他和众将痛陈利害："此时撤军，彼若追击，我军则进退维谷，今日之战，我军必并力向前。"

站在明军的视角来看，小早川隆景的这番话并非夸大其词。毕竟此时明军参战部队多为骑兵，一旦日军放弃前进，那么仍在新院店的山坳一线苦战的立花宗茂部势必全军覆没。而随着明军迅速展开追击，以步卒为主的日军也极有可能在撤退过程中陷入崩溃，进而在自相践踏中损失惨重。

被小早川隆景所激励的日军第六军团诸将纷纷请战，而小早川隆景也随即下令重新布阵，由他亲自接替主攻位置，另使小早川秀包、毛利元康、筑紫广门等将所部"三番队"从东侧的山上包抄明军左翼，而已经奋战一上午的立花宗茂军则在休整之后，从西侧山上向明军右翼迂回。

在小早川隆景的一意主战下，已出王京城的四五万日军悉数而来，布阵于砺石岘，逼向明军。这时候，仅有三千骑兵的明军难免开始慌乱起来。副总兵祖承训、游击胡鸾、高升三人见日军黑压压的一片，不由心生畏惧，直接掉头逃跑。这样的不战自溃，引起了多米诺骨牌效应，很快明军便主动放弃了砺石岘后退到了碧蹄馆一线。

眼见明军从砺石岘后撤至碧蹄馆，小早川隆景深知自己豪赌成功，当即便命所部兵马组成进攻阵型由砺石岘冲击而下，对明军穷追不舍。据《毛利家记》记载，小早川隆景的阵形安排如下：第一阵为井上五郎兵卫（井上景贞）、粟屋四郎兵卫（粟屋景雄）；第二阵为裳悬弥左卫门；第三阵为小早川隆景的本队人马；第四阵为桂宫内大辅；第五阵为小早川秀包；第六阵为毛利元康。

碧蹄馆作为当时自西（坡州）向东前往王京的必经驿站，其规模虽大，且设施完善，但没有任何的防御工事，仅能被选作物资储备仓库。明军骑兵退守此处依旧无法组织起有效的防御。如无意外，很快便会被上万之众的日军所踏破。但关键时刻，李如松如神兵天降般出现在了战场上。

三、鏖兵

李如松之所以来得如此之快，后世有一种诛心之论。他们根据朝鲜史料《再造藩邦志》《宣庙中兴志》记载，认为李如松是听信查大受"贼已夺气，可破也！愿速进兵！"的报告，认为日军已然全线崩溃，进而急着南下想要捞取战功。

明末著名文士钱谦益在他的《牧斋初学集》中更言之凿凿地宣称，李如松在南下前公开于马山馆中说："人言平壤之役，辽人居后。我今提辽兵三千人，独进取王京。"意思是李如松嫉妒吴惟忠、杨元、戚金、钱世桢等南军将领在收复平壤时的先登之功，所以故意不等待南军步卒，执意要以三千辽东骑兵独占收复王京之功。

作为一个南方士人，钱谦益对北方明军的刻板印象由来已久，在他的笔下，李如松在朝鲜战场指挥无能，其麾下辽东骑兵更只会割取朝鲜百姓的首级冒领军功。但平心而论，李如松作为东征提督，无论是辽东骑兵还是来自浙江等地的南兵理论上都是他的部下。那么无论是谁攻城拔寨、野战建功，都是因为他的指挥有方。

更讽刺的是，在此前的平壤之战中，李如松以南军步卒为前锋，被指摘刻意保全嫡系的辽东兵马而不顾友军的伤亡。而此番碧蹄馆之战，李如松不待南军步卒赶到，便单独率辽东兵马冲杀，又被冠上了抢功之嫌，可谓是"左右为难"。

其实，李如松不等南军步卒抵达坡州，便急不可耐地赶赴前线，根本不是所谓的贪功心切，而是因为久历战阵的他，敏锐地从查大受的军报中嗅到了危险。站在李如松的角度来看，王京方面猬集着日军数万兵力，如果查大受接战不利，那么依托着己方骑兵的机动性优势，仍可以迅速脱离战斗。但查大受宣称对方已然呈现出全面溃败的状态，那么唯一的解释便是错误地判断了局势。

事实上，站在第三方的角度来看，明军在碧蹄馆战役中初期的遭遇的确像是中了日军诱敌之计。柳成龙在《请输运唐粮以济大事状》中便这样描述整场战斗的进程："查（大受）总兵与防御使高彦伯驰到昌陵近处，贼（指日军）多设伏兵于山谷间，先出数百人诱引。总兵挥军掩击，贼披靡散走，斩获殆尽。欲引退之际，贼后队大兵继至。"

虽然日军只是逐次增兵而非一开始便设伏以待，但明军面对"分布山野，看看渐逼"的日军步步后撤是不争的事实。为了避免前方各路明军骑兵因为缺乏指挥而陷入混乱，李如松认为必须尽快赶赴战场。

而行进到了碧蹄馆北面的惠阴岭时，李如松碰到了从前线狼狈逃回的朝鲜军高彦伯所部军官，在才知道王京日军已经倾巢出动，在碧蹄馆与明军对峙后，李如松更不敢有丝毫迟疑，立即驰赴碧蹄馆战场，企图救援前线被困的明军。

得知形势已出现剧变的李如松，仍然坚持继续赶往前线，同时他应该也在这时使人快马返回坡州，通知了杨元迅速领兵前来增援。然而在惠阴岭，由于道路湿滑，李如松又急于赶路，不慎马蹶坠落，跌伤左脸。虽然伤势不重，但这在当时的军中被视为不祥之兆。

这段历史同样被钱谦益写进了他的《牧斋初学集》中，按照他的说法，因为当时军中把将军阵亡称呼为"倒马"，所以当李如松从马上摔下的消息传到后方的马山馆时，留守在这里的中协大将杨元误以为是李如松战死了，大笑着说："我当拜大将，收平壤功矣！"

因为当时随提督李如松南下的，还有左协大将李如柏、右协大将张世爵。杨元打的如意算盘是，只要这些人全死了，那就只能拜他为大将，收复平壤的功劳就算在他一人头上了。但稍有理智的人都可以想到，即便杨元对李如松等人毫无袍泽之情，也必然会想到如果李如松等人真的悉数战死，他被拜为大将，也还要面对占据绝对优势的日本军队，又怎么可能笑得出来呢？

巳时（上午九时至十一时），李如松与李如柏、张世爵率领千余精骑赶到碧蹄馆，果然发现前线的三千余明军正被日军以优势兵力逼迫得步步后撤。李如松见状，当即呼喝诸将士上前与日军搏战，并下令畏缩不前者立斩。

从军事的角度来看，李如松驱使四千明军与上万日军死战，似乎并不明智。但考虑到此刻明军已经退守到了碧蹄馆一线，如果再不能组织起有效的反攻，那么囤积在当地的粮秣、军械以及重型火器将全部损失。更何况，此时的日军看似兵多将广，其实也仅有小早川隆景所部可堪一战，明军如果能最大限度地发挥己方的骑兵和火器优势，并非不能将之击退。

此时小早川隆景所部先锋粟屋景雄、井上景贞已然各领三千人精锐从左右两翼向明军发动钳形攻势。李如松一眼便看出了两支日军配合上的短板，下令集中全部神机箭和佛郎机炮向左翼的粟屋景雄所部射击。而短时间内遭遇巨大减员的粟屋景雄所部顿时大乱，李如松趁势命骑兵越阵而出，一举将粟屋景雄所部击退。

关键时刻，本欲上前支援的井上景贞听取谋士佐世正胜"敌势猖獗，粟屋队很快就要不支后退，毋宁待敌军追击之时，从山坡上猛然冲下击敌侧翼，则敌军必败"的谏言，果断地选择按兵不动。须臾之间，粟屋景雄所部果然崩溃，明军骑兵随即"恰如海潮涌至"追击而来，井上景贞看准时机率领全军从山坡上冲下，配合回身反攻的粟屋景雄所部，与明军厮杀在了一起。

接下来所发生的战斗，在朝鲜方面的记录之中堪称一场军事灾难，按照柳成龙所著的《惩毖录》的记载："时提督（指李如松）所领皆北骑，无火器，只持短剑钝劣。贼用步兵，刃皆三四尺，精利无比。（明军）与之突斗，（日军）左右挥击，人马皆靡，无敢当其锋者。"而朝鲜文士申炅所著的稗史《再造藩邦志》更公然宣称："天且大雨，近王京平地多稻畦，冰解泥深，马不得骋……"

按照上述记述来看，明军骑兵似乎根本没有与日军的一战之力。但从日军的视角看，面前的明军只能用恐怖如斯来形容。毛利氏的战史《吉田物语》中记载，明军仅以两百骑兵突击三千人的粟屋景雄所部。但始终不与之近距离交战，而是不断在左右回旋之中对日军密集发射弓矢及三眼铳，反复几次之后，粟屋景雄所部便再度全线崩溃。

前来支援的井上景贞所部的遭遇也没好到哪里去，明军几轮驰射之后，同样打得井上景贞所部节节败退。情急之下，井上景贞只能大声激励手下："士之临战场也，以进死为荣，以退生为辱！汝等努力，慎勿去此！"但这样的大话显然并不能抵消明军的骑兵和火器优势。很快井上景贞所部也陷入了全线崩溃之中。明军的骑兵开始直扑在驻守砺石岘与碧蹄馆之间望客岘上的小早川隆景本阵。

此时的日军其实已然到了崩溃的边缘。如果小早川隆景此刻选择后撤，那么整个日军战线势必全线崩盘。但也就在这一关键时刻，小早川隆景表现出了名将的担当，他不仅要求全军严守，更调集了全军所有的火绳枪与明军对射。

由于地形的缘故，明军的箭矢很难射到小早川隆景的军阵。李如松见状，当机立断地调来数门佛郎机炮，对望客岘上的小早川隆景本阵展开炮击。当时的情景在《宗茂公朝鲜军之次第御物语觉》中的记载是："（明军）鸣响大鼓，放起大筒，升起黑烟，攻了过来。毛利家（指小早川隆景所部）先锋队承受不住攻击而败。"

然而，就在形势一片大好之际，小早川隆景布置的后招开始显现了作用。早在布阵之初，小早川隆景便将小早川秀包、毛利元康、筑紫广门所部布置在望客岘东面的丘陵，作为右翼部队；原先败退到望客岘西面丘陵（小丸山）的立花宗茂、高桥统增所部则待在原地配合小早川隆景的行动，作为左翼部队。如此一来，日军从望客岘、西侧丘陵、东侧丘陵三个方向对碧蹄馆的明军形成了包围之势。

立花宗茂、高桥统增所部虽然伤亡惨重，已然无力进攻。但小早川秀包、毛利元康、筑紫广门所部依旧保持着齐装满员。随着他们从右翼突入明军的阵线，战局瞬间便产生了逆转。

明军虽然自开战以来便始终保持着对日军的压制，却终究兵力有限。经过了一个上午的鏖战之后，不仅兵员、战马的体力皆已接近了极限，火药和箭矢更消耗殆尽。而小早川秀包、毛利元康、筑紫广门所部作为生力军依旧保持着完整阵容。

小早川秀包的画像

随着小早川秀包、毛利元康、筑紫广门所部骑兵在一阵火绳枪的激射后冲入战场，明军左翼顿时大乱。可就在小早川秀包等人以为胜券在握之际，一支明军却突然袭来。猝不及防之下，小早川秀包全军陷入一片大乱之中。混战之中，其先锋大将横山景义、家臣桂五左卫门、内海鬼之丞、波罗间乡左卫门、伽罗间弥兵卫、手岛狼之助、汤浅新右卫门、吉田太左卫门等武士纷纷战死，明军一度直冲到小早川秀包马前。

小早川秀包乃日本西国名将毛利元就之九子，虽年仅二十五岁，却已在四国、九州各地经历了多场战事，而享有武勇之名，此时亦亲自手持短枪，纵马与扑上来的明军恶战。激斗中，小早川秀包一度被明军拉下马，几乎被杀，幸亏家臣桂繁次、粟屋源兵卫、白井包俊、荒川善兵卫、井上五左卫门等拼死上前搭救，才将他抢了回去。

在日本作家河村哲夫的《西日本人物志·立花宗茂》等传记都称，这支明军是新赶到的明军增援部队，由一员名叫李大孤的明将率领，人数达到一万以上，在此后的作战中，这支部队被骁勇的立花军完全击溃。但无论是明朝还是朝鲜史料中，均不见关于这位统领重兵的将领的任何记载。而日本比较严谨的资料中，亦不曾提及这位神秘的人物。

四、胜败

事实上，这位所谓的"李大孤"指的正是李如松。当李如松发现小早川秀包所部出现在战场之后，深知情势危急，当即便亲自跃马冲至阵前"与手下骁将数十人亲自驰射"。可以说，直至此时，骁勇的李如松仍不愿言败，依然试图整军反击。

但日军后队源源而至，吉川广家、黑田长政，以及宇喜多军的大将户川达安等部纷纷上前夹击。两军随即陷入了一场混战之中。但和朝鲜方面的记载不同，明军无论是装备还是单兵作战能力均碾压日军。甚至日本方面所夸耀的武士刀也无法砍开明军精良的甲胄。

亲历碧蹄馆之战的日本武士下濑赖直在《朝鲜渡海日记》中写道："大明国士兵的衣服，外面是红色的棉织物，里面是用铁链串在一起的、切割成二寸见方的铁片，乍一看就像是道服。他们的头盔都是铁制的，磨得铮亮雪白，手部防护用具也是铁制的。箭无法射穿，刀也切割不断。"

又据《户川记》记载，宇喜多秀家麾下有一个名叫国富源右卫门的大力武士，与明军交锋时，用刀刃长三尺的太刀砍了对手的盔甲三次，都被弹了回来。国富源

铁盔

锁子甲

蟒袍

卡簧腰带

腿裙

明代边军的甲胄十分精良

右卫门扔掉刀上去扭打，不一会儿工夫就被按倒在地。虽然国富源右卫门拼命挣扎，但是好像被大石头压住一样无法动弹。情急之下，他拔出佩带的短刀瞄准对方的腹部捅过去，但还是捅不破对方的护甲。最终，国富源右卫门得到己方士兵的帮助，才终于杀死对手。

虽然明军拼死搏战，但终究因日军兵力众多，未能将日军击退。险境之中，李如松虽然不断在战场上冲锋陷阵，以精湛的骑射本领狙杀日军，但最终还是因为众寡悬殊而渐渐势不能支，见实在无法打退日军，李如松便指挥明军撤退，并由他亲自殿后。

明军既退，日军各部无不趁势掩杀，立花宗茂、井上景贞两军当先冲击明军殿后部队。李如松身边的护卫越战越少，被数十名日本武士冲到马前，危急之时，家将李有昇"以身捍蔽，刃数倭"，自己也被小野镇幸和井上景贞夹攻，钩下马杀死。

此时一名不知具体身份的金甲倭将，指挥士卒将李如松团团围住，情势非常危急。为保护李如松，李如松的兄弟李如梅、李如柏、李如梧和副总兵李宁等人护卫在其身边，一同协力射击、砍杀日军。李如梅拉弓引弦瞄准金甲倭将，将其射下马，一箭毙命，周遭的日军士兵哭着扶起金甲倭将的尸体而去。日军见明军勇猛，不敢再急于冲突。

由于日本国内对盔甲色彩并没有特别严格的规定，因此很多普通武士也往往会穿着金色的铠甲

关于这名金甲倭将的真实身份，后世传说是立花宗茂的家臣小野成幸，或者是安东常久。但是，在立花家的史料中找不到相应的记载。而后世成书的日本史料《鹿儿岛外史》《征韩伟略》又称这名金甲倭将是小早川隆景的家臣井上五郎兵卫。但根据日本史料《萩藩阀阅录》的记载，井上五郎兵卫一直活到了战后，并未战死于碧蹄馆。所以，这名金甲倭将的真实身份至今仍是一个未解之谜。

射落了金甲倭将以后，李如松趁乱率领李如柏、张世爵等将冒死突围，在此过程中杀死了许多日军士兵，但因日军势大，未能够割取对方首级。混战中，副总兵李宁的左手被砍伤，铠甲叶片被日军铁炮射穿，但没受重伤。此外，副总兵孙守廉也被砍伤了右臂。

激战至午时，明军经过拼死奋战，终于突破重围，向坡州方向撤退。撤退过程中，明军骑兵因为道路泥泞而难以驰骋，甲胄、辎重、炮车等军用物资被弃置于碧蹄馆，一片狼藉。其中，编号六十九、一百三十五的两门佛郎机炮，被小早川隆景缴获，编号二十五的佛郎机炮则被吉川广家缴获。这些被缴的明军武器，后来都被日军作为战利品运送回了国内。

李如松率部从碧蹄馆突围后，一路向北撤离，但日军依旧紧追不舍。但当日军追至惠阴岭时，明军援军突然出现在岭头。日军见明军现身，顾虑明军援军势大，因而停止继续追击。但其实此时出现在惠阴岭上的明军援军，正是被李如松留在马山馆的杨元所部。收到李如松从前线发出求援令旗后，杨元便与参军郑文彬、中军旗鼓官王希鲁等人带领麾下骑兵，驰援李如松。由于时间仓促，杨元只带上了部分骑兵，没能来得及带上行动缓慢的步兵和火炮。

明军部队交替掩护，越过惠阴岭而去，小野镇幸顾忌明军再有后援出现，下达了立花军停止追击的命令，小早川隆景亦传令收兵，日军打扫战场后撤退，于黄昏时分许回到王京。明军于未时（下午一点至三点）后退到坡州，次日北渡临津江返东坡，月末撤回开城。

明、日双方在碧蹄馆之战中实际投入的兵力与伤亡程度，一直是充满争议的话题，长久以来悬而未决，没有定论。对于日本而言，碧蹄馆之战是一场辉煌大捷，因此其记载的明军兵力非常夸张。其中，最为夸张的是《安西军策》和《柳河明证图会》，说明军出动了一百零八万人。略逊于此的是《太阁记》《久国杂话》《小野和泉守觉书》《续续本邦史记》，提到明军出动了百万骑兵。再往下，日本史料提到的明军兵力有四十万人、三十万人、二十万人、十万人……总之都远远超过明军的实际兵力，可谓夸张至极。

至于明军在碧蹄馆之战中的死伤人数，鼓吹得最厉害的仍是日本史料。最夸张的是《天野源右卫门觉书》，说明军三十万人全军覆没。其次是《史料稿本》收录的一则文书，说日军斩首明军五万余级；再往下，是毛利家的史料《毛利家记》《毛利三将传》，称日军在碧蹄馆之战中杀死明军五万人。

《太阁记》收录的《宇喜多秀家注进状》，则说宇喜多秀家在碧蹄馆之战结束后写信给安威摄津守，提及在碧蹄馆之战中击败百万明军，斩首三万八千余级。其他日本史料大多也说明军至少死亡一万人，但是仍然超过明军实际兵力。最离谱的是饭田忠彦的《野史·外国传·明》，此书抄录各种史料来写碧蹄馆之战，但是没有进行仔细校勘，结果前文称明军兵力只有三千人，后文却写明军阵亡一万人，闹出了大笑话。

虽然日本史料往往将日军的成就吹得天花乱坠，但当时的日本人对明军的实际损伤还是很清楚的。碧蹄馆之战结束后，丰臣秀吉写感谢状褒奖立花宗茂，提到明军阵亡数百人，可见他得到了相对准确的情报。朝鲜官方史料《宣祖昭敬大王实录》的正文，也称明军在碧蹄馆之战中被杀数百人。而根据李如松战后写的报告，明军在碧蹄馆之战中战死二百六十四人、负伤四十九人，马死亡二百六十七匹。

日军没有记录此战损失多少，但在其后退往南部沿海的统计中，碧蹄馆参战日方各部除了毛利元康、吉川广家部，其余各部剩余兵力为：小早川隆景部六千六百人（战前兵额八千人），小早川秀包部四百人（名护屋出阵兵额一千五百人），立花宗茂部一千一百余人，高桥统增部二百九十人（战前两部兵额三千人），筑紫广门部三百三十人（名护屋出阵兵额九百人）。可见日军方面的损失远大于明军。

但明军在碧蹄馆看似从容的进退，是以援朝可用之兵的四分之一和将领家丁及老兵精锐的一半来完成的，而日军的阻击成功也是建立在王京兵力倾巢出动的基础之上的。明军暴露了大胜之下兵力捉襟见肘的弱点，在保证后勤沿线守备，防御咸镜道加藤清正部的同时，已无法将足够兵力投送到重兵把守的王京方向。

由此可知，日军即便在兵力占优势的情况下，也很难在野战中与明军抗衡。从战后日军没有试图北上反击可以看出，此战加深了日本集中兵力确保汉城的倾向。不过，从明军后续部队摆脱日军的追击之后，明军也拿不出第二支与碧蹄馆同等规模的精锐了。

碧蹄馆之战后，双方指挥官开始对作战计划进行调整，双方短暂停火。朝鲜对战前对日军兵力的恶意瞒报抵死不认，李如松在亲临一线后，转而倾向日军俘虏供述的兵力数量。本意为尽快结束朝鲜战争的李如松，在现有兵力无法速胜，而前线粮草、辎重严重匮乏的情况下，改变了之前的作战计划。

碧蹄馆之战后，明军通过审问日军俘虏，截获朝鲜文书，认为日军渡海兵力实际约为二十万人，此外还有相当数量的朝鲜伪军。李如松与参战将领讨论之后，于正月二十八日早上以截获的朝鲜文书中日方的兵力情况向兵部上报，斥退继续瞒报日军兵力的柳成龙，率军返回临津江西岸重新布防，而明廷内部对于朝鲜的疑虑又一次兴起。

因为在战斗过程中发现了大量朝鲜伪军，在勘察了汉城地形城防之后，明朝在碧蹄馆战后不久，再次向朝鲜国王李昖质问朝鲜人通敌情况："闻王京大险云，当初国王，何遽出来？必尔国之人，诱引倭贼而来。"

与此同时，明军前线粮草已经断绝，而朝鲜又无力提供作战军需，明军被迫将骑兵后撤至平壤以减轻后勤压力，把不需草料及马豆的步兵调换驻防开城—临津江一线。为此，尹根寿替朝鲜国王向宋应昌谢罪："开城府粮草不句，天朝兵马饥困，国王闻此言，不胜惶恐，别差陪臣，谢罪老爷。"在朝鲜低劣的后勤保障下，入朝月余的明军"战马死者至一万二千余匹"，几乎占援朝明军骑兵总数的一半。

除了粮草不足之外，朝鲜当地的气候条件也令明军骑兵难以运作。朝鲜气候不同于中国，二三月时平壤、开城气温只在零摄氏度上下，降水量却有二三十毫米，春雨绵绵，泥泞载道，马匹大炮皆不利于行。碧蹄馆之战时，朝鲜已经渐入雨季，战时逢阴雨不绝，极大影响了明军骑兵的战斗力。

五、幸州

其实，对于天气问题，宋应昌和李如松在战前便已料及，并疏报飞驰，多次通报此事，宋应昌在其《报蓟辽郝总督书》中称："不乘冬底春初一图进取，后日何以报命……"此后又在《议取王京开城疏》中表示："据提督李如松禀称，平壤奔遁并各散去倭贼并集王京，约有一十余万，乘此屯聚之时，即当攻剿，否则春融冰解……"在《叙恢复平壤开城战功疏》又说："臣虑春风渐南，朝鲜地暖，正月初旬，时若季春，江河解冻……"由此可见，李如松进占开城后不经仔细哨探便匆匆进军王京，虽然说其轻敌冒进，但也有很大程度是被天时所逼，不得不急。

天时转而又影响了地利，尤其是对明军中北方骑兵的影响。平壤之战时，气温尚低，雨季未至，道路或干或冰，皆适合马匹奔驰，朝鲜的《宣祖实录》中形容当时明军骑兵驰骋时的情景："冰路马跑，飞屑杂尘，如白雾涨空。"但转眼间雨季临近，"顷者连日下雨，道路泥泞，其深没膝，马不得驰突"。加之气候突转阴湿，辽东战马水土不服，马疫大作。为此宋应昌在写给时任内阁首辅王锡爵的公文中这样写道："王京山路，田仅一二尺，平地泥沼，车马不得驰骤，是地利不在我矣。千里追奔，累战力疲，疫气流行，马死千匹……"

天时地利的不存，令明军开始调整其以骑制步的战略，在确保现有战果的情况下开始存储物资，加强战备，"待粮草积峙，道路亦干，又待后头兵马，方可进剿。"为应对开始南下的咸镜道加藤清正部对侧翼的威胁，兵力匮乏的明军向国内要求紧急增派步兵援军，以适应朝鲜的战场环境变化，"瑷阳、青河、广宁、辽东等处步兵，一万二千当来。尔国无草料，马军不可调来。刘綎之军，亦是步兵"。

朝鲜君臣也十分清楚此时明军战线过长，侧后有被攻击的危险，并以此为理由之一反对明军提出的让李昖前往平壤或开城，"北贼未灭，如在人背上，万一踰越向西，与京城之贼，相为掎角，截天兵之后，天兵前后受敌，此危道也。而我乃轻入其中，二不可也。"

明军以情报中数量被夸大的日军为假想敌，紧锣密鼓地重整战备，日军同样以高估战斗力的明军为准，重

太傅文肃公像

万历援朝初期的内阁首辅王锡爵

整战术以确保对现有控制区的占领。鉴于明军火力上的绝对优势，日军直接放弃了王京内部的平城工事，将兵力集中在王京南部的南山一带驻屯，并加紧修筑山城。

根据平壤之战的经验，日军修正了在国内战争时的筑城经验，为避免在野战绝对劣势的情况下，城寨与城寨之间相距较远，如平壤之战时被明军分割成无法依托、互相孤立的据点，这次筑城缩短了城与城之间的距离，改变了大名各自筑城的传统，在规划选址之后一同修筑并协同据守，以加强据点守军的兵力和火力密度。

在明、日两方转变战略方针之后，唯一对双方均有了解的便是朝鲜人。眼见明军倾向保守，心急火燎的朝鲜人为澄清自己，开始派遣小规模军队在王京外围进行象征性的军事活动，一则保存己方军队实力，二则向明军证明自己未曾通敌。朝鲜人在汉城外的活动，导致日军对汉城平民进行屠戮，也引发了幸州山城之战。

韩国方面想象中的幸州山城之战

幸州山城位于王京西南部，在距王京约二十里的汉江边一座山丘之上。此山三面高峻，东南、西南临水，仅在西南有一条道路上山，地形险要，山上有一处井泉。朝鲜王国全罗道巡察使权栗率军四千人，北上勤王，路过阳川江岸时，令节度使宣居怡领一千七百人防守江岸，自领精兵二千三百人，乘着日军加固王京城防之际，从水原秃城转移到高阳的幸州山城。权栗又命驻防将赵敬抢修营垒，将原有旧城整备为一丈高的石垣，并在城前增筑鹿角城栅。而得到朝鲜军抵达幸州的消息，王京附近的朝鲜僧兵千余人也在处英和尚的带领下，前来协防。

按照朝鲜王国方面的说法，自万历二十年（1592）十二月权栗所部进入幸州山城后，极大地掣肘了王京方面的日军。侵朝日军总大将宇喜多秀家为解决这一威胁，从王京出兵数万，分道来侵，布阵于乌山驿，日日向权栗挑战。但权栗坚守不战，避免与日军正面交战；又时时出动奇兵，埋伏、射杀日军。宇喜多秀家见占不了便宜，便命令日军在晚上烧毁乌山营寨，撤兵回到了王京。

但事实上，万历二十一年（1593）二月十一日，权栗部哨探才抵达王京近郊的毋岳岘，便与日军巡逻队遭遇。朝鲜方面大败而归，八九人被杀。日军方面反应迅速，随即便出动一千二百人，封锁幸州山城周边的陆路交通，准备发起总攻。

次日，三万日军从王京依次出发：一番队小西行长，二番队石田三成等奉行众，三番队黑田长政，四番队宇喜多秀家，五番队吉川广家，六番队毛利元康与小早川秀包，七番队小早川隆景。由于小早川隆景得了感冒，一直在咳嗽，所以便由兼久内藏丞等三名家臣代替其出阵。

日军此次布阵有一个特点，那就是将碧蹄馆之战时的队列顺序进行了倒换。这一做法其实很好理解，在碧蹄馆之战中排在前头的日军部队，因明军的激烈反抗，顺序越靠前的部队受到的损伤越大，所以这次就调换了。在碧蹄馆之战中队伍排在最前面的立花宗茂、高桥统增兄弟，这次干脆就没有出兵，由此可见损伤之大。

黎明时分，权栗得到斥候的报告：日军分为左右两翼，各持红、白旗帜，正从弘济院（王京的驿站）直向幸州山城而来。他随即登上高台往外望去，只见在相距四里的高原上，日军弥漫山野。权栗当即下令军中不要轻举妄动，切勿发出一点声音。

日军见城中炊烟不举、人声不闻，没有一点动静，于是派出百余名骑兵前去侦察。当日军侦察兵进迫城下时，城中将士在权栗的命令下屏息以待，安静地没有发出任何声音。三万日军很快就"蔽野而来"，直杀向幸州山城，并"一时围抱，直进冲突"。

由于幸州山城必经道路狭窄，约以各部次序轮番进攻，朝鲜军以处英部僧军专守外栅用枪剑近战戳刺，正规军依托石垣协防，居高临下，以弓箭、石块反击攻城日军士兵，并杂以大小胜字铳筒、震天雷、纸神炮、大中发火等火器。日军顶着守军火力轮番进攻，佐以火攻，试图烧毁木栅，被守军用水扑灭，日方战死者"相继曳出，而犹进不退"，一日之内反复冲锋达八九次。中途吉川广家、毛利元康及宇喜多秀家部将户川达安三队，一度突破外城僧兵防守区域，抵达权栗部防守的石垣内城。

眼见日军势大，僧军开始向内城退却。权栗见情况紧急，亲自拔剑，斩杀后退僧军数人，逼迫僧军反击，最终击退日军，再立外围城栅。战斗从六时持续到十七时，日军伤亡较大，宇喜多秀家、吉川广家、石田三成、前野长康等均已负伤，而朝鲜军火药箭矢已用尽，忠清兵使丁杰运来两船箭矢，从水路入城，全罗道也有漕船四十余艘，在阳川浦口活动，日军为防明军援兵前来夹击，当晚退回王京。

然而，周边不远处的朝鲜将领，战时、战后均未派一兵一卒前来，反而攻城的日军中有大量的原朝鲜府兵。上曰："贼所射，有我国箭乎？"

景禧曰："多中片箭者，贼中必有我国之人，投入助战也。"为防止日军次日报复，自知无力抵御的权栗将幸州山城焚毁，下令全军退向坡州。

权栗这次进驻是毫无后续配合的军事冒险行动，幸州山城"四面周回三百余步，不可置大兵"，空间狭小，无法驻屯重兵。而权栗部才二千三百余人，无论是对朝鲜还是对王京的日军而言，幸州山城守军存在的象征意义都要远大于其军事意义。此时，与周边明、朝联军脱节的权栗一部孤军，无力对王京日军构成实质上的威胁。狭小的幸州山城不能囤积物资，也无法集结重兵守卫，对收复王京没有太大的帮助。

幸州山城战中日军虽然暴露出攻坚能力的缺乏及重火力武器的贫弱等问题，但朝鲜军在焚城而退的所谓"大捷"中再次暴露组织混乱的问题。朝鲜军队各部坐视观望，不愿配合幸州守军，而权栗特意将僧军放置在最危险的外城，凸显了朝鲜义军的尴尬地位。

幸州之战虽称大捷，但朝鲜人十分清楚这场胜利的真正缘由："大概今日之事，天幸也。诸将不相救，而亦有诸将声势相倚，故天兵已退，而贼不能知其有无。其翌日贼不复来，此亦天幸也。"日军不知幸州守军是孤军作战，朝鲜人在日军撤军之后立刻弃城，让所谓"幸州大捷"大打折扣，这种侥幸性的"大捷"无法推广复制，难以改变朝鲜军队战斗力低下的现状。

对比碧蹄馆与幸州山城，可知碧蹄馆一带更适合囤积物资、集结兵力。但当时明军已达后勤极限，碧蹄馆之战后即便退屯开城就粮，依旧处于严重缺粮状态，只能被迫将主力退回平壤。而从朝鲜军在幸州山城之战中的表现来看，让朝鲜军队自己单独收复汉城，完全就是天方夜谭。

第四章：博弈与亮牌

——日军全线后撤与明、日的全面议和

一、恐吓

平壤之战后，日军一路弃船，丧失了对平安道及黄海道的控制权。而朝鲜军队也在明军的逼迫之下，再次活跃，表现出对王京日军的反攻意图和进行相应的军事行动。日军虽然在碧蹄馆之战和幸州山城之战中遏制了明军及朝鲜军的进攻意图，但在王京一带军事颓势已现，只有集中兵力以绝对数量优势才能在野战中与明军抗衡。特别是在幸州山城之战中，日军未能速胜以往一触即溃的朝鲜军队，使王京的日军活动越发受限。而明军、朝鲜军开始进行配合作战，给侵朝日军带来了极大的军事压力。

平壤战败后，奉行石田三成等向丰臣秀吉汇报当时的两军形势，主要内容为临津江以北的开城日军因粮草不足和天暖临津江解冻而撤离，为应对朝鲜陆军和水军，加强王京—釜山交通线安全，要在釜山周边抢修工事，而前线军粮仅供两个月之用，所以需要迅速平定忠清道和全罗道，以保证交通安全。

平壤之战和日军惨败的消息，打破了丰臣秀吉关于明朝与日本和谈的美梦，在惊怒之余，丰臣秀吉迅速下达指令，意图重整战备。其计划以开

城为前沿据点，由小西行长、黑田长政两军驻守，加藤清正部在临津江两岸驻屯，锅岛直茂部确保汉城—釜山的交通线，小早川隆景、增田长盛守卫王京，宇喜多秀家为总大将，前野长康、加藤光泰、石田三成、大谷吉继等部为机动部队随时应援。日本本土尽快出动援军，平定"赤国"（庆尚道）、"白国"（全罗道），并用船运粮米至釜山浦。

但丰臣秀吉下达军令的时候，已是碧蹄馆之战、幸州山城之战以后，日军已退出开城、临津江一带，大部分龟缩于王京之中，抢修工事、囤积粮草。加藤清正部和锅岛直茂部，此时尚未从咸镜道撤出，不可能按计划去防守临津江两岸，保障王京的后勤粮道。就在这个关键节点，明军却主动放出了愿意和谈的风声。

根据《再造藩邦志》的记载，李如松在碧蹄馆战败以后，意志消沉，又因为军队水土不服，疾疫盛行，产生了从朝鲜撤兵的意向，但仍有些犹豫。直到幕下的郑文彬、赵如梅劝说李如松与日军讲和罢兵，李如松才终于下定了决心。而《宣祖昭敬大王修正实录》中记载，李如松因为粮运断绝，已无意进取，屡次派人联络经略宋应昌，希望能够与日军议和。宋应昌于万历二十一年（1593）一月二十四日渡过鸭绿江后，亲眼看到明军后勤上的窘迫状态，也心意动摇，决定重新起用沈惟敬，让他去和日军议和。

按出发之时的计划，冯仲缨一行人前往咸镜道朝鲜军营中，为明军消灭咸镜道的日军进行前期准备。二月十七日，李如松告诉柳成龙，开城的明军即将回师平壤，以休整军队并应对可能的咸镜道日军来袭。显然此时明军的战略重心，转向维持现有控制范围，准备调兵北上解决咸镜道日军，以消除侧后方的威胁，同时从国内请求增派援军和输送粮草，为收复王京做准备。

随着明军将进攻目标转向咸镜道，加藤清正部和锅岛直茂部便开始躁动不安起来。毕竟咸镜道日军与汉城日军相距较远，不便及时支援。前往咸镜道朝鲜军见机行事的冯仲缨，见咸镜道日军有南撤的趋势，当即便以明军使节名义，前往安边府与日军接触。

一月下旬，咸镜道日军中出现"贼闻天兵，荡灭平壤后，十万余兵踰越安边"的传言。日军惊恐之下，将大部分在各地擒获的朝鲜官员及家眷杀死，携朝鲜两位王子往咸兴府方向集结。听说"明军使节"冯仲缨前来，日军更是一边打扫沿途馆舍，一边通知加藤清正。

冯仲缨抵达安边府之后，日军出城五里相迎。冯仲缨随即与加藤清正密谈至深夜。两人的谈话内容按照日本史料《清正高丽阵觉书》的记载，是冯仲缨恫吓加藤清正说："明皇帝发大军救朝鲜，尽复诸城，擒小西（行长）、浮田（宇喜多秀家），阖国无复倭兵，皇帝闻足下高义，使臣为报告之。足下莫若速返韩王子，收军而归。否则天兵四十万，以韩兵为前驱，直达于安边矣。"

加藤清正虽然嘴上颇为不屑地表示："我近苦无事，贵国来伐，何幸如之！咸镜之道险厄，骑卒不得并行。兵之来，日不过一万，迎而歼之，四十日可了。既歼之，度辽破燕，奉大驾（明神宗）于海东（日本），清正可以复命矣。"但此时摆在日本第二军团面前的是十万明军进攻咸镜道的传言，是日军从平壤溃退至王京的战报，是冰天雪地、粮草断绝，朝鲜义军蜂起的现实。因此，加藤清正并没有为难冯仲缨，而是选择带着两位朝鲜王子尽快南下。

当时从安边到王京需十天左右，二月十五日加藤清正与明使详谈至深夜，而锅岛直茂和加藤清正分别在二十八日和二十九日抵达王京，说明加藤清正在与明使谈判之后，很快就随大军撤离了咸镜道。明军此时尚在策划对咸镜道用兵，而位于前沿堵截的朝鲜军自二月四日便已撤军，日军得以安全自安边越过铁岭，沿铁原方向抵达王京。

经过长时间在咸镜道的苦战，锅岛直茂所部的兵力，从刚登陆朝鲜时的一万二千人减员至七千六百余人，而加藤清正军所部更是从出兵时的一万人减员到了五千四百余人，可谓死伤惨重。而更令他们无法接受的是，此时王京周边早已被各路日军所占据。加藤清正与锅岛直茂所部没有驻地，只能冒雨驻屯在南大门外，与之前被屠杀的朝鲜平民尸体相伴。

旬月之间，日军从胜利者变成了失败者，前有强敌，后无援军，各大名在汉城惶惶不可终日，称汉江为"三途川"，称王京为"地狱"。而除了承受着巨大的战场减员之外，此时的日军同样饱受粮食短缺的困扰。

小西行长平壤之战败退汉城，于龙山驻屯时，朝鲜人金德浍看到日本士兵口粮，"贼之所食至少，以一升米，可供三时之用"。（当时明军军粮的标准以朝鲜升计是日供米二升七合，日军口粮只有明军标准的三分之一略多。但即便是按较低的口粮标准来计算，王京驻屯日军的储粮依旧紧张。）

加藤清正抵达王京，在增加了防御力量的同时，也加重了日军的后勤负担。王京日军被迫连日出兵收集粮食，因京郊朝鲜人大多逃散，他们在周边挖掘朝鲜人的地窖，试图找到朝鲜人窖藏的粮食（《再造藩邦志》）。丰臣秀吉欲从釜山运粮至汉城，因交通问题无法实现，只得下令日军撤离汉城，退至朝鲜南部沿海地区。

隶属日军第一军团的吉野甚五左卫门，在其回忆录《吉野甚五左卫门觉书》

日本普通士兵的每日伙食定量极少

中记录了日军当时的窘境："无论昼夜，均须小心防备。在浮桥远哨者，闻唐（明）、高丽（朝鲜）之大军在河口扎营，故各地大名皆至都城。在都城的，自宇喜多宰相（秀家）、三奉行为始，每日均开军事会议。自一月下旬起，至今已是三月，大家无不以为命在旦夕。兵粮且尽，使人难堪。"可就在如此防守严密的情况下，日军囤积军粮的龙山馆还是遭到了明军的偷袭。

二、烧粮

据《事大文轨》记载，李如松在万历二十一年（1593）二月下旬向宋应昌报告："本月二十日，密遣哨丁金子贵等同朝鲜通事，潜夜前去倭贼屯扎处所，将龙山馆积贮粮草二十三处，乘西北风，用明火、毒火、火箭齐发，飞射仓房草垛，尽行焚烧。贼见火箭飞空，不知我兵虚实，伏不敢救。次日，放火自烧南关房屋。"

而宋应昌在收到李如松的来函后，随即在三月三日的《报王、赵、张三相公书》里，将李如松的报告全部揽为己功，说是自己命令李如松派人去放火烧了龙山仓："倭奴远栖异国，所恃惟在粮饷。彼龙山堆积一十三仓，某命李提督遣将士带取明火等箭烧之。二十日，往彼举箭烧尽无遗，倭奴虽列营分守，不敢来救。"三月五日，宋应昌又在发往兵部的报告《报三相公并石司马书》中表示："至如龙山仓粮已烧，倭奴或难久驻，然倭谋叵测，未可必也。"

后世成书的史料，如《皇明从信录》《两朝平攘录》《明史》等接受了李如松、宋应昌的说法，又结合后来日军撤出王京的事实，认为火烧龙山仓以后，日军粮草断绝，不敢与明军为敌，只好退遁朝鲜沿海。但也有历史学家以如此重要的事件日本史料里竟没有一丝一毫的记载；在朝鲜史料里，甚至还出现了完全相反的记载，认为龙山烧粮一事纯属子虚乌有。而要厘清这一问题，或许要从王京日军的布防情况说起。

日军吸取了平壤之战的教训，为防止明军切断各阵城之间的联系，如平壤一般工事被分割后各个击破，放弃了王京原有阵城，将兵力集中在有地形优势的南山，驻屯模式由一将一城转变为在丘陵地带修筑"复数大名在番"的大型要塞群，提高了防御力。"今则北贼尽入京城，原州之贼，亦为来聚于京城兴德洞、栢子亭近处，贼兵皆屯聚，自南大门内，以及慕华馆近处设阵，联络龙山仓，平壤逃遁之贼，设城屯据，汉江亦有贼阵，横结浮桥，以相通行"。

然而，日军虽然在南山一带修筑了要塞群，但龙山馆位于汉城南山丘陵南部，靠近汉江。这一地形本有利于朝鲜漕运粮船在此上岸囤积物资，但也给了对手在汉江对其发动袭击的便利。幸州山城之战后，朝鲜忠清兵使丁杰率数百名水兵，在龙山仓汉江水面隔岸试探性发射火器。

眼见日军没有能力阻止对龙山仓的攻击，缺乏远程火器的朝鲜便怂恿宋应昌派遣明军对拥有三十万石存粮的龙山仓展开火攻，他们的计划是"如或装船乘潮而上，乘夜纵火龙山仓，又多设火器，暗冲城中峙粮之处，使贼自困，亦一策也"，而此时迫切想要采取一些军事行动以为沈惟敬的谈判制造筹码的李如松，可能正是听从这一建议，才以火箭对龙山仓尝试展开了远程射击，并可能取得了一定的战果。然而，日军很快便将龙山仓的存粮搬运至城内小公主宅，以至于日军的储粮并未受到太大的损失。

二月二十日，也就是李如松派金子贵、金善庆前往龙山馆防火的同一天，丰臣秀吉派遣到朝鲜的特使熊谷直盛来到了王京。熊谷直盛此行的目的是听取日军诸将的报告，将前线情况带回去汇报给丰臣秀吉。二月二十七日，日军诸大名、奉行为了向丰臣秀吉进行汇报，集结在王京召开军事会议。

参加会议的人有宇喜多秀家、小早川隆景、大友义统、小西行长、黑田长政、前野长康、加藤光泰、大谷吉继、石田三成、增田长盛、福岛正则、生驹亲正、蜂须贺家政、毛利吉成，一共十四人。经过讨论，日军诸将在会议上得出结论：由于缺粮乏食，只能把军队撤退到朝鲜沿海的釜山浦，并由熊谷直盛回去向太阁（丰臣秀吉）报告应该撤兵回国。

二月二十八日、二十九日，从咸镜道撤退的加藤清正、锅岛直茂先后抵达王京。三月三日，连同他们二人在内，日军诸大名、奉行又举行了第二次军事会议，最终确定了撤兵之事，制成联署状向丰臣秀吉汇报。这封联署状主要提到，王京的兵粮将要告尽，最多只能够日军坚持到四月十一日；但又扬言日军各部队已经在王京集结，无论大明派出多少大军，都要对其进行讨伐。

虽然日军口头上仍然宣称要讨伐明军，但他们很清楚在当前情况下，只能主动向明军、朝鲜军求和。就在同一天，日军将要求议和的书信绑在箭上，射到经过汉江的明军、朝鲜军船只上面。次日，熊谷直盛带着联署状从王京出发，回到日本名护屋向丰臣秀吉汇报兵粮断绝，诸将请求撤兵。

根据《惩毖录》《宣祖昭敬大王实录》的记载，日军将一封要求议和的信件交给了再次来到龙山仓江边的金子贵、金善庆等人。在信中，日本人向明朝提出了册封丰臣秀吉为日本国王、允许日本向明朝通贡的要求（合称封贡），声称明朝同意封贡后，日军就会从王京撤出。之后金子贵等人从龙山仓回去，将这封信交给了驻守在坡州的明军副总兵查大受。

同时，日军又将另一封求和信投给了龙山仓下流江面上的朝鲜忠清道水军。忠清道水军收到日军的这封信后，转交给了三道都体察使柳成龙。柳成龙不敢怠慢，于三月七日也将他手中的信交给查大受。

三月八日，坐镇后方的经略宋应昌得知了小西行长投书"恳求封贡东归"的消息，他非常振奋，写信指示李如松立即与日军进行和谈工作。同一天，宋应昌又专门起草了一篇宣谕小西行长的谕文，要求他返还侵占的朝鲜领土、释放俘获的两位朝鲜王子，并要求小西行长转告丰臣秀吉，让他上表向大明天子谢罪。

宋应昌同时表示，如果日本方面能够全部做到，他将题奏兵部册封丰臣秀吉为日本国王。接着，宋应昌话锋一转，口头威胁起小西行长，表示如果日军一直怙恶不悛，他将集结福建、广东、浙江、南京、蓟州、保定、京师、真定的精锐，并联合暹罗、琉球等属国，备齐万亿火龙神鸦等火器，直捣日本巢穴，尽行诛灭。

三月十五日，遵照宋应昌、李如松的指示，沈惟敬再次以游击将军的身份，乘船前往龙山仓与小西行长议和。小西行长随即将沈惟敬前来议和的消息转达给了石田三成、大谷吉继、增田长盛这三位奉行，以及日军侵朝总大将宇喜多秀家。

三奉行和宇喜多秀家认为沈惟敬谎话连篇，因为之前他在平壤欺骗了小西行长，说同意通贡，让两军停战，但转眼就背弃约定，使明军发起了第二次平壤之战，小西行长被迫放弃平壤。三奉行和宇喜多秀家估计沈惟敬这次又是想来欺骗小西行长，所以并不同意。小西行长为了保住面子，想扣押沈惟敬，但是沈惟敬待在船上不肯上岸，而船上戒备森严。小西行长只能表示妥协，他派人告知船上的沈惟敬，如果愿意上岸来谈判，那么三奉行、宇喜多秀家也会过来与他谈判。沈惟敬对此表示同意，于是便在随行人员的护卫下上岸，进入龙山仓。

三、尔虞

至于小西行长突然转变态度的原因，很大程度是加藤清正的突然介入。加藤清正之前在咸镜道，与明朝使节冯仲缨也有过和谈，因此加藤清正认为自己与明廷也有交际，完全无须通过小西行长便能与明使直接沟通。然而，沈惟敬这样的老江湖显然不是缺乏外交经验的冯仲缨可以比拟的。

和谈期间，加藤清正的色厉内荏很快便被沈惟敬所发觉。抓住这一点，加藤清正虽然表现得像是强硬派，但遭到了沈惟敬的迎头斥责，最终不得不主动服软，改称自己文化水平不高，以至于词不达意："我不解文，倭人代书，故辞不达意如是耳。"

为了尽快促成和谈，沈惟敬又以与小西行长有旧为名，私下约谈小西行长，称明军渡海而来，计划截断忠清道，不忍他因久拖不决而命丧王京，建议他尽快自行离开："汝辈久留此不退，天朝更发大兵，已从西海来，出忠清道，断汝归路，此时虽欲去不可得。我自平壤与汝情熟，故不忍不言尔。"

王京至釜山的交通是日军的软肋，千余里的道路上分布不过几千人，即便日军退至尚州时，分驻尚州至釜山的日军兵力总共才六千人，其他各地兵力如梁山之类至多二千人，少如密阳之类屯兵仅有别所丰后守（别所吉治）的三百五十人。因此，沈惟敬的话或许有虚张声势的成分，但小西行长不敢不信。

日本人不愿冒全军覆没的风险，最终同意了沈惟敬提出的条件，即释放被捕的朝鲜王子和陪臣，退兵釜山，向明朝请求封贡，但需要明朝派遣使节前往名护屋，与丰臣秀吉见面谈判，获取上报明神宗朱翊钧的所谓的"关白降书"。

会谈中，沈惟敬还向日方提出了这些要求：日军退兵以后，不得出兵攻打全罗道；日军撤兵之日，将龙山仓的余粮留下，不得焚毁或带走；同时，在撤兵之日，留下一个倭将作为人质。日军对这些条件表示接受。双方在龙山仓谈了一整天，会谈才终于结束。会后，日军将领们立即写信将沈惟敬的意思报告给了丰臣秀吉。

三月二十四日夜，沈惟敬返回宋应昌处。二十五日，宋应昌召见沈惟敬，命他设法拿到"关白降书"，以便回奏明神宗朱翊钧，册封丰臣秀吉为日本国王，自宁波入贡，结束此次朝鲜战争。计划尚未通报北京批准，宋应昌命谢用梓、徐一贯二人，假托参将、游击官名，前往名护屋取得"关白降书"以备上报朝廷。

万历二十一年（1593）二月二十七日，当集结在王京的日军诸将因为兵粮不足而做出撤兵决议，让熊谷直盛返回日本向丰臣秀吉报告时，作为侵朝战争主导者的丰臣秀吉，实际上早已收到日军在前线兵粮不足的情报，也流露出了退兵之意。巧合的是，同样是在二月二十七日，远隔重洋的丰臣秀吉非常默契地制定了发给侵朝日军的朱印状，允许集结在王京的日军在兵粮将尽时举兵南撤。

三月十日，丰臣秀吉在没有收到熊谷直盛汇报的情况下，决定让日军从王京尽数撤退到朝鲜半岛南部的庆尚道尚州至釜山浦一带，在这之间的系城配置兵力，并在釜山浦周边筑城，在其附近增设水军。对于之后怎么做，丰臣秀吉是这么想的：由于在前一年的庆尚道晋州之战中，朝鲜晋州城守军让日军大吃苦头，所以日军撤退到庆尚道以后，务必要倾力打下晋州城，以发泄前怨。

为了确保顺利攻克晋州城，巩固在庆尚道的防卫阵线，丰臣秀吉打算增派兵力，令前田利家、蒲生氏乡、最上义光、南部信直、大崎义隆、宇都宫国纲、里见义康等人率领名护屋的预备兵力前往朝鲜。

丰臣秀吉下令自王京撤军的朱印状，于四月初抵达朝鲜。沈惟敬在王京与日本的三位奉行、各大名约定于十九日退兵。"约于十九日收兵回去，即搭造浮桥，将京城龙山遗米二万石，付沈思贤，平秀家诸酋以下皆退去。"对明、日双方来说，这是打破僵持局面的双赢。日军得以集中兵力调整战略目标，而明军在精疲力竭且敌众我寡的情况下，令日军退往南部沿海。然而，日军得以借和谈南下，在朝鲜南部集中全部兵力，这同样是一个需要解决的隐患。

日军撤离王京当天，李如松率明军主力抵达东坡，与查大受部合兵。四月二十日，李如松率军进入王京，驻屯于小公主宅。城中遗民百不存一，且"饥羸疲困，面如鬼色"。城内屋舍仅崇礼门至南山一带因有日军驻屯尚有保存，大街以北的阁殿馆舍皆被焚荡一空。

随李如松进入王京的朝鲜官员，集体在焚毁的宗庙前痛哭。遭受奇耻大辱的朝鲜人，以极高的效率在第二天围堵李如松，要求明军推翻与日军的和约，尾追再战，一雪国耻。朝鲜人挖空心思封堵明军拒绝出兵的任何借口。李如松称无船渡江，京畿右监司成泳、水使李苹立刻调来八十余艘船，以供明军渡江。李如松只好命李如柏率军渡江，待军半渡之时，李如柏以突发脚疾，需要回城治病为由，全军撤回王京。

日军虽然撤离南下，但此时明军兵力不足，没有能力与日军主力进行决战，刘綎部援军尚在平安道南下途中。李如松只有一万六七千名可战之兵，分散在平壤—开城—汉城之间，还要留下足够兵力保证汉城安全，防止日军绕袭反攻。李如松能出动的最大兵力，已不如碧蹄馆之战前后。为了搪塞朝鲜人，李如柏率领一万五千人渡江，这是当时汉城明军能出动的兵力极限了。五万余名日军还未走远，如果回军反攻汉城，李如松确保汉城兵力犹显不足，遑论出城歼敌。

全罗道巡察使权栗见明军不动，打算集结军队自行渡江南下追敌。为防止朝鲜人的追击行为刺激日军回师反扑王京，李如松紧急命令戚金收拢汉江江面的船只。权栗半夜试图渡江，被明军押解至李如松处。

巡边使李蒉、防御使高彦伯也试图渡江。但军队被明军列阵阻拦在汉江边，先锋将边良俊遭到军法锁拿，李蒉则被明军就地关押。高彦伯部当天中午行至半路，被查大受部家丁阻截，高彦伯被带离军队，看押在李如松处。在王京近郊试图追敌的朝鲜军队，均被李如松下令解除了武装。

单看柳成龙的报告描述，李如松看似延误战机，但朝鲜人只是惺惺作态。幸州之战后，巡边使李蒉报告，士兵"厌惮赴战，精兵逃走者，一千一百七十九名；新及第逃走者，三百四十九名"。碧蹄馆之战，名义上拥兵四千人的高彦伯只有百余士兵参战，且"在天兵之后矣"。

这三部朝鲜军，可堪一战的不过权栗部二千人，李蒉及高彦伯的"大军"被明军一阻，立刻瓦解，"李蒉所率，不满数百，高彦伯所率，亦不满百"。三部朝鲜军名义上有一万余人，实际在军中者不过两三千。以数百人一股分散进攻五万余人的日军，朝鲜人无异于以卵击石。

故作追击状被李如松拦截之后，朝鲜人也就只剩下口头上对日本报仇了。果如李如松所料，在日军整整一个月的撤离行动中，沿途的三道朝鲜军装聋作哑，不敢有任何行动，生怕被日本人发现。

在王京谈判时，明军开出的条件中有要求交还朝鲜二王子及陪臣，但朝鲜

擅长于装腔作势的朝鲜王国军队

王子等人是加藤清正捕获的。当时加藤清正在咸镜道减员为日军诸部之首，抵达王京后又严重缺粮，被迫四处征粮，而王京日军临走时，还留下余粮二万石交给明军，可见加藤清正不受汉城日军待见。此事流传很广，连宋应昌也知晓："清正率倭抢掠无获，想城中粮少，而清正新到王京，旧倭或不肯让粮与彼，以至此乎？"

谈判前后加藤清正、小西行长均曾与明军使节接触，最终主导者却是沈惟敬和小西行长。慷加藤清正之慨的小西行长，带着沈惟敬先行一步，加藤清正自然不肯按小西行长之约，归还带有个人战利品性质的王子及陪臣。

二十一日，宋应昌命李如松做好加藤清正不归还人质的战斗准备，并通报全罗道朝鲜军队预备堵截加藤清正部。二十五日，宋应昌一边发牌文至朝鲜，要求朝鲜迅速整顿龟船，集结舰队封锁釜山港口，一边命令李如松派遣李如柏、张世爵领军追击加藤清正，并与庆尚道、全罗道朝鲜军队合兵，放其他日军通行，而以违约为由趁机歼灭加藤清正。宋应昌随后督促后方的刘铤部尽快赶赴前线，还向全罗、庆尚朝鲜水军发送七车各类火箭，用以支持封锁釜山外海，烧毁日方船只，务必将加藤清正所部消灭在梁山、釜山之间。

宋应昌计划中的核心部分之一，是要求朝鲜用拥有千艘龟船的水军，全歼日本舰队或封锁釜山港，切断日本和朝鲜的海上交通，以便从容收拾侵朝日军。为了防止日军狗急跳墙，特意要求追兵不能相逼太近，一则防止日军在撤退沿途设伏，二则在日军抵达釜山后，扼守周边山隘要路，待其后无退路、前有重兵，陷入断粮绝境，便手到擒来。为防止朝鲜官员玩忽职守再次导致明军粮草不济，宋应昌特意下令，若沿途遇到督办后勤不力的朝鲜官员，轻则捆打，重则斩首。

汉江边上作势欲追，要夜半渡河报国仇的朝鲜军，在明军大举出动后突然走不快了，"第观近日东边飞报，李薲等诸将，皆从间路，经出釜山，不在天兵之后，权栗、宣居怡、李福男等，未及踰界，李舜臣等舟师，远在海港，皆与天兵相去甚远，势不相接。各处禀帖所谓朝鲜兵马，无形影云者，恐未必全出于瞒报。"

朝鲜大军不见踪影，各路名将"所率不满数百"，是在象征性地做出"抗战到底"的姿态，朝鲜国王李昖自己也承认"若只令我国军兵，追剿于贼尾，则如蚊撼泰山"，"然今之贼势，决难以我国兵力独当"。明军孤悬在外，侧翼及前后全无所依："提孤军，远踏数千里，眼中未见有大势军兵，可以为声援者。"

因此，孤军深入的明军并不能解决朝鲜南部沿海的敌军。朝鲜人依旧不肯整军自强，还在请求明朝增兵至五六万来替朝鲜人打仗："天兵万一失误，则我国无如之何，必须待五六万天兵，然后可以攻之。"日军借着这难得的喘息时机，正紧锣密鼓地在朝鲜南部沿海整备工事，修筑起了一大批后世大名鼎鼎的"倭城"。

四、吾诈

从汉城撤离的日军，凭借连绵的工事渐次而退，"一路建设营寨壕坑，无不险固，无不精到"，"且列寨无算，联络数十里不绝，虎牢、木栅、石城、土堡极其坚固，一路险扼，处处埋伏"，"倭势甚众，营垒坚完，鸟铳利害，道路崎岖"。

明军在地形、兵力上均不占优势。南下明军是轻装上阵，缺乏重型火炮，所以李如松十分谨慎，"提督且尔啧啧，不肯轻动"，不愿对日军要塞进行强攻。"（八月）二十三日，与申文叔、韩叔莹同入城内，周览贼倭留营之所。则城中作土屋，王山上起二层高阁，积瓦筑址，因土为城，城上又立柱结木，涂土为壁，壁中穿孔以便放炮，其制极巧，自外谋斫者，无着足之势矣"，"邑城石筑周以前五百四十九尺，高九尺，内有二十一井二池，按城外旧无湟，壬辰乱日兵入处者十四月，匝城凿壕广可十尺许，又于石城外西南筑土城，遗址尚存"。

日军户田胜隆所部在尚州重修了朝鲜原有的邑城，在城外挖掘了三米多宽的壕沟，并在城中名为"王山"的山丘上增筑了一座日式阵城，在山顶上筑以砖瓦为地基的二层高天守阁，在王山的山坡上环绕天守阁修了土垒城垣，城垣之上建含木柱框架的土塀掩体工事，并在上面挖掘射击孔，还在城外西南方向修了一座土垒工事作为城外据点，大城中套有小城，在石城外筑土城，两者互为支撑。尚州邑城的西南方约六百米处有丘陵，所谓石城外筑土城，可能是类似平壤牡丹峰的山顶制高点工事，或日本所说"出城""出丸"，用于提高尚州城的防御力。

日军的倭城是一个庞大的防御体系

这类城防体系中最大的致命伤，是防御工事的强度有限，石垒的结构强度尚可，但土垒、木栅、土塀之类的工事无法抵御大型火炮。这些工事用来对抗朝鲜人的弓箭或日本的轻、重火绳枪都是合格的，但是明军装备了大量重型火炮。这些由平地邑城改建的倭城，周边地形平坦、交通较为便利，只要明军决意攻城，将大型火炮运输过来，就可以摧毁这些土木工事。不过，相比进军速度，明军的火炮运输迟缓，而且朝鲜上下配合不力，明军对后续作战的积极性不高，不愿挥军强攻日军据点。

正是有了这些坚固的据点为依托，丰臣秀吉才认为有足够的资本与明朝和谈。其最初的和谈条件，是五月朔日（初一）对浅野长政、黑田孝高等人透露的，一共七条：

一、大明皇帝的公主下嫁给日本天皇。

二、恢复日本与大明的"勘合贸易"（通贡）。

三、大明、日本两国大臣互相交换誓词，表示通好之意。

四、大明居中仲裁，朝鲜咸镜道、江原道、平安道、黄海道，还给朝鲜国王，剩下的庆尚道、忠清道、全罗道、京畿道割让给丰臣秀吉。

五、未被生擒的朝鲜王子和一两个大臣作为人质，渡海到日本。

六、放还之前生擒的两位朝鲜王子。

七、朝鲜权臣向日本提交誓书，发誓永不叛变。

条件虽然苛刻，但丰臣秀吉还是以极高的待遇款待了大明之敕使，分别以德川家康和前田利家一对一接待正使参将谢用梓、副使游击徐一贯。丰臣秀吉以装饰华丽的数百游船和侍卫陪同明使，游览名护屋的海湾，在歌舞宴会招待之后，还约六月十日在山里丸（名护屋本丸前突出部工事，东西长八十间、南北宽五十间）茶室再见。

日本热情洋溢的接待，使大明之敕使在船上即兴赋诗，可见当时气氛极其融洽。丰臣秀吉接待的茶室装饰华丽，物品精美，乃至茶勺也为象牙所制，与接待朝鲜使臣的薄饼、瓦器、浊酒形成了鲜明的对比。丰臣秀吉赠送给谢用梓、徐一贯的礼品同样极为丰厚。

谢用梓、徐一贯虽然在会谈时断然拒绝和亲、割地之事，但双方谈判并未就此中止，而是达成了重开勘合、休战、归还朝鲜王子的共识。谢用梓、徐一贯在回禀宋应昌时，称"关白（丰臣秀吉）极其恭谨礼待，愿顺天朝"，愿顺天朝暂且不论，但当时接待明使的确"极其恭谨礼待"。

学术界的主流看法是明、日双方谈判代表互相蒙蔽上级。其实，小西行长和沈惟敬商讨过后，对明廷的汇报只有册封日本国王和重开勘合，这些条款只是谈判时的讨价还价，在谈判中日方用以试探中方底线和接受范围，然后随时调整的。

谢用梓、徐一贯二人南下，尚未渡海时，日方接待使便就天子嫁皇女事试探明人态度，且姿态极低："待大明和亲之实，而收兵者必矣……日本闻和亲之实，遂结属国之约，则以日本为先驱伐鞑靼，何不归大明乎，日本粉骨碎身，欲酬大明皇帝。"之后，日方屡次询问谢、徐二人大明可否和亲。与小西行长一起负责接待明使的还有增田长盛、石田三成、大谷吉继三人，因此，不可能出现所谓沈惟敬、小西行长联合蒙蔽各自上级、相互欺瞒的可能。

即便沈惟敬、谢用梓和徐一贯三人同小西行长有串联，但在同时期抵达朝鲜的刘綎派遣朝鲜僧人将松云惟政与加藤清正长达数月的外交谈判中，号称强硬派的加藤清正也提出了更为苛刻的五条方案和七条方案，但他同样并未完全坚持。因此，这些条款本质上只是日本人拿来讨价还价的筹码。详细分析双方的谈判过程可知，条款更多是日方试图在外交上保留"神国"的体面，提高日本的外交地位，而非单纯变成中国的一个藩属国。

明、日的汉江和谈，一开始只是双方的缓兵之计，而明军在朝鲜人的"配合"下，失去了完成既定军事计划的可能性，但日军占领朝鲜南部地区的计划正在有条不紊地进行。当侵朝日军集结在庆尚南道之后，物资匮乏的情况也得到了有效缓解，占领全罗道，既可以确保釜山—对马航线的安全，还能获取朝鲜的产粮区全罗道，以此削弱朝鲜持续作战能力，并可消灭朝鲜全罗道水军。

明军在朝鲜南部作战，同样需要全罗道的储备，所以日军占领全罗道，可以有效缓解此时军事上的劣势，在谈判桌上讨价还价的余地会更多。日军吞并朝鲜计划破产后，开始重新制订占领全罗、庆尚两道的军事计划，那么，从庆尚南道前往全罗道的交通要地晋州，就是日军首先需要拔除的一颗钉子。

五、晋州

位于庆尚南道的晋州城，号称"朝鲜国第一名城"，又名矗石城。晋州城外，西面是青川，南面是洛东江支流南江，北面开凿有较为宽阔的城壕。晋州城原在南江江湾一处石质高地上筑城，金晬曾以晋州原有城垣狭小，在原有城垣的基础上增筑了一座外城，但增加了晋州城墙的长度，新的城垣修筑在南江冲积平原上，地势低洼。

金诚一防守晋州时，在城外开凿了城壕引水，在新城的城墙上仿造中国空心敌台加筑了三座炮楼，在城墙上添设了射击平台，有效提升了新城的防御力，但外城城墙不高和地基不稳固的隐患，在当时朝鲜王国的技术条件下是难以得到彻底改善的。

万历二十年（1592）十月五日，日军为确保釜山大后方的安全，曾派出长谷川秀一、细川忠兴等大名联兵一万三千余人，由咸安越过鱼束岭包围晋州城。此时晋州的守城将金时敏，亲率军官分番日夜巡视城防，激励士卒，最终成功地击退对手。

战后，金时敏伤重不起，金诚一趁机派手下亲信接管了晋州防务。其人为名士徐仁元之弟徐礼元，徐礼元因兄长名望得以无功提为边帅，战前在咸镜道因杀良冒功而屡被弹劾，壬辰倭乱时任金海府使，日军登陆后弃城逃走，投奔金诚一后一直跟随。金诚一任人唯亲，晋州防务反而不如战前。

而另一边，日本人在摩拳擦掌，准备报仇。不同于之前李舜臣在绝对优势下的海上游击战和借势明军的幸州山城之战，第一次晋州之战是朝鲜人首次完全依靠自己的力量，在大型会战中击败了处于绝对优势的敌军。这对日本人来说是不可接受的，特别是对正规划占领朝鲜南部的丰臣秀吉而言，晋州城必须要拔除。

这既能打压朝鲜人的反抗意志——"晋州围城时，力战将士等出万死，却敌全城，人始知城池之可守，其功极大"——还可以在朝鲜人面前树立绝对强势的形象，以便统治未来可能获取的赤国（庆尚道）和白国（全罗道）。而且，据说晋州城中存有大量的粮食，"金千镒招徐礼元，计算仓谷，几至数十万斛"。同时，日军还要试探在远离明朝边境的地方，单独对朝鲜进行作战的情况下，明军是否会继续支援。

万历二十一年（1593）五月一日，丰臣秀吉将在平壤之战时驻防凤山，不战而逃的大友义统撤藩，强迫他出家为僧，令毛利辉元看管，所属领地充公。在此背景下，第二次晋州之战全面爆发。

五月二十日，丰臣秀吉一边下令派使节与明朝和谈，一边下达围攻晋州的作战命令。侵朝日军主力尽出，锅岛直茂、黑田长政、加藤清正、岛津义弘部兵力共二万五千余人，小西行长、宗义智、松浦镇信、长谷川秀一等部兵力二万六千余人，宇喜多秀家等部兵力一万八千余人，毛利辉元、小早川隆景等部兵力二万二千余人，一共九万二千余人，开始进攻晋州城。

为防止激怒处于和谈状态下的明朝，小西行长提前向明军通报了进攻晋州的作战计划，并告知是为报复第一次晋州之战战败和朝鲜在和谈期间屡杀日本的后勤辅兵，建议明军通知朝鲜人退出晋州。沈惟敬向朝鲜转达了小西行长的建议，但朝鲜人不愿执行。之前权栗随明军南下时滞留在后，李如松因朝鲜无人配合而回军汉城之后，反应迟缓的朝鲜人才开始缓慢地集结。

六月，金命元、权栗等人集结朝鲜官军、义军数万于宜宁，打算渡过南江，逼近釜山。郭再祐、高彦伯等称日军集结一地，声势浩大，而朝鲜军人数虽多，但堪战者少，且前无粮草，不可轻易前进。巡边使李薲责骂诸将逗留不进，与权栗合谋渡江，抵近咸安。

咸安城中空无所得，军中粮食缺乏，士兵摘生柿子果腹。得知朝鲜人来袭，日军自金海云集而来，咸安城墙低矮，外有高山，当朝鲜人正商议死守咸安还是退守鼎岩津之时，日军前哨在附近放枪，城中的朝鲜军队听闻枪声，惧溃出城，多有争路而坠落吊桥者，未战而被踩踏、淹死者甚多。

朝鲜军队自咸安溃散，滞留宜宁县南面鼎岩津一带。李薲见日军遮山蔽野而来，认为晋州孤军难守，要求义军尽入晋州，以壮声势。郭再祐以晋州不可守，愿为外援而宁死不入城。李薲无奈，命郭再祐把守鼎岩津。倡义使金千镒于六月十四日先入晋州。晋州牧使徐礼元正前往尚州，听闻日军进攻晋州后折回，于十四日傍晚赶回，与金千镒商议城防事宜，认为城池坚固，粮食充足，可以防守。

六月十八日，侵朝日军主力渡鼎岩津，此时防守渡口的是郭再祐部和高彦伯部，两部合兵仅有五百余人，见日军阵势大，率军退往三嘉方向。十九日，日军一面自宜宁逼近晋州，一面向丹城三嘉、昆阳、泗川等方向派遣小股部队，断绝晋州城外援。

二十一日，日军先锋数百骑兵，抵达晋州城东北的马岘峰。次日辰时（上午七时至九时），日军五百余人登晋州城北山列阵。巳时（上午九时至十一时），日军主力赶到，分两部列阵，一部列阵于开庆院山腰，一部列阵于乡校前路。开庆院在晋州城东二里处，乡校在晋州城东三里处。

战斗开始时，日军依旧以工事最薄弱的晋州新城东面，作为此次主攻方向，分为前后两阵，以火绳枪齐射为标志，向晋州城发动进攻。明军探哨二十余人尚在晋州城中，眼见双方兵力悬殊，决定先行离城。此时日军立足未稳，未曾对晋州合围，朝鲜守军还有突围时间，但金千镒等决意死守晋州。

日军攻城部队在火绳枪的掩护下靠近城墙，守军以铳筒及弓箭还击，日军当场倒下三十余人。见晋州守军防备严密，日军决定将攻城时段放在夜晚，降低以弓箭为主的朝鲜军队的命中率。黄昏时分，日军再次攻城，双方在城墙上隔壕对射。

攻城的日军士兵无掩体遮蔽，在对射中处于不利地位，多有死伤，在二更时（二十一时至二十三时）暂退后，于三更（二十三时至一时）时再次攻城，以火绳枪齐射并鼓噪大呼已疲守军，朝鲜守军不为所动，日军鼓噪至五更时分退兵。二十三日，日军分三批攻城，当晚又连攻四次，并乘夜大呼，守军以乱射回应。日军连续攻城不克，伤亡惨重，只能暂缓攻城。

在前两天的攻城战中，日军损失颇为惨重，却没给晋州守军造成多少损失。当时驻

日军火绳枪手往往是攻城主力

守晋州城的朝鲜军队，战斗经验丰富、战斗意志顽强，在兵力处于绝对劣势之下，表现可圈可点，在屡战屡败的朝鲜军中实属凤毛麟角，难能可贵。自从咸安、宜宁的朝鲜守军闻风自溃，日军不战而胜，加上此时兵力空前云集，未曾将晋州守军看在眼里，所以第一次攻城时准备并不完善，因此遭到了晋州守军的迎头痛击。

挟胜而来，试图一鼓作气拿下晋州的日军，在接连攻城失败之后，决定重新整备攻城器械，然后在马岘和东门方向再次增兵。因朝鲜军队没有清理城外的树木等物资，日军迅速收集到大量竹木材料乃至砖瓦石块。晋州东城外有一棵高大的槐树，日军得以攀爬到槐树之上，观察城中朝鲜人的动向。二十五日，日军用松枝、杂草编成大筐，向筐中填土，用土筐在离新城三十步的地方修筑土山，并在山上排列捆扎好的竹束。朝鲜守军试图用弓箭和铳筒驱逐施工人员，但在日军士兵"不计死生，死者曳出，生者进前"之下，土山在高度上逐渐超越了城墙，随后日军在土山上排列火绳枪兵，居高临下射击朝鲜守军。

六月二十六日，日军以大木做成木柜，外裹生牛皮，使士兵藏身于内，快速靠近城墙。朝鲜人的箭矢和小型铳筒，难以击毁包裹生牛皮的木板，而较大的铳筒难以瞄准快速行动的移动工事，日军借此抵达城墙底部，意图掘毁新城城墙。但是，日军为了快速移动，使用人力负载这些新造的木柜，被守军以投掷大石的方式击退。

不甘心失败的日军在东门外用大木建起高达九仞（约十六点五米）的四层巨型高楼两座，"或以高木作假楼，上可立百余人"。日军上百名士兵登楼，居高临下，向城内发射火箭，晋州城内的民居多为草屋，"一时延爇，烟焰涨天"，晋州牧使徐礼元胆气已丧，金千镒命高从厚副将张润为假（代）牧使，接替徐礼元职位。战斗时天降大雨，虽然有助于扑灭城中大火，但朝鲜守军弓体和箭羽黏结所用鱼胶，遇水之后出现溶解，不少军械因此损毁。

六月二十七日，日军在东、西两门外新筑五座土山，加上先前筑的三座土木平台，环晋州城的制高点已达八座，高台上的掩体工事也改用更为坚固的竹束。日军还乘夜将竹束搬运至护城河外缘，用以抵御朝鲜守军的箭矢，然后自竹束内向城壕投掷瓦砾、砖石，很快便将晋州的外城壕填平。

朝鲜守军连放玄字铳筒进行反击，但竹束的强度和重量远超之前的木制棚屋，且互相之间并非刚性连接，未能摧毁日军工事。"故虽多放玄字铳筒，幸而得中，只为贯穿而已，不得摧倒。"日军还借土山高台，居高临下，从东、西方向用火绳枪俯射城内军民，导致朝鲜军民死亡三百多人。

在城壕被填平，守军也被压制后，日军仍以大柜外裹生牛皮置于冲城车上，以甲士十余人推至城下，用铁锥凿城。金海府使李宗仁见情况紧急，亲自在射台张弓反击，连杀七名日军甲士，守军趁机用膏油灌注火炬中，自墙上投下，将攻城的日军甲士及冲城车一同焚毁。

当晚，朝鲜守军自城中连发三枚震天雷，轰击攻城日军集结地。朝鲜守军进行了顽强抵抗，但终究未能阻挡日军的进攻。当晚，日军转攻新城北门，镇守东门的李宗仁率军前往支援。徐礼元所部防守新城东门，日军进攻新城北门的同时，在东门进行土工作业，徐礼元未认真守夜，对东门外的日军行动一无所知，日军"以板子铺之于城外，掘取其下，渐就城底"。

六月二十八日黎明，击退夜袭新城北门日军的李宗仁回到东门时，门外日军的土木作业已至东城的城墙下。李宗仁为此怒斥徐礼元。当时城墙底层的三块基石已被拔出，在朝鲜守城士兵迟疑之时，一名日军士兵持铁掘锥大呼而进，将城下的基石掘毁，导致城头石块颓落。

朝鲜守军以木制鹿角填塞缺口，与日军死战。日军未能攻入城中，在付出了上千名士兵伤亡的代价之后，被迫退兵回营。忠清兵使黄进大喜过望，伸头至城外以观望日军遗弃的尸骸，"有一贼，潜伏城下，仰放铁丸，横中木板，挑掷而中进左额"，黄进不幸身亡。

黄进在守城战中身先士卒，为朝鲜守军所敬重，他阵亡后，朝鲜军士气大跌。六月二十九日，未时，东门附近城墙因雨颓落了三十余把（一把长度约为两米），垮塌三十余把意味着城墙垮塌长度超过了六十米。眼见朝鲜城墙大段坍塌，一直在东门外大槐树上观察朝鲜军动向的日军，吹响了总攻的螺号。

第五章：封贡与屠戮
——明、日正式停战和随即而来的内部调整

一、屠城

朝鲜守军因兵力不足，军中精锐多集结于东门，当新城北门遇袭时，是由李宗仁领东门驻军前往北门，与徐礼元部换防，而换防后东城的守御明显比李宗仁部守城时松懈。从中可见，朝鲜守军各部士兵素质相差较远，当李宗仁等部精锐士兵因城墙大面积垮塌被迫滞留东门附近后，其他地段就成为防线上的弱点。

"倡义使金千镒之军守北城，闻城毁，先为惊动，弃城奔走，贼望见，从北城因以竹梯登城，三贼攀堞大呼，众贼四面俱入城，不能支。""贼乃登城，挥剑踊跃，徐礼元先走，诸军一时溃散，（李）宗仁中丸而死。"自此，晋州外城的朝鲜守军全线崩溃。

李宗仁战死于东城之后，朝鲜守军余部撤入内城，集结于矗石楼一带。在大将精兵丧失殆尽的情况下，金千镒决定殉国，与其子金象干相抱投江而死。日军屠晋州城以泄私愤。

据《宣祖昭敬大王实录》记载，晋州城内的死者有三万人、六万人、八万人等不同说法，莫衷一是。但这些数字或有夸大，后来监使金功命令

沙斤察访李瀞验视城中死尸，发现城中积尸只有一千余具。不过，李瀞发现晋州城外也有许多尸体："自矗石楼至南江北岸，积尸相枕；自菁川江至玉峰还五里，死者塞江而下。"

晋州城外的具体死者人数不明，但从城内积尸数量推断，晋州城内外的死者合计约有数千人，不会达到数万人。事实上，日本史料《大和田重清日记》记载日军在晋州斩首三千余级，没有杀死数万人之多。如果真杀死数万人，日军不可能不拿这样庞大的数字向丰臣秀吉邀功的。

日军攻破晋州后，分兵四路：一路转向丹城、山阴后进驻智异山；一路直出晋州西面，与智异山的日军部队遥相呼应，四散进入求礼、光阳、南原、顺天等地；一路向泗川、固城等地；一路向三嘉、宜宁等地劫掠，将劫掠的朝鲜男女和财物运往金海。

第二次晋州之战，以朝鲜守军全军覆没而告终，朝鲜方面损失巨大，名城遭屠戮，为数不多的有坚韧作战意志的成建制军队全军覆没。此战虽然悲壮，但之前暴露出的问题在此战中毫无改善。朝鲜在国家危难之际，依旧以出身高低任用主帅，徐礼元无才，依旧能以出身压制优秀武将而居高位，晋州守军令出多门而互不统属。外援部队仍与第一次晋州之战一样，多数是素质参差不齐的各路义军，素质低下，率先逃亡。

日军对晋州的攻击是对明军的一次试探。在攻占晋州之后，日军继续向全罗道发动进攻。七月三日，明军骆尚志、宋大斌领兵自南原出兵南下，进屯求礼城。四日，一路日军自晋州西进，进入咸阳府境内，劫掠沙斤驿一带，进逼云峰县。

云峰县并无城墙，朝鲜军只能防守于咸阳至云峰的必经之路，即霜山一带八良峙山坳以及湘川两岸实相寺一带。"巡边使李薲，把截于云峰八良峙；全罗兵使宣居怡，把截于云峰实相洞；防御使李福男，驻扎于长水县。"晋州城西岳阳县的日军二万余人（一说四五千，据《乱中杂录》卷三），前出至河东县，经由花开洞谷进入求礼境内，"凶贼二万余骑，自晋州出来，直到岳阳仓焚荡后，渐进伏处"。

花开洞谷为蟾津江北一条长约六七千米的峡谷，谷底即为石柱关。石柱关守将为伏兵将古阜郡守王景祚、原南原判官卢从龄，当日军逼近城关列阵，预备攻城之时，朝鲜守城士兵一哄而散。"凶贼自伏兵处（石柱关）十里许，焚荡后结阵，把守军人等，并皆逃亡，把守无策，罔知所为。"

骆尚志兵原额不过六百人，而宋大斌部也不过五百余人，因此在朝鲜军逃散后，求礼城的明军仅有千余人。骆尚志、宋大斌只能率军退往南原，与查大受部合守南原。日军在占领求礼后，毁坏城池并烧杀抢掠，进而北上逼近南原。

全罗道未曾受过日军侵扰，求礼城避乱的军民仅散在城池近处的浅谷之中，被日军大量搜捕、残杀，"本道之人，曾未尝倭，自以为残山浅谷犹可避兵，至是搜山屠戮，甚于岭南。是夜南原守城诸军，一时踰城溃散。"

得知求礼城被屠，当晚南原朝鲜军民溃城而出。"欲为守城，则有职堂上官以下，无尊无卑，无大无小，举皆缒城遁去"。七月六日，李薲、洪季男自云峰领军向南原，前往源川驿（源川附近山坡上，德阴峰、源川坊一带）与宋大斌部合军，宣居怡驻守虎山院（南原城东五千米虎山驿）。

查大受军前往南原城西南行二十千米处，往谷城方向的金岸坊永思亭防守，而骆尚志部留守南原城。当日，洪季男单骑前往求礼探察，与日军斥候在花亭村遭遇。洪季男斩杀三人，日军主力赶到之后，洪季男退往源川，与李薲、宋大斌驻军宿星岭。

七月七日，日军出动数千人自求礼过所义坊，抵达山洞坊，焚村后北进宿星岭。李薲、洪季男所部见山洞坊起火，即将溃散逃走，被将官捕拿带头之人制止。宋大斌以明军骑兵三百余名潜伏于头骨峰及防筑林薮，亲率剩余的千余名明、朝联军驻防宿星岭隘口。

日军望见明军驻守宿星岭，不敢交战，自山洞坊向西，穿过屯山岭，劫掠古达、水旨等村，进逼金岸坊。查大受、骆尚志以精锐骑兵反击。日军见明军出动，四散过鹑子江，进入谷城境内。

日军在遭遇明军后，极力避免同明军战斗，果断撤离南原，这意味着此时侵朝日军并不愿与明军交战。七月八日，明军收拢部队，退入南原城中。当天南退谷城的日军，在洗劫当地村社后退往求礼，并于次日西退晋州，与明朝、朝鲜联军完全脱离接触，第二次晋州之战正式结束。

二、欺瞒

七月七日，日军攻陷晋州、斩首三千级的消息传到了日本名护屋。在丰臣秀吉看来，明朝敕使已经来到日本乞和，晋州也已被攻陷，日军报了前仇，因此决定不再亲自渡海前往朝鲜。七月二十九日，丰臣秀吉下达军令，指示先将五万军队分为四组，依次撤回日本，以表凯旋。

值得一提的是，这五万日军之中并不包括小西行长、加藤清正、锅岛直茂、小早川隆景等已在朝鲜作战长达一年、伤亡惨重的部队。反而是刚抵达朝鲜不久的伊达政宗、前田利家、上杉景胜等人以及身为总大将的宇喜多秀家得以顺利地打道回府。

丰臣秀吉之所以做出这样的安排，表面上看是体恤封地远在关东的外样大名以及对宇喜多秀家此前种种指挥不力心怀不满。从深层次的角度来看，却是一场政治大清洗的前奏。

丰臣秀吉自万历二十年（1592）上半年以来，长期在肥前名护屋督战，指示前线日军应该如何行动。万历二十一年（1593）八月四日，发生了一件对丰臣秀吉来说震动很大的事，那就是丰臣秀吉的侧室淀姬在大坂为他生下了一个男婴。丰臣秀吉此时已经五十六岁了，之前唯一的儿子鹤松在两年前夭折，本来已经很难再有子嗣了。这个男婴的诞生，无疑延续了丰臣秀吉的血脉。俗话说贱名好养活，丰臣秀吉将这个男婴取名为"拾"，意思就是捡来的。这个男婴就是日后丰臣家的第二代当家人——丰臣秀赖。

就在丰臣秀赖出生的同时，滞留在釜山的沈惟敬与小西行长做出约定，由沈惟敬带领小西行长的家臣内藤如安（明代、朝鲜文献称之为"小西飞"）直赴北京，面见兵部尚书石星，商讨议和之事，之后再派遣明朝大官来朝鲜。小西行长与沈惟敬商定好以后，将此事上报给了丰臣秀吉，得到了这位太阁大人的允许。

经过与明方的多次接触，小西行长已经了解到明朝在程序上要先实施册封，才能允许通贡，所以他要内藤如安出使明朝谈判的是封、贡两项条件，不再只是通贡。为此，他制定了一份乞封名单，让内藤如安带去大明，希望在名单上的日本人能够得到大明册封，被授予相应的官爵。

此外，小西行长还让内藤如安带去了一个特殊要求，那就是希望大明能够册封其"加世西海道，永与天朝治海藩篱，与朝鲜世世修好"。根据日本学者的研究，这个要求体现了小西行长的野心，他的目的在于通过明朝的册封，获得西海道（九州岛）以及东亚海域的统治权。

六月二十日，沈惟敬带着内藤如安从釜山动身，前往明军大部队在朝鲜的驻地王京。值得注意的是，小西行长没有要求内藤如安带着丰臣秀吉的七个议和条件去和明朝谈判，而是先按照他的想法和明朝进行和谈。之所以如此，是因为丰臣秀吉制定的《大明日本和平条件》，在六月二十九日才由增田长盛等人从日本名护屋发船带回朝鲜，由于时间差，小西行长此时还没有收到。

朝鲜画家笔下的釜山

七月二日，沈惟敬领着内藤如安，带着几箱子金银钱物，抵达王京。同时带来的，还有一封日本人的奏本。这封奏本起草者不明，应该是小西行长让他麾下懂汉文的禅僧起草的。原本宋应昌令沈惟敬讨来关白降书，方可允许封贡，但是沈惟敬带来的是日方措辞强硬的乞贡文书。该文书把日本和明朝摆在对等的位置上，俨然是逼迫明朝就犯。

此外，内藤如安传达小西行长的要求，开出了几个苛刻的议和条件给宋应昌：

一、允许日本每年与明朝通贡三次。

二、割让朝鲜的全罗道给日本。

三、赔偿日本二万两银子。

四、实现以上条件后，方可释放朝鲜王子与陪臣。

从这些要求可以看出，即便小西行长因为平壤战败，退据沿海，但仍坚持实现部分割地要求，哪怕只有朝鲜一道。宋应昌得知小西行长的这些要求以后大吃一惊，表示："全罗乃朝鲜祖宗地方，银二万两又何给之？若不先还王子，则亦不可许贡也。"由于宋应昌坚持，不愿在割让全罗道、赔偿二万两银子上让步，只同意封贡，小西行长的这些无理要求也就不了了之了。

七月十五日，由宋应昌派出的伪敕使谢用梓、徐一贯，在增田长盛的陪伴之下，乘船渡过对马海峡，回到釜山浦。同时被他们带回的，还有丰臣秀吉提出的《大明日本和平条件》，石田三成、大谷吉继、小西行长三人因此了解到丰臣秀吉的谈判条件。

七月二十二日，日军遵照《大明日本和平条件》中的第六条，释放了俘虏的两位朝鲜王子（临海君、顺和君）与朝鲜大臣，在为他们饯行以后，由谢用梓、徐一贯带着他们，从釜山浦启程，回到王京。

明代史料和后来的史学专著，对谢用梓、徐一贯回到朝鲜以后，是否将丰臣秀吉提出的七个条件向宋应昌报告，都语焉不详，没有进行细致的说明。丰臣秀吉提出的七个条件，是影响到以后明朝与日本进行谈判的重要环节，是绝对不可忽视的。

根据朝鲜官方史料《宣祖昭敬大王实录》的记载，谢、徐两人为了促成议和，伪造盖有皇印的公文，答应了日方提出的七个议和条件中的四个——纳质、通商、割地、联姻，并将伪造的公文交给了日方。

再看《经略复国要编》收录的宋应昌上奏朝廷的奏疏："先遣二使徐一贯、谢用梓，自日本回至釜山，云已面见关白。关白极其恭谨礼待，愿顺天朝。"按照这一说法，宋应昌似乎并不知道丰臣秀吉提出的那些苛刻的议和条件，他从徐一贯、谢用梓那里得到的消息是丰臣秀吉很恭敬，愿归顺明朝。

再综合《宣祖昭敬大王实录》的记载看，似乎是徐、谢二人为了完成任务，伪造盖有皇印的公文答应了日方的条件，又对宋应昌上报关白恭顺，将宋应昌蒙在鼓里。然而，在日本史料中，丝毫没有谢用梓、徐一贯私自答应日方条件的记载。

如果有的话，日方之后自然会以此为依据，强迫明朝履行承诺，而不会与明朝反复交涉。事实上，在名护屋会谈期间，谢用梓、徐一贯一再向日方表示，由于日方所提条件过于苛刻，他们需要先回到大明，向宋经略、大明天子禀报，不敢擅自做主，丰臣秀吉对此表示同意。而且，他们二人不过是被宋应昌临时任命的伪官，没有权力在如此重大的事情上做出决断。

根据日本学者北岛万次在《加藤清正：朝鲜侵略的实像》一书中的指摘，谢用梓、徐一贯回到朝鲜以后，将丰臣秀吉提出的七个议和条件报告给了他们的上司宋应昌，而沈惟敬等特定人物也通过他们知道了这七个议和条件。但由于谢、徐二人只是宋应昌派出的伪敕使，而不是真正的使者，所以他们没有直接将情报报告给明廷。从北岛万次的指摘来看，谢、徐必然是报告给了宋应昌的。

日本学者三木晴男的《小西行长与沈惟敬》一书，也持相同观点。显然，经过谢用梓、徐一贯的报告，宋应昌已经知道丰臣秀吉提出的议和条件数目繁多且非常苛刻，所要求的不仅是小西行长等人此前反复恳请的通贡。至于宋应昌的反应，则非常耐人寻味。朝鲜史料《乱中杂录》记载：

宋应昌、李如松，因沈惟敬与倭讲约许婚，欲以常家女代送。且奏天朝曰："倭奴已尽渡海，只有一二阵留在釜山，以待封王准贡之命。经乱之邦，士马难久留，请撤还辽阳，以待缓急。"

根据这一记载，宋应昌、李如松二人，在得知丰臣秀吉的七个要求后，第一反应不是强烈地拒不妥协，反而是竭力向明廷隐瞒事实，甚至想通过沈惟敬与日本人讲定婚约，准备找一个民间女子冒充大明公主，送到日本去，以便尽快议和。另一方面，宋应昌、李如松又向明廷进行伪报，声称日军已经尽数渡海撤回日本，只有一两支军队还留在釜山，等待明朝的封王准贡之命。在此基础上，宋、李又请求明廷，要求从朝鲜撤兵，回到辽东。

因为宋应昌、李如松在知道了丰臣秀吉提出的七个议和条件后，立即着手处理许婚这一要求，而这一要求正是日方与谢用梓、徐一贯在名护屋会谈时透露的底线。此前宋应昌敢让谢用梓、徐一贯这两个小官冒充敕使渡海去日本议和，这次就想故伎重演，挑选一个民间女子冒充大明公主送到日本去，也没什么好奇怪的。

从宋应昌、李如松二人的反应来看，他们非常急于与日本议和，早早结束战争，以致变得毫无底线，在暗地里玩弄这种手段，欺瞒朝廷。事实上，早在谢用梓、徐一贯回到王京之前的七月二十八日，宋应昌就已写信给兵部尚书石星，伪称日军已经全部渡海回国了：

"李提督因倭住釜山，未有归着，而将倭、沈惟敬且来，深加切责。小西飞（内藤如安）俯首伏罪，提督因命小西飞差小倭一名、沈惟敬差家人一名、提督亦差家人一名，于七月初九日前往釜山，晓谕诸倭归岛。今去人已还，亲见诸倭俱已上船，王子、陪臣，送还在路。既各上船，渡海有日，此社稷之福，台下洪猷所致也。先此驰报，少舒尊怀，俟有出关的期，再当奏闻。此系提督差人所报，谅不虚也，余不敢赘。"

从这封信来看，是李如松派往釜山敦促日军退兵的使者，先把日军已全部撤回日本的消息伪报给李如松，李如松报告宋应昌，宋应昌再报告给石星的。换言之，是由于前线使者的误报，才让经略、提督做出了误判，认为日军全部撤回国内了。

但在当时的情况下，李如松的使者根本不可能在这么大的事情上进行欺瞒。宋应昌、李如松两人在这件事情上，必然是串通好的。信中，宋应昌特别强调他是从李如松那里听来的消息，他之所以强调这点，恐怕是担心实情败露以后，直接问责自己，所以把第一责任推到了李如松身上。

在写给朝廷的奏疏中，宋应昌同样上报说，日军已经全部渡海回国，只有小西行长带领少量倭众在海中西生浦，等待前往大明乞求封贡的使者内藤如安的回音。奏文摘录如下："大众倭奴，俱乘船浮海，离釜山远去。惟行长量带倭众，亦远在海中西生浦暂住，以待小西飞回音。属国尽复……"

为了使日军撤兵显得顺理成章，宋应昌、李如松还伪报说明军在碧蹄馆打了大胜仗，日军因此非常畏惧明军，向明朝乞和。宋应昌依据这一"事实"，代日军向明廷力求封贡，希望以此结束战争，早日回朝叙功。

明廷收到宋应昌、李如松二人传来的伪报以后，很快向他们发来了从朝鲜撤兵的指令。八月十日，李如松领兵离开王京，准备回到辽东。宋应昌也准备在十四日从定州启程，回到辽东。

然而，宋、李二人报告的消息毕竟不是真的，日军尚且屯聚在庆尚道沿海地区不退，朝鲜人为此非常紧张，朝鲜礼曹参议吴亿龄、司掌府掌令李尚毅急忙发咨文挽留宋应昌。他们情绪激动，责备宋应昌"如此而举众引还，盖无是理"，请求他能够"指挥南下，进薄海滋"，使用武力手段将日军驱逐出朝鲜。但是他们的咨文不但没能挽留宋应昌，反而彻底激怒了他。

八月十八日，李如松与副总兵杨元招来朝鲜经略接伴使尹根寿，将宋应昌对两份咨文的批示拿给他看，直言宋应昌非常生气。因为礼曹参议吴亿龄在咨文中提到日军仍然遍布朝鲜沿海八城，戳破了宋应昌、李如松诡称的日军已全部撤退回国的谎言，杨元就此诘问尹根寿："倭贼在釜山者及他处贼，并皆还去。其未去者，自釜山尽归西平浦（西生浦），此云遍满八城者，何耶？"

尹根寿理直气壮地辩解道："西平亦我国连陆之地，与釜山何异？"

李如松对尹根寿说："西平即上船之所，求贡而将尽过海去矣。且老爷虽欲留兵你国，每告无粮。安有无粮，而赴战者乎？尔退而思之。"

虽然李如松强行狡辩，但是他提到明军缺乏粮食，朝鲜人难以提供，导致明军无法进取这一情况也属事实。因此尹根寿听了，哑口无言，只好告退。

九月十三日，宋应昌、李如松如愿以偿地从朝鲜退兵，渡过鸭绿江，回到了辽东。小西行长派往大明的使者内藤如安，也被带回了辽东。宋应昌、李如松只留下一万六千余人继续驻守在全罗道、庆尚道，其中刘绖领川兵五千人，吴惟忠领南兵二千人，骆尚志领南兵六百人，戚金领蓟镇兵三千人，谷燧领兵一千一百人，宋大斌领兵一千一百人，张应种领兵一千一百人，邓永和领兵一千人，陆承恩领兵七百人，刘崇正领兵五百人。

另一方面，朝鲜国王李昖在宋、李二人撤兵以后，也于十月一日从碧蹄馆出发，回到了阔别已久的朝鲜都城王京。

三、册封

明、日双方各自撤军之后，便进入了外交博弈的阶段。对于丰臣秀吉提出的一系列条件，明廷的态度是只封不贡，丰臣秀吉在战场失利之后，被迫接受了以明朝为主导的宗藩体系，但仍试图让自己在该体系中处于高位，压过朝鲜人一头，使日本代替朝鲜为诸藩之首，同时希望与明朝通商，通过重开勘合垄断中日贸易，以获取高额利润。

明廷确定册封事宜之后，沈惟敬再次出发，于万历二十三年（1595）四月下旬抵达釜山，向小西行长确认条款，并宣读明神宗朱翊钧的册封敕谕。小西行长确认消息，立刻向丰臣秀吉汇报。丰臣秀吉于五月二十二日提出新的和谈条款。在确保明朝"三事"之约的同时，丰臣秀吉提出了利益诉求，要求朝鲜王子一人入质并中日开放"勘合贸易"。

但丰臣秀吉至此完全放弃了对朝鲜的土地诉求，转而想在名义上使朝鲜臣属，而之前说的朝鲜四道土地，在朝鲜将王子入质之后以封地的形式送还。朝鲜王子入质事，参考加藤清正向朝鲜僧将松云惟政及刘綖转述的，朝鲜可以使他人假扮王子来看，其主要目的是在名义上使朝鲜臣属。对于明朝质疑的在沿海筑城之事，丰臣秀吉则保证："若明使和朝鲜王子抵达朝鲜沿海，立刻拆城以示诚意。"

其实，朝鲜王子入质之事，丰臣秀吉也无坚持之意，在朝鲜拒绝王子入质之后，日本军队依旧拆毁了城寨以示诚意。明朝兵部要求册封之后日本派出谢恩使团，使团的标准上限为三船和三百人，实际是默许日本以谢恩为名入贡。

明朝也告知日本，重开勘合之事不要过于急躁，在谢恩之后顺势请求重开勘合，先封后贡，以便安抚明廷内部敌视日本的强硬派。"准封则不必要贡，当慢慢请之，未为不可。既封之后，尔国当遣使奉土宜称谢，因此而恭谨请之，则天朝无不准之理，何必忙忙一时要之乎？"

明、日之间交涉至此，丰臣秀吉的退兵和谈条件从之前流传最广的七条改为三条。万历二十二年（1594）十二月三十日，明神宗朱翊钧按明成祖朱棣册封先例，册封丰臣秀吉为日本国王，下达制作丰臣秀吉冠服、金印的指令，并命临淮侯李彦恭之子李宗城为册封日本正使，五军营右副将左军都督府署都督金事杨方亨为副使。

万历二十三年（1595）正月三十日，明朝册封使一行自北京出发。四月六日，册封使一行抵达义州，次日渡过鸭绿江。四月八日，李宗城抵达汉城之前，宣谕使沈惟敬先期抵达汉城，拜见朝鲜国王李昖，告知朝鲜如果可以向明神宗朱翊钧上册封日本奏本，和议可以尽早完成。

但朝鲜君臣对日本撤军仍有疑虑，为此沈惟敬先行独自南下。而正使李宗城与副使杨方亨于四月二十八日才抵达汉城。六月，丰臣秀吉拆城撤军的命令下达，由宗义智以"先到先撤"向明朝和朝鲜表示诚意——"我是头班，当先撤归，而船只未及齐到，以此迟滞，极为闷虑。"沈惟敬催促李宗城南下，册封使一行于九月初离开汉城奔赴釜山。十月十一日，副使先抵达釜山。十一月，李宗城才抵达釜山。

明朝册封使逗留达一年之久。其间，沈惟敬代表明廷与日方反复交涉朝鲜王子入质之事。日军为使册封使早日南下，开始拆解工事并撤离军队，至十月中下旬，在朝的日军已撤离五分之三。"大概臆料，则十六倭营，十营已撤，先后过海者，仅五分之三。"

朝鲜训练主簿金景祥前去探查驻军撤离之事，见日军确实烧毁了部分工事，逐渐撤军——"十三日，与黄慎，进于梁山地龙塘，探审贼势，则同阵曾已烧撤……进德桥探审则倭营尽烧，合于竹岛，余半渡海云矣……到巨济探审，则永登、场门、所津三阵，尽烧空虚矣。熊川熊浦、森浦两阵，亦为烧撤。"

得到大明册封的足利义满曾是很多日本野心家羡慕的对象

　　至此年年底，沈惟敬向明廷报告："焚过营栅，计十有一处，招抚男妇，共一万二千有奇，事已垂完。"从日军拆毁工事和撤离可以看到，日方虽多有拖延，但在明廷的压力之下，没有一味坚持朝鲜王子渡海。当册封使一行抵达釜山之后，丰臣秀吉已不再坚持让朝鲜王子渡海的方案，改为之前加藤清正对松云惟政提出的，除了停战封贡达成共识，五条之内需成一事，选取"朝鲜大臣大官入质日本"这一项，再次降低了要求，希望朝鲜派遣大臣与明朝册封使同渡，与日本签订和平条约。

　　十二月二十二日，沈惟敬与小西行长等再次讨论朝鲜派员渡海之事，景澈玄苏向朝鲜传达丰臣秀吉的最新指示，要求朝鲜派员与册封使同去日本："今日既与天朝讲和，朝鲜不可不差一使同去，只此一款事完，则更无他事矣。"

　　沈惟敬则建议朝鲜方面"或差一总兵去"。朝鲜司赡寺正黄慎以国仇未报，只有日本遣使向朝鲜谢罪，没有朝鲜前往通交为由，建议拒绝。景澈玄苏则承认日军辱朝鲜过甚，但此时日强朝弱，朝鲜不想通交，若能杀尽攻朝的日军，使节自然不用派遣，但若没有这个能力，还是与强邻和睦为上，日本之后与朝鲜如何相处，皆看此时朝鲜如何与日本相处。

　　沈惟敬与册封使均建议朝鲜派出陪臣了结此事，并将此事上报明廷兵部。朝鲜坚决不肯。封事久拖不决，不耐烦的明廷最终选择直接向朝鲜国王李昖宣谕，命令其派遣陪臣渡海。

　　明廷更建议李昖最好在日本谢恩使前来时，于釜山或对马岛与日本通交和谈，但日本若坚持，朝鲜也不必拘泥时间、地点，可以派员与册封使同去。"其陪臣修好之说，待封事后，谢恩之日，经过朝鲜，或于对马岛，或于釜山，会约证盟，亦无不可。如朝鲜即差陪臣，随册使渡海，又当听便，固不可绝，亦不可执"。

　　在明朝的压力下，朝鲜只得派遣黄慎与明使同去日本。黄慎在釜山与日本接洽时只是司赡寺正（正三品），主管制造楮货和收缴身贡等事宜。在朝鲜，奴婢缴纳布米，代服劳役，称为身贡。楮货是朝鲜初期使用的布制货币，此时早已不再使用，也就是说，黄慎当时的基本职责是负责地方奴婢身贡事宜。通交派遣司赡寺正这种类型的官员为使节，也是朝鲜表达不满的方式之一。

册封之事谈妥，沈惟敬与小西行长在万历二十四年（1596）正月先期渡海，向丰臣秀吉通告册封细节。此时，出了一些意外。千总谢隆与沈惟敬有矛盾，偷偷向正使李宗城伪报，称丰臣秀吉起兵二十余万人，马上就要进攻明朝，册封事已不可行，建议正使先行逃走。

谢隆接着又揭露了之前宋应昌等人伪造公文印信，哄骗丰臣秀吉，而丰臣秀吉要求万历之女结婚，现无皇帝之女，封贡之事不成，丰臣秀吉势必会杀掉册封的明朝使者以泄愤。

李宗城本就对赴日册封一事，心怀疑虑，以至于拖延大半年才抵达釜山，因此其身边随从揣摩其意，每次当他问起，都说册封之事已成定局，不会发生意外，以安其心。此时李宗城突然听到这个消息自然大惊失色，连忙又拿出二十两白银来贿赂在日本的福建人郭参军，试图得到日本方面的真实消息。

郭参军本就是个唯利是图的汉奸，拿到钱后更是口无遮拦。将日本民间传说中的丰臣秀吉想要迎娶大明公主一事添油加醋地说了一遍。李宗城得知此事之后，彻底乱了方寸，也来不及与副使杨方亨商议，便于四月三日将陪同的日本人灌醉，称有紧急信件出营，连夜逃离釜山。

李宗城半夜出逃，导致册封丰臣秀吉之事在性质上发生了根本变化。明廷选择李宗城，是因为正使身为世袭勋贵，论关系为明太祖朱元璋外甥李文忠的九世孙，以世袭侯爵为正使，一则彰显朝廷重视，二则"择举元勋贵品，弹压岛夷"。

正因为以勋贵为册封使为丰臣秀吉封王，明朝没有按册封足利义满的标准，即以日本国王源道义九章冠服亲王爵位册封丰臣秀吉，而是以五章冠服郡王爵位赐予丰臣秀吉。如果李宗城按计划渡海册封，就是以册封使勋贵封爵郡王，册封隆重，地位尊崇超过非勋贵官员册封亲王阶，虽爵轻而位重。

但是，勋贵侯爵正使逃走，册封变成以非勋贵官员册封郡王，使丰臣秀吉的册封丧失了位重，仅有轻爵一项。相比同样性质的非勋贵官员册封，朝鲜国王封爵同为正一品亲王，而丰臣秀吉仅剩一个册封二品郡王，与琉球国王处于同一等级，反而位卑于其手下败将朝鲜国王李昖。

日本人在李宗城出逃次日才发现。惊慌之下，日军以为明朝以和谈诓骗，明军将要来袭，便整军备战，先以士兵包围副使杨方亨馆所，再派人追逐李宗城。杨方亨不动声色，卧床睡觉，直至中午。宗义智等人才来到杨方亨房门外，通告李宗城逃亡一事。

杨方亨沉着冷静地把李宗城称为"痴人"，并将其逃亡归咎于日本久拖不决，并通知日军，按惯例，正使李宗城离开之后，由副使暂代正使职务，册封使团所属人员现在均归其所有。加藤清正打算追赶正使李宗城，被杨方亨劝阻，他称李宗城听信讹言，以日军欲困辱他，所以逃走，

朱元璋的外甥李文忠也算是一时英雄，但他的后代李宗城却可谓无能至极

如果派兵追赶，必然加深其印象，反而更糟。随后，杨方亨修书安抚丰臣秀吉。

万历二十四年（1596）五月上旬，加藤清正烧城渡海。明使杨方亨的朝鲜翻译朴义俭，随后向朝鲜国王李昑报告："则贼阵房栅尽烧……城机尽撤，只余城基。"李昑询问为何丰臣秀吉拖延如此长的时间，朴义俭的回答是："丰臣秀吉因国内萧条，重建新城以备迎接册封使。"

明廷得知李宗城逃走，改任杨方亨为正使、沈惟敬为副使，补回丢失的龙节等物，重建册封使团。万历二十四年（1596）六月十五日，沈惟敬携四百余人的使节团先行渡海，与撤离朝鲜的日军一起抵达日本。

六月下旬，沈惟敬一行抵达伏见城，先拜见丰臣秀吉，随行人员列为两列，共三百余人。八月十八日，正使杨方亨与朝鲜通信使黄慎一同抵达大坂堺港，预备正式前往伏见城册封丰臣秀吉。杨方亨抵达之时，黄慎向沈惟敬请教册封之事是否还有变化，沈惟敬认为事已定局，不会有其他变动。丰臣秀吉提前将明朝正、副使以及朝鲜正使的馆舍安排妥当，确认朝鲜是以陪臣为正使，确认朝鲜王子并不前来。至此，一切册封、通交接待事宜，均已安排完毕。

经过四年的反复试探、战争和谈判，明朝、朝鲜、日本三国的战争，终于告一段落。

四、换马

客观地说，丰臣秀吉预备迎接大明册封使团的地点，的确是其新修的伏见城。但要说这座新城的修筑是为了静候大明的册封，未必是事实。

今天日本复原的伏见城

伏见城又称桃山城，日本历史将江户幕府之前的时代称为"安土—桃山时代"。其中"安土"指的便是织田信长的安土城，而"桃山"便是丰臣秀吉所营建的伏见城。该城于万历二十二年（1594）开始动工，大规模修筑新城，其最初的目的，是丰臣秀吉将关白之位及大坂城让给养子丰臣秀次之后的隐居之所。但很快丰臣秀吉便对扶持丰臣秀次为自己的继承人感到后悔了。

丰臣秀吉之所以后悔，是万历二十一年（1593）八月三日，其侧室浅井茶茶顺利产下名为丰臣秀赖的孩子，令晚年得子的丰臣秀吉如获至宝，此后便绝口不提前往朝鲜督战之事。从家族的角度来看，丰臣秀赖降生自然是一件喜事。但对于丰臣政权而言，这个孩子的出现无异于一颗重磅炸弹，直接动摇了其本就不稳的根基。

由于此前一直没有亲生骨肉，丰臣秀吉不得不广收养子。除了自己姐姐的两个儿子——丰臣秀次和丰臣秀胜之外。为了巩固政治同盟，丰臣秀吉还将池田恒兴的次子辉政、德川家康的次子秀康也一并纳入门中。与此同时，身为丰臣秀吉正室的浅野宁宁也收养了丰臣秀吉舅舅木下家定的第五子辰之助。一时之间，丰臣秀吉家中也可谓人丁兴旺。

但是这些曾经被丰臣秀吉视为爪牙的养子，随着浅井茶茶诞下子嗣，悉数变成了丰臣秀吉为了扶植自己的正统继承人而必须清除的障碍。辉政、秀康人也还好办，丰臣秀吉大笔一挥就让他们一个恢复本姓，一个转送往下总国大名结城晴朝家当上门女婿去了。丰臣秀胜已于万历二十年（1592）病逝于远征朝鲜的途中，但"硕果仅存"的丰臣秀次着实让丰臣秀吉有些头疼。

丰臣秀次出生于隆庆二年（1568），因此丰臣秀赖出生之际，其亦不过二十五岁，可谓年富力强。更何况，丰臣秀次已领有尾张、伊势两国总计一百万石的封地，并组建起了一支能征惯战的家臣团。可以说，在丰臣秀赖出生之前，丰臣秀吉始终是将丰臣秀次作为丰臣家第二代领导人进行培养的。在自己与浅井茶茶的儿子鹤松夭折之后，丰臣秀吉一度心灰意冷，正式将关白及丰臣氏的家督之位传给了丰臣秀次。尽管丰臣秀吉此时仍稳居幕后、发号施令，但忙于部署征朝军务的他，已然将诸多

被逼自刃的丰臣秀次

内政交由丰臣秀次打理。

但是丰臣秀赖的出生彻底摧毁了丰臣秀吉对丰臣秀次的信赖，虽然丰臣秀吉也曾尝试过通过安排丰臣秀赖与丰臣秀次之女订婚、约定双方各自占据日本列岛一部，来实现丰臣秀次与丰臣秀赖的共存。但最终，在权力博弈中，丰臣秀吉做出了一举肃清丰臣秀次系骨干力量的疯狂决定。

万历二十三年（1595）七月八日，丰臣秀吉于其隐居的伏见城中召见丰臣秀次。丰臣秀次抵达之后，便被勒令当即落发为僧，押往高野山出家。当天夜间，丰臣秀吉便命人将丰臣秀次的家属悉数逮捕。待丰臣秀次七月十日抵达高野山时，他的主要亲信、党羽皆已被控制。

七月十二日，丰臣秀吉对丰臣秀次发出严厉的申斥。次日开始，丰臣秀次身边的重臣或被迫自刃，或开刀问斩。七月十五日，丰臣秀吉见大局已定，便派出亲信武将福岛正则等三人前往高野山，命丰臣秀次及其随行亲信自裁。随后丰臣秀次的子女妻妾等三十九人亦被处决。

丰臣秀次究竟是否真的心怀不轨，其实对于丰臣秀吉而言并不重要。毕竟作为一个政治集团的首脑，待丰臣秀吉百年之后，丰臣秀次无须公开表露心迹，也自会有人为其黄袍加身。因此丰臣秀吉对丰臣秀次的决绝，与其说是对其个人的深恶痛绝，不如说是对丰臣秀次集团的果断背弃。

表面上看，丰臣秀次的倒台对丰臣政权的影响并不大，毕竟除了丰臣秀次本人及其身边的重臣之外，其他大名并未受到太大的波及。但从后续影响来看，丰臣秀次集团的瓦解堪称丰臣政权大厦崩塌前抽去的第一根支柱。作为丰臣秀吉长年培养的继承人，丰臣秀次不仅掌握着庞大的领地和直属武装，更是丰臣秀吉与其他大名之间的桥梁和缓冲带。如今丰臣秀次已死，丰臣秀赖尚幼，在没有合适的人选可以填补这一政治真空之前，丰臣秀吉只能重新调整丰臣政权的组织架构。

万历二十三年（1595）八月三日，也就是丰臣秀次死后的第十八天，丰臣秀吉以张贴告示的形式向全国发布了五项"御规"及九项补充说明。如果站在公文的角度来看，丰臣秀吉此番所颁布的法令可谓"眉毛胡子一把抓"，撇去九项补充说明中"未经允许，不得私用天皇家的菊花纹、丰臣家的桐纹""禁止蒙面"这些细枝末节不谈，五项"御规"亦是轻重不分，在第一条"各地大名没有上大人（指秀吉）的许可不能通婚"，第二条"严格禁止大名小名之间交换誓约"之后，第三条竟是"争吵之际应该彼此忍让"，第四条更是令人摸不着头脑的"如有申诉，应该召集所有人员查明真相"，至于第五条更是"乘物（舆）仅限于年寄众（大佬），年轻人即使是大名也要骑马"。

但正所谓"内行看门道、外行看热闹"，这样不知所云的"御规"，在早已练就了超凡政治嗅觉的日本大名眼中，还是传递出了令人咋舌的信息量。首先这份"御规"并非丰臣秀吉一人签署，上面还有德川家康、毛利辉元、上杉景胜、前田利家、小早川隆景、宇喜多秀家六位有力大名的签名，这也就意味着丰臣秀吉在肃清了丰臣秀次集团之后，选择了与上述大名共治天下的政治格局。

而"御规"第五条竟然提到了长幼有序，年仅二十三岁的宇喜多秀家虽在联署之列，却显然资历尚浅，因此丰臣秀吉真正想通过"御规"向外表达的，其实是他已然委派了五位德高望重的"大佬"联合执政而已。想明白了这一点，也就自然清楚了为什么丰臣秀吉要强调"争吵时相互忍让"以及"如有申诉，应该召集所有人员查明真相"了。有了"五大老"分担日常政务，健康状况每况愈下的丰臣秀吉，自然可以有更多的时间陪伴在浅井茶茶及丰臣秀赖的身边。

讽刺的是，就在丰臣秀吉壮士断腕般地处决了自己曾钦定的继承人丰臣秀次的同时，万历二十三年（1595）的十月二十日，大明"九边"重镇之一的蓟州镇发生了一场对大明而言堪称"自毁长城"般的兵变，史称"蓟镇兵变"。

从《明史·神宗本纪》没有任何相关记载的情况来看，这次兵变似乎并不重要，《明神宗实录》中虽然记载了这次兵变，但也是一笔带过的说明了兵变的起因："己未，防海兵以要挟双粮鼓噪，蓟镇督、抚、道臣擒其倡乱者正法，余党尽驱南还。奏闻兵部覆请，报可。"

张居正于万历十年（1582）病逝后，万历朝的兵变就开始接连不断地发生，其中规模和影响力较大的有万历十一年（1583）的广东罗定兵变、万历十三年（1585）的四川建武所兵变、万历十五年（1587）的郧阳兵变、万历十七年（1589）的云南永昌兵变和万历十九年（1591）的京营军官哗变。

因此在《明史·神宗本纪》的编撰者看来，因防海兵"要挟双粮鼓噪"而发生的蓟州兵变很是寻常，不需要特意提及。不过在正史之外，当时身为卢龙兵备副使的文官方应选却为了标榜自己的功绩而写了一篇《滦东平叛记》，详细记录了整场兵变的来龙去脉。

按照方应选的说法，"蓟镇兵变"的主要原因是明廷防范日军可能对京畿沿海的侵扰，于乐亭县新设海防游击，并招募了二千一百名南军。此后，这些南军与从长城沿线抽调出的九百名台兵混编，在浙江籍将领吴惟忠的指挥之下奉命开赴朝鲜。

在朝鲜战场上，吴惟忠所部南军在平壤之战中表现卓越，也由此得到了明廷每人赏银二两的嘉奖。但是自朝鲜回师之后，深以为南兵可用的明廷，进一步招募南兵，组建额员为三千七百余人、由参将钱世桢所统率的海防营。但是这些新招募的南兵并没有保家卫国的觉悟，更在一些老兵的煽动下，以索要据说每人可达四五十两的"东征功赏及安家银"为名开始聚众闹事，并围困了前来安抚的蓟镇总兵王保。

眼见局势随时可能恶化，身为卢龙兵备副使的方应选连忙出面转圜，才暂时将局势平息了下去。但很快南兵之中又出现了"朝廷的种种许诺不过是拖延时间，日后必定秋后算账"（"朝廷处分，不过阴铄，我辈今日游釜，将无为他日杌上"），"不如进一步串联各地戍守兵卒，一起向西进攻，直扑京师。即便不能拿下皇宫，也能劫掠一番，然后从'一片石'出关，投靠鞑靼部"。（"况乡之旅食蓟门与沿边戍守以数万计，诚鼓行而西，胜则直薄京师，不胜则掠旁郡县，从一片石出与虏媾，安往不得哉"？）随即便出现了南兵劫持军官，抢夺长城驻军军械等恶性事件。

面对如此危险的局面，担心引发又一场宁夏之变的蓟镇总兵王保和卢龙兵备副使方应选等人不得不考虑武力镇压的方案，并调集了东协守将陈霞、西协守将李如樟、台头参将詹鞠养、燕河参将刘继本、遵化左营参将方时辉、三屯右营都司丁世用、延绥营游击王邦佐、宣府营游击孙继盛、中路南兵营游击王必迪、保定营都司胡泽、德州营游击张栋等部，将"海防营"的驻地团团围住。

万历二十三年（1595）十月二十日，各路明军开始发动攻击，起初蓟镇总兵王保还担心这些南兵训练有素，会以火器齐射来抵御己方的骑兵冲锋，因此仅采取了单骑冲击的模式。但双方接触之后，这些新招募的南兵便展现得极为缺乏训练，在被王保麾下骑兵擒斩了八十余人之后，便在明军释放的火炮声中选择了放下武器。

在整个"蓟镇兵变"中南兵除在武装冲突死亡及此后因被判定为煽动叛乱的"首恶"而处斩的三百余人外，其余三千四百余人皆被发以路费的方式进行遣散。尽管此事并不如一些好事者所说的那般是鸟尽弓藏、兔死狗烹的屠杀。但这一恶性事件的发生及平息也从一个侧面说明，在政治日益腐化、经济日益低迷的情况下，募兵制不仅无法保证部队的战斗力，而且无法保证部队的忠诚度。

五、地震

根据《日本往还日记》中的记载，得知明廷和朝鲜使节同时到来，丰臣秀吉大喜过望，当即表示："我当速见，使之同天使偕还也。"同时丰臣秀吉又即令人取笔砚来，亲批两天使及通信使寓馆："杨（方亨）天使则（德川）家康家，沈（惟敬）天使则平（宇喜多）秀家家，朝鲜使臣则加贺守（前田利家）家。"他还要求负责接待的各方大名"使之预为修扫，相会已有日子矣"。

但令所有人没想到的是，在明使准备册封丰臣秀吉的关键时刻，日本历史上著名的大地震，震级高达里氏七点二级至七点八级的强震——庆长伏见地震，就爆发在丰臣秀吉的伏见城之下。

这次地震烈度之大，余震持续时间之长，均为日本史上罕见，伏见城天守、东寺、天龙寺倒塌，死亡超过一千人。丰臣秀吉当晚宿于桃山城天守，在地震中无事，但城中死亡数百人。

明朝册封使团抵达日本的时候，丰臣秀吉预备迎接使团的桃山城，已在地震之中被毁。使团一路上看到的是畿内地区各种山崩地裂，乃至地面液化或"雨毛"现象。

"雨毛"在历史上是变乱出现的先兆，李善邦所著《中国地震》收录了不少地震后出现白毛的现象。例如，公元535年十二月"都下（南京）地震生白毛，长二尺"；公元788年三月"京师（长安）地震生毛，或黄或白，有长尺余者"，公元1505年十月九日"夜半海盐地震栋鸣，先是有黑气从东来，地出白毛，长有一二尺如马尾者"，公元1691年四月"福州地震，泥土生毛"。日本人对此极为惊恐。

而朝鲜文士则怀着欣喜难耐的心理在《再造藩邦志》中写道："诸倭皆言，去月初八日，日本国都近处诸郡地震，无日无之。关白所处之家，亦皆坏塌，关白方在五层楼上，不意地震，倾倒坏毁，其中宫女四百余人尽压死，关白仅以身免。两天使所馆亦坏，天使扶出仅免，杨天使千总金嘉猷，沈天使票下朱璧，及家丁四名皆死。又丰外州地震尤甚，有一大村，人居三四千户，其地忽陷为大泽，山上长松，仅露其梢，村居者无论老幼男儿，陷死者几千数。所余才五六百名，方其陷溺之时，如有物举而掷之，不知不觉之中，已在峰上，故得生。使臣经过之地，亦有地震处，山脊皆裂，处处陷为坎泽。诸倭亦言，地之坏裂处，皆出浊水，如豆粥，其臭极恶，人不能近。又有雨毛之变，其毛五色，人家或有藏之者，倭多言：此皆近古所无之变，未知日本将有何变而如此。"

丰臣秀吉日本国王的册封之事，至此已是一片狼藉。短短数月之间，从勋贵正使逃走，册封物品丢失，与琉球同级二品郡王封号、朝鲜派出主管奴婢身贡的人做册封使，以致最后一场高烈度地震摧毁了桃山时代的象征伏见城，将丰臣秀吉最狼狈的样子展现给了大明、朝鲜的使节团。

地震对于日本列岛而言是最为常见的自然灾害

或许正是感觉在一片狼藉中接待明廷与朝鲜的使者多少有些尴尬，因此双方使节往来三年之后，丰臣秀吉最终换来的不过是一纸日本国王的册封。对于比肩足利义满的待遇，丰臣秀吉虽然当场发飙说："吾掌握日本，欲王则王，何待髯虏之封哉！"但第二天"身穿明朝冠服，在大坂城设宴招待明朝使节"。显然对于丰臣秀吉而言，如果能依靠大明帝国的册封，将自己家族对日本列岛的统治权固定，也未尝不是一件好事。

受到巨大打击的丰臣秀吉试图在外交上找回颜面。岛津义弘及小早川隆景均记录了，册封前夕丰臣秀吉突然提出朝鲜未派王子致谢，以至于朝鲜事事轻慢日本的言语，而后他又打算不见朝鲜使臣，命小西行长通知朝鲜通信使黄慎，将一切责任归咎于朝鲜，并计划向明廷状告朝鲜，要求明廷处罚朝鲜无故拖延派遣使节的时间。

柳川调信曾经派人劝解黄慎，要他在册封使去大坂时提前与明使商议，遭到黄慎的拒绝。黄慎自称来日本早已做好准备，要么和谈成功回去，要么等死，拒绝与明使提前商议："沈天使亦何必往见，任其所为可也。"九月四日，杨方亨、沈惟敬自大坂返回堺港，小西行长特意要黄慎呈文丰臣秀吉，由沈惟敬帮忙居中调解，同样遭到拒绝。

九月八日，柳川调信以说闲话为由，试探黄慎的底线，若朝鲜坚决不肯以王子为使节，是否愿意每年或每两年遣使携带定额的礼物来

身穿明朝冠服的丰臣秀吉

日本。使节赠送国礼无可厚非，但若固定时间和价值，便是日本要求朝鲜以送礼为名交纳岁币，黄慎再次以死相拒，并表示：

"或每年遣使，或间一年遣使，且定礼币之数，为以恒式，此则不难之事。使臣虽以便宜许之，似为无妨也。正使答曰：倘日本撤兵修好，则我国自无绝信之理，然欲每年定为恒式，则必不可成之事，非使臣所得擅议也，况礼币多少，在我厚薄，若约定数目，则是责我方物也，其辱甚矣，决不可从。我则今日分当一死，更无可为也。"

朝鲜人拒绝与日本沟通，将一切事情归咎于明人畏惧日本人，让朝鲜受此屈辱。"吾甚慨叹，天朝人多畏关白如此，诚可恨也。"实际上，沈惟敬因多次要求丰臣秀吉撤军，与朝鲜通好，被迫提前返回："但据本国被掳人及随行帮子等，说：'关白请册使设宴，沈副使语及撤兵等事，关白发怒，不肯听从，两册使即罢还下处。沈副使又令行长，往讲前项等事，关白怒骂沈惟敬，不曾图遂日本所求，但为朝鲜谋耳，我不可再见。'且请天使回去，两册使翌朝发还沙浦等因。"黄慎明知此事，依旧造谣沈惟敬不为朝鲜说话，用"极可恨也"之语评价沈惟敬："而沈爷连日对关白，不敢一言及之，极可恨也，天朝不忒软怕关白如此，可恨可恨。"

九月五日，丰臣秀吉派前田玄以等人到堺港，与沈惟敬商议谢恩表文撰写事宜。待日方人员离开后，黄慎拜见沈惟敬，沈惟敬安抚了黄慎，于黄昏时分致书托小西行长转达丰臣秀吉，要求他撤回在朝鲜的全部驻军，并与朝鲜通信使约见。

九月六日，小西行长将沈惟敬的书信送至丰臣秀吉处。丰臣秀吉大怒，请送明册封使回国，驱逐朝鲜使团。"天朝则既已遣使册封，我姑忍耐。而朝鲜则无礼至此，今不可许和，我方再要厮杀。况可议撤兵之事乎？天使亦不须久留，明日便请上船，朝鲜使臣，亦令出去可也，我当一面调兵，趁今冬往朝鲜云云"。丰臣秀吉已决定与朝鲜重新开战，但不愿违反明朝宗藩体制，当册封使抵达名护屋后，日本递交《送进天朝别幅》，向明廷状告朝鲜并解释再次宣战的原因。

丰臣秀吉将矛头转向朝鲜，将战争再起的原因全部推到朝鲜头上，提出了朝鲜的三大罪，要求明朝出面惩处朝鲜。同时，丰臣秀吉推迟向明朝派遣谢恩使者，试图在宗藩体系中压制朝鲜后，才正式向明朝谢恩，以示对明廷偏袒朝鲜的不满，"必先通朝鲜后，次可遣使天朝"。与此同时，丰臣秀吉命令手下大名做好再侵朝鲜的准备，此时他的本意，依旧是试图在外交上压服朝鲜。

黄慎回程抵达釜山时，自日本追来的小西行长，于十二月八日晚与他私下约谈，告知丰臣秀吉变卦的原因，再次建议朝鲜以王子作为使节前往，以缓解两国关系。丰臣秀吉本有意在册封之后结束战争，但李宗城逃走之后，诸事不顺，地震又毁坏了伏见城，丰臣秀吉对朝鲜越发恼怒。

如果朝鲜可以派遣王子前往日本致谢放还之事，尚且可以挽回，日本也无扣留朝鲜王子的意思。小西行长这番话是想让朝鲜王子前往日本，对在册封日本国王之事上发生多次意外，以至于在政治、外交上受到巨大打击的丰臣秀吉，进行额外的补偿，以免丰臣秀吉难以下台，再次动用军事手段强迫朝鲜。"关白初心，虽不送王子，天朝特遣使臣，故喜悦无比，和好可成。而适李天使（李宗城）遁走，故事事违误。至于天使接见之馆，尽为地震所撼，所见极惨，故关白由是愤恨朝鲜，益无限度。前头之事，莫如急遣王子，来谢而已，如大臣、百僚，虽一时齐到，用兵与否，未有轻重。况我日本留朝鲜王子，以为平民乎？以为国君乎？只令来谢，放还之意可也"。

朝鲜自然是不肯配合的，黄慎在对马甚至拒绝宗义智的再三宴请，宣称在日本吃了日本人提供的食物都觉得羞耻，"来此异国，朝夕食饮之需，亦不免取渠供给，固出于不得已，已为可羞，况何心更赴筵席乎"（《日本往还日记》万历丙申十月二十八日）。黄慎告诉小西行长，送王子之事是妄想，朝鲜并不畏战。"此必无之事，幸勿望也……事不当和，岂畏一战？慎勿以动兵，恐喝我也"。

小西行长没有得到想要的，但在第二天告诉黄慎，希望朝鲜不要尽快做决定，可以以声称请旨为由，先拖延三四个月，以期事情能在开战之前有好的变化。"翌日，臣早作起身，正成来在馆门外。见臣言曰：'吾待朝鲜对答之还，归告关白，须速示及。'行长曰：'不然，朝鲜必取禀圣旨，然后乃有回话。往复之间，动延三四月，吾当阻遏起兵，不使即动，幸于未动前，速有攸处。'"

朝鲜要求明军为其报"万世必复之雠"的决心一直未曾动摇。黄慎不顾明朝册封使的再三劝阻，在未确认之前将丰臣秀吉起兵的消息传回了国内。黄慎回国之前，朝鲜国王李昖已向明廷请兵再战，并伪造了加藤清正要在冬天渡海的消息。"蓟辽总督孙矿奏朝鲜国王咨称：'关白因朝鲜不遣王子致谢，复欲兴兵，清正等今冬过海，大兵明年调进，乞要先调浙兵驻扎要害，以为声援。'"

加藤清正部渡海的消息，朝鲜奏报给明神宗朱翊钧的时间是十二月四日，而此时黄慎尚在釜山，小西行长于十二月八日晚才与黄慎见面，提出阻止战争的方法和拖延时间的手段。显而易见，对于与日本和谈，朝鲜人从上到下无一丝一毫的诚意；对于和日本作战，朝鲜人从上到下同样无一丝一毫的信心。朝鲜人毫不犹豫地用谎报军情的方式，诓骗明军再次入朝。事实上，早在十一月十二日，朝鲜已经向明朝告急："告急请兵奏闻使郑期远、书状官柳思瑗发行。"

明廷确认册封详情及朝鲜奏报的加藤清正于十二月渡海之事，是第二年（1597）正月初。明神宗朱翊钧要求朝鲜不要听风就是雨，以免引起误会，"则日本调兵渡海之事，在朝鲜固宜提防，亦不必过为张皇"，要求朝鲜重修国书，派遣陪臣前往日本修好关系。

但明廷同样不愿朝鲜王子前往日本，而要求朝鲜国王李昖派遣陪臣前往日本，督促丰臣秀吉将釜山残留部队全部撤离："日本国王撤还釜兵以全大信，又行文与朝鲜国王即差陪臣以修交好。"此时明廷已认可丰臣秀吉为宗藩关系中的一员，明神宗朱翊钧试图缓和两国的紧张关系，要求双方各退一步。明朝对朝鲜动辄报称日本入寇，在明、日和谈册封时的动作也极为不满，要求朝鲜不得妄自挑起战争。

给事中徐成楚甚至认为朝鲜别有居心，"宜敕朝鲜自为堤备，不得专恃天朝救援。得旨行朝鲜国王，修备修睦，以保疆土，毋得偷安起衅"，"日本既退王京，又还王子陪臣，则今日朝鲜亦宜遣使修睦，以释旧憾乃成，必欲兴兵动众，以开祸端，诚不知其何心也"。

万历二十五年（1597）正月初四，加藤清正率七千人抵达对马岛，向朝鲜摆出武力威胁的姿态。小西行长将加藤清正的兵力、作战计划全部透露给朝鲜人，让朝鲜早做准备。因为力主渡海进攻朝鲜之人是加藤清正，加藤清正出兵之前，向丰臣秀吉保证可一鼓作气拿下朝鲜，将朝鲜王子献俘于丰臣秀吉。

小西行长希望朝鲜能击退加藤清正，借朝鲜人之手消灭主战派加藤清正，以使和谈再开。小西行长的建议遭到柳成龙的阻挠："行长使金应瑞，指示可图清正之计，而柳成龙等，以轻信贼说，恐坠计中，不许轻动，故有是事。"而这件事竟然还成为牵制朝鲜海军名将李舜臣含冤入狱的导火索……

第六章：再征与再援

——明、日在朝鲜半岛的第二轮较量

一、懈怠

万历二十五年（1597）正月十四日，加藤清正所部乘坐大小船只一百三十余艘，登陆庆尚南道多大浦。朝鲜极其高效地将夸大后的消息传到了北京，以日本二百余艘船只大举登陆为名，向明朝告急。

明神宗朱翊钧以一船一百人至二百人计算，认为有两万余名日军已然登陆，立刻要求召开廷议。廷臣会议倭情："时朝鲜陪臣刑曹郑期远，痛哭求援。辽东副总兵马栋报、倭将清正领兵骑舡二百余只，于正月十四日到朝鲜岸，至原驻机张营。驻扎给事中徐成楚言海舡一只，小亦不下百人，今称二百余只，兵当不减二万余，众防御事宜亟当早图。乃下廷臣会议。"

与明廷方面的高度重视相比，朝鲜方面却显得格外从容，根据《李朝实录》之中的记载，朝鲜方面对加藤清正所部兵力、船只及来袭的方向都一清二楚，却刻意不令朝鲜水师给予迎头痛击："清正率管下之船一百三十余只，发船之后，风势自东北来，不能制船，巨济之路指向，留泊于加德；十四日，多大浦指向，看审阵基事来告，而我国舟师，未及整齐，不得迎击。"

朝鲜方面同时还给出他们这么做的理由："今月十一日，要时罗出来，以行长之意进告：'清正率七千之军，初四日已到对马，顺风则不日当渡。前日约束之事，已为完备否？'……如此则清正所言，朝鲜地方，无人可守，揭一竿可定之言，归于虚地。行长、朝鲜攻破，势未易之言，终归于的实，关白必罪清正之误妄，行长得志，和与不和间，势甚便易，此一良策也。"

也就是说，在朝鲜方面看来商人出身的小西行长要比加藤清正易于沟通。完全可以利用小西行长的情报把加藤清正所部引入朝鲜内陆之后，再予以打击，如此一来，既能造成日军再度入侵朝鲜的既成事实，也能令加藤清正在丰臣秀吉面前颜面扫地。

通过这种"开门揖盗"的方式，朝鲜终于达成了日军再犯朝鲜的目的，在小西行长提前两个多月通报加藤清正部出发路线，以及风向可能变化的情况下，在朝鲜顺风、日本逆风的天时之下，坐视加藤清正登陆。而在加藤清正登陆之后，朝鲜再一次白白浪费了几个月，让已成孤军的加藤清正在天时不利的情况下建立起了稳固的桥头堡。

小西行长因此说，朝鲜人每次嘴上说得很好，实际完全不当回事，却在战后做出懊恼的样子："尔国之事，每如此，虽悔无益。"朝鲜人也会做出深刻的战后总结，声称国家做事一直反应迟缓，没有成功的可能，因此自己心情郁闷："大概我国之事，如是迟缓，万无成事之理，只自闷郁。"

朝鲜散漫到什么程度呢？从万历二十四年（1596）十一月开始，朝鲜人就在整军备战，下令全罗道水军的代表人物李舜臣率舰队前来釜山近郊，而传令官赵玲因中途逾期，竟拆了机要文件，修改文件日期以脱罪。"玲欲免稽程之罪，敢改帅臣状启，事极骇愕"。

朝鲜国王李昖在权栗的再三鼓动之下，预备提前偷袭釜山的日本营地，与大臣商议无果，就用占卜的方式决定是否偷袭釜山。"许筬曰：'决大事莫若卜筮，以周公之圣、盘庚之智，皆以穆卜言之，今此用兵，亦为穆卜何如？'上曰：'予亦有此意思。'"

在加藤清正渡海之时，李舜臣又称毫不知情，最终被夺职。事后朝鲜官方的说法是中了小西行长的反间之计，元均等军中将领诬陷李舜臣阴谋篡权，朝鲜国王李昖激愤之下失去了理智，才会行此昏着。这个说法虽然流行，但很难令人信服。首先小西行长要散布李舜臣谋反的谣言不难，难的是这个谣言要有人肯相信才行。要知道当时的李舜臣已升任三道水军统治使之一，但比其位高权重的大有人在。其次就算李舜臣要谋反，以其手中区区数千人的水军登陆之后也难成大事。显然事情的真相并非那么简单。

要搞清楚李舜臣冤狱的真实原委，首先要回顾一下壬辰朝鲜战争爆发以来，朝鲜王国中枢的党争态势。虽然经过战前的巧妙布局，身为南人党领袖的柳成龙拥有最为稳固的政治基本盘，但战争初期各条战线的节节败退还是令他和北人党领袖李山海双双引咎辞职。

不过李山海外放之后仍然多次遭到南人党的弹劾，很快就丢失了所有的官职，变成了一介白丁。柳成龙虽然被下放到外职，但以招募义军的能力取得了一定的兵权。同时在海、陆两军之中有李舜臣、权栗这样的潜力股。派往明廷求援的李德馨也是柳成龙的亲信，果然大明帝国援军一到，主将李如松便点名要柳成龙前来助阵。

一时间南人党声势大振，俨然成为朝堂的主宰。但月盈则亏的道理，自古便是官场颠扑不破的铁律。就在朝鲜宫廷重回王京，柳成龙官复原职的同时，南人党也成了朝野上下的众矢之的。为了能把南人党打倒，北人党试图抓住南人党的根基予以沉重打击。在明军主力撤出朝鲜后，支撑南人党的主要军事力量就是屡立战功的李舜臣领导的朝鲜水军了。因此，在北人党看来要除掉柳成龙，就要先把李舜臣除掉。

万历二十五年（1597）农历二月二十六日，三道水军统制使李舜臣被革职治罪押送到了义禁府，最终是"统制使李舜臣……徒欲掠人之功，欺罔状启，卒之贼船蔽海而来，尚不闻守一嘴、婴一锋。后起船只，直路出来，由其纵横，莫为之图，其纵贼不讨，孤恩负国之罪大矣"。

由于朝鲜国王李昖下令"国罪不容恕"要求"鞫问至自白为止"，因此李舜臣多次受到了严刑逼供，但好在南人党在朝堂之上仍占据主要席位，朝鲜水军诸将如李亿祺、忠清道水使崔湖等人也为其鸣不平。最终朝鲜官方也觉得对李舜臣通敌、谋反的指控有些站不住脚。于是免其死罪，再度让他白衣从军。而柳成龙在关键时刻没有保护自己心腹的行为也令南人党上下寒心，为其最终失势埋下了隐患。

李舜臣虽然在通敌一事上颇为冤枉，但他所在的全罗道，地方军政混乱，加藤清正登陆之后，朝鲜中央对全罗道的兵额一无所知："全罗一道之事，极为紊乱。臣欲见兵额……而使八道上曹，则黄海等道，皆已上送，全罗道则寂然无声，极为虚疏。"

因此，加藤清正虽然仅率七千人渡

李舜臣画像

海，但朝鲜人只能坐视其整修营垒，既不能堵截于海上，更不能逐出国门。权栗集结朝鲜军二万三千六百人驻屯大邱，逗留不进，以至于日军得以在朝鲜人的"多方配合"之下，从容修复之前依照丰臣秀吉指令拆毁的倭城。

加藤清正登陆之后，朝鲜国王李昖打算按明廷旨意，派出高级官员再次出使日本，被柳成龙等人阻拦。柳成龙甚至用不必跟日本讲理来反对李昖派遣使节，称即使是宗主国下旨，也不能对日本示弱。因为此事拒绝与日本达成任何协议，成为一面合乎大义的旗帜。无论是不与小西行长配合挫败加藤清正导致和谈失败，还是抗旨拒绝遣使而致日本重启战争，在柳成龙、金应南这些人的眼中，都是正确的。

但柳成龙等人对朝鲜无力抗衡视而不见，只寄希望于明朝再次出兵，也未曾提前为援军预备好后勤物资。不仅如此，朝鲜对本国士兵也异常苛待，地方豪强要求他人代行军职，剥夺兵曹下发的物资，乃至有士兵不堪重负而自尽。大战将起，朝鲜大量军官称病离职，训练士兵的都监也名不副实，兵员数量也很少。而且地方离心，全罗道当时不光兵员不肯上报，连科举选才，该道儒生都拒绝赴举，以至于金应南要求将全罗一道断绝显宦以示惩戒。

加藤清正一边重建西生浦倭城，一边派人向朝鲜要求与松云惟政或黄廷彧、黄赫相见。松云惟政是之前刘綎与其谈判时的代表，黄廷彧、黄赫是之前朝鲜两位王子的陪臣。加藤清正此举是意图以外交手段满足丰臣秀吉强迫朝鲜低头的政治要求。沈惟敬对此极不看好，并告知朝鲜国王李昖，加藤清正此人无法谈判，他现在谈判，不过是认为不需要打仗就能从朝鲜索取王子入质："至于清正，凶恶太甚，难与讲好……此必自谓不烦干戈，当坐致王子，故有是请也。"加藤清正也果如沈惟敬所言，以远超丰臣秀吉最初七条的条件，拉开了所谓西生浦和谈的序幕。

小西行长等人试图达成的仅是朝鲜王子作为使节，到日本致谢，之后就可以返回朝鲜。而加藤清正开口就是朝鲜国王李昖渡海请降，让朝鲜全国并入日本。加藤清正一开始便定下了要求朝鲜举国投降的基调，但本意还是与第一次谈判一样，希望能压过小西行长一头。

朝鲜放任加藤清正登陆，反而在和谈期间偷袭提前向朝鲜报备、在海岛获取木材的小西行长部后勤人员，在日方抗议后违约杀人夺船，以至于柳川调信大骂朝鲜人毫无信用："日本斫木之人，或以拘擒，或夺行装云。如此鼠窃狗偷之事，则徒愤无益。即招其所，回泊本处，放送拘人，以待老回何如……三月十又五日，日本丰臣调信着名，禀朝鲜兵马金节度使足下：'先日与足下，巨济岛中取材木之事，坚定约束，故使水路而斫取材木耳。曩日我阵中五岛船一只，水人十五名取来还来之际，专船剽夺，不知其所去。又金海阵中大船一只，水人三十二名斫伐材木之时，专船杀其人，夺其船，岂有道理乎？'"朝鲜的动作迫使日方的反战势力也开始与朝鲜敌对。

除了在外交上对朝鲜进行恐吓，丰臣秀吉的军事部署也在有条不紊地进行。万历二十五年（1597）二月二十一日，丰臣秀吉开始大规模调动军队，预备第二次渡海侵略朝鲜。从丰臣秀吉阵立书的指令来看，这次的战争并无消灭朝鲜之意，主要目标是赤国（全罗道）和青国（忠清道），意图占领朝鲜南部沿海地区庆尚、全罗两道，在外交上迫使朝鲜低头之后，用军事手段达成事实上对朝鲜南方领土的占领，以此弥补第一次登陆朝鲜至册封使抵达之前这段时间里耗资巨大的侵朝战争受到的军事挫折，以及在明廷册封日本国王前后大地震毁灭都城桃山城对丰臣政权在政治、外交领域的巨大打击。

日本此次军事行动较为迟缓，从二月下令至七月中旬，日军才最终全军登陆。与第一次登陆意图一举吞并朝鲜，导致兵力分散，在明军的反击下全线溃退不同，丰臣秀吉通过明、日和谈期间的多次军事试探，看出了明军无力深入朝鲜南部进行大规模作战的弱点，先集中兵力确保庆尚道多个倭城作为桥头堡。

二、再征

鉴于第一次出征朝鲜时宇喜多秀家的表现并不能令人满意，丰臣秀吉此番特意更换了总大将。但此时的丰臣家人才凋零，选来选去，丰臣秀吉最终只能令浅野宁宁收养的辰之助来统领大军出征。

从血缘亲疏来看，辰之助作为丰臣秀吉的养子自然是值得信赖的。而考虑到此时的辰之助已于万历二十一年（1593）被"大佬"小早川隆景收为养子，此时由其担任征朝主帅，能获得更多毛利氏将领的支持和拥护。

年仅十五岁便指挥大军的小早川秀秋

当然丰臣秀吉此举除了有意借机侵吞小早川氏名下筑前、筑后、肥前三国总计三十余万石的领地之外，自然也不免有为自己的亲生儿子丰臣秀赖铺路的图谋。但他忽略了最为重要的一点是，此时无奈改名为小早川秀秋的辰之助，年仅十五岁。

当然，丰臣秀吉也不是没有考虑过这个问题，因此按照丰臣秀吉的安排，此番身为总大将的小早川秀秋并不需要像宇喜多秀家那般深入前线，只需要统率着一万精锐"守备队"坐镇日本在朝鲜的前进据点——釜山浦便可以了。而在釜山浦周边的朝鲜庆尚道沿海地区，丰臣秀吉同样安排了部队留守，其中立花宗茂留守安骨浦，高桥统增、筑紫广门留守加德岛，小早川秀包留守金海竹岛，浅野幸长守西生浦。

除了留守部队外，此次奉命出征的日军依旧编组为多个军团。其中第一军团为加藤清正所部一万兵马独立组成；第二军团则由统帅小西行长指挥，下辖宗义智、松浦镇信、有马晴信、大村喜前、五岛玄雅诸将。值得一提的是，虽然下属将领人数相差不大，但此番出兵宗义智所部兵马从第一次出征时的五千人锐减至一千人，导致整个军团的兵力也从第一次出征时的一万八千余人减少至一万四千余人。

第三军团依旧是由黑田长政挂帅，只是由于大友义统此前被丰臣秀吉夺取了封地，此番已无力出征。因此第三军团不得不与此前第四军团的毛利胜信所部合流，才勉强凑齐了一万兵马。反倒是锅岛直茂由于此前在碧蹄馆之战表现抢眼，被丰臣秀吉擢升为第四军团的主帅，获准统率所部一万精锐独立行动。

与锅岛直茂同样得以自领一军的，还有原本隶属于毛利胜信麾下的岛津义弘。此番被任命为第五军团主帅的岛津义弘，也似乎摒弃了此前出工不出力的态度。此番出征朝鲜不仅实打实地带出了一万精锐，更准备了三百五十四战马和八十一艘大小船只，俨然是准备大干一番了。

第六军团的一万三千兵马由四国岛枭雄长宗我部元亲以下的濑户内海各路人马组成。值得一提的是，此前侍奉丰臣秀吉之弟丰臣秀长的武士藤堂高虎此番率部也作为一支独立兵马出现在了战场之上。而第七军团则依旧由上次征朝之役中始终出工不出力的蜂须贺家政、生驹一正以及胁坂安治组成。在他们身后的，则是担任全军总预备队的毛利秀元和宇喜多秀家所部。

虽然毛利秀元和宇喜多秀家所部兵马合计不下四万，但根据第一次征朝的经验来看，这两位"大佬"是轻易不会拿出自家的本钱为丰臣秀吉搏命的。是以，此番丰臣秀吉、熊谷直盛、早川长政、垣见一直、毛利重政、毛利高政、竹中重利、太田一吉八人作为军监，监督前线诸将。他们每天都要记录战场情况，并将战报送于釜山浦。寺泽正成在朝鲜釜山浦与日本壹岐岛、对马岛、名护屋之间设置了联络用的船只，以便将前线战报送到丰臣秀吉手中。

与再次发起侵朝之战并志在必得的丰臣秀吉不同，许多日军将领其实已经非常厌战了。明军进入朝鲜以后，除了小西行长一直在向朝鲜泄露日军的军事情报外，驻守在庆尚道竹岛的锅岛直茂等人也纷纷派遣部将与朝鲜方面私下接触，以求能避免冲突。

但日本方面的这些作为被朝鲜方面视为挑衅和阴谋，出任朝鲜都体察使李元翼更是亢奋，主动向朝鲜备边司建议，希望能够在日军大部队渡海而来之前，出兵击破目前仍屯守在朝鲜沿海地区的日军部队。但手握重兵的都元帅权栗不肯出兵，一番扯皮之后，最终决定由接替李舜臣出任三道水军统制使的元均率领朝鲜水师去攻打驻守在安骨浦、加德岛的日军。

船小兵少的朝鲜水师并不适合主动进攻

元均和李舜臣私交甚恶，李舜臣甚至在自己的《乱中日记》中写道："在天地之间，像元均这样凶恶的人实在是非常少有的。"但常年与日军周旋的经验还是令其认识到朝鲜水军的长处在于机动游击，正面与日军交锋并非取胜之道。因此，对于主动出击的命令，元均一直都是能拖则拖。

但随着权栗连续三次派遣军官前来催促，李元翼也派从事官南以恭亲自过来坐镇，扛不住压力的元均不得不于万历二十五年（1597）六月十八日从闲山岛派水师出战。但此时的朝鲜水师士气低落，六月十五日点兵之时，全军总共不过五千人。

六月十九日早上，朝鲜水师以鹤翼阵，径直向安骨浦倭城发起进攻。一时间擂鼓呐喊、争先奋进，倒也颇有几分气势。但面对日军"炮矢并下，海岸俱震"的强大火力，朝鲜水师很快便败下阵去。其中朝鲜水军将领之一的宝城郡守安弘国也被日军的铁炮打穿脑袋，当场毙命。

朝鲜水军进攻安骨浦和加德岛的失败，令日军完全掌握了制海权。从六月二十三日开始，日军大部队陆陆续续从日本渡海而来，正式揭开了丰臣秀吉第二次出兵侵略朝鲜的序幕。由于倭乱再次爆发的 1597 年是日本纪年"庆长二年"、干支纪年"丁酉年"，因此被日本称为"庆长之役"，被朝鲜称为"丁酉再乱"。

得知日军大举渡海的消息，朝鲜三道水军统制使元均不得不令庆尚道右水使裴楔以大船两艘为先锋，进探日军动向。万历二十五年（1597）七月八日，朝鲜水军先锋行至熊川附近海域时，与日本船队爆发遭遇战。由于这支日本船队多为运输船而非战舰，因此接战不久，日本水手便在朝鲜水军的箭雨之下，选择了弃船而逃，朝鲜水军得以缴获了十艘运输船及船上的二百余石军粮，但很快日军大批增援部队赶到，裴楔最终不得不将缴获的船只烧毁，率部退回了闲山岛。

熊川海战，朝鲜水师虽然不能说大获全胜，但多少也算是有所斩获的。但身为都元帅的权栗以元均不亲自出战、畏贼避战为由，将对方招至自己的指挥部所在地昆阳，以一顿棍棒责打，逼迫元均出兵与日军决战于海上。含愤而退的元均在权栗的施压下，同时也为了证明自己的能力，于七月十四日，亲自率朝鲜水军从闲山岛出发向日军重兵屯聚的釜山浦出发。

朝鲜水军至闲山岛发船，前往釜山洋面，此时日军已占据沿海多处要害，朝鲜水师深入釜山一带后，日军在海岸登山居高临下，传报水军各部集结。当元均抵达绝影岛之时，船只已无泊碇之处，远海洋面日船弥漫。元均意图进战，庆尚右水使裴楔建议转移，但是元均不听，日军以疲兵战术，引诱朝鲜水师追击，但是不与朝鲜正面交战。

眼看船只四处漂零，船队队形瓦解，元均只得收拢船只，退往加德岛，途中全罗道右水使李亿祺部七艘船离队。朝鲜水师以大型桨帆船为主力，且以橹为主要动力，军士连日摇橹，加之风向不顺，船只速度较慢。日军水军战船五百余艘掩后追击，元均退往永登浦，日军水军主力未动，以快船五十余艘赶至永登浦设伏，元均见日军船队尚远，下令登陆取水休整，遭到日军伏击，阵亡四百余人，只得退兵巨济漆川梁。

七月十五日夜，元均召集诸将商议，意图与日军死战。庆尚右水使裴楔建议撤退，却被元均以"贼势至此，百难支矣！天不助顺，为之奈何？今日之事，一心殉国而已"为由拒绝，并下令船队列阵部署伏兵，而裴楔与所管船队将领私下密谋逃走。日军以小船潜伏附近，窥探朝鲜船只布防情况，在发现朝鲜的伏兵船后，以几艘兵船绕后，烧毁朝鲜伏兵船四艘。

遭遇日军小型战舰围攻的朝鲜水师

十六日卯时（早上五时至七时），日军围朝鲜水师三四重。元均下令各舰放锚，意图仗船只高大，与日军进行决战。战斗激烈，裴楔及所属十二艘战船却观望不战。元均命军官拿捕裴楔，欲行军法，裴楔拔锚弃阵而去，导致朝鲜水军阵形大乱，元均不能节制，各船拔锚而走。

在溃败之势无法挽回的情况下，元均只好与顺天府使禹致绩、宣传官金轼等人弃船上岸逃走，但日军还是不放过元均，登上陆地进行追击。元均因为年纪大了，加上身体肥胖，实在跑不动，就手握着剑，独自坐在松林下。据说，元均饭量很大，一顿饭要吃一斗饭、五条鱼、三四只雏鸡，所以非常胖，影响到了他在生死存亡之际的逃命速度。因为肥胖身体的拖累，元均被六七个日军挥刀杀死。

在元均战死的同时，全线崩溃的朝鲜水师同样死伤惨重。全罗道右水使李亿祺、忠清道水使崔湖、助防将裴兴立与安世熙、加里浦佥使李应彪、咸平县监孙景祉、别将柳海等，或被杀害，或溺水身亡。李舜臣麾下战功赫赫的朝鲜水师主力至此可谓全军覆没。

七月二十四日，当漆川梁海战战败的消息传到朝鲜朝廷以后，朝鲜国王李昖在别殿召见大臣和备边司堂上，商讨应对日军之策。会上朝鲜国王李昖虽然第一时间听从李恒福、金命元等人的建议，重新起用李舜臣，任命他为朝鲜三道水军统制使。收拾忠清道、全罗道余船，用以防备日军。但对大明依旧驻守在朝鲜南部的军队缺乏信心，甚至感叹说："我国至今不知贼之兵势，每云'唐兵、唐兵'。贼若动发，则数千天兵，可以防御乎？"

朝鲜国王李昖的话并没有说错，随着日军的大举登陆，驻守南原等地的明军的确孤掌难鸣。但此时的明神宗朱翊钧已然对反复纠葛的朝鲜局势失去了耐心，决定派出更多的精锐部队，以求一举解决日本对朝鲜的威胁。

三、再援

由于距离和通信手段的限制，当朝鲜坐视加藤清正登陆，并反复邀请朝鲜再次谈判之际，有关"日军占领了庆尚道，正在进攻全罗道，朝鲜即将灭亡"的奏报已在北京城中甚嚣尘上。不胜其扰的明神宗朱翊钧当即否决了兵部尚书石星亲自前往朝鲜平息战乱的请求，决定改变此前册封丰臣秀吉、调和日本与朝鲜矛盾的原有国策。

丰臣秀吉再次出兵，导致石星、沈惟敬等倾向由朝鲜、日本两国自行解决，明朝不做过多干预的稳健派倒台。封贡久拖不决，册封使半路逃亡，册封最终失败，日本再次武力恐吓以及朝鲜人误导性的上奏，使恼羞成怒的万历皇帝将朝中的稳健派一扫而空。和谈主导者兵部尚书石星被罢免待罪，蓟辽总督孙矿被革职，册封使杨方亨被革职永不录用。明廷政策主张大举出兵，以武力解决日本的激进做法。

在朝鲜人刻意扩大的信息影响下，误以为日军已大举登陆的明朝开始紧急备战。明神宗朱翊钧命吴惟忠再度前往浙江招募南兵，同时在浙江沿海开始扩军及整备船只、工事、器械，以预备日军海上登陆。为了毕其功于一役，明神宗朱翊钧在全国范围内大规模调动军队，意图一举解决日本问题，征兵达十万人以上。至三月命兵部左侍郎邢玠代孙矿为蓟辽总督，经略御倭兼理粮饷时，已征调南北官兵一万九千余人。

由于此时李如松已在与鞑靼部的冲突中不幸战死，这些先发部队以总兵麻贵为提督，统领宣（府）、大（同）兵一千人，副总兵杨元统领辽东兵三千人，副总兵吴惟忠统领南兵四千人，游击牛伯英统领密云兵二千人，游击陈愚衷统领延绥兵二千人，陆续渡江，前往朝鲜。

经历了宁夏平叛之后，麻贵便基本处于无仗可打的赋闲状态，此番被起用为备倭总兵官，不久又加封为提督，自然是急于表现自己。是以，他第一时间便向邢玠秘密建议："宣大兵先至，乘倭未备，径取釜山，以挫其锐气。"同样急于建功的邢玠当即表示："直取釜山，则行长可擒，清正可走，此是奇计，而其势不可止之。"

经过一番简单的磋商之后，万历二十五年（1597）四月二十六日，邢玠命杨元所部三千人前往忠州、吴惟忠所部四千人进驻南原、茅国器所部三千人进驻星州，陈愚衷所部进驻全州，试图以明军前锋一万二千人的兵力，压制大举来犯的日军主力。

然而，邢玠的这个作战计划显然过于乐观，最终由于明军指挥阶层过分轻敌，导致明军兵力分散，且孤军深入朝鲜南部。七月麻贵渡江，在真正了解朝鲜现况之后，他才知道王京距釜山有一千四百余里，忠州、南原相距数百里，以朝鲜当时的通信和交通条件，根本不可能用骑兵突袭釜山。

况且，日军驻屯地周边地势险要，在南下釜山的陆路当中，梁山段仅容一马单行，大军无法快速通行，釜山与加德、安骨浦、机张等地互为掎角，孤军进攻釜山会有全军覆没的危险。

若进攻加藤清正驻扎的西生浦，则一路多为水稻田，骑兵同样无法快速通行，只能走水路，但明军在朝鲜并无水兵。在后勤方面，朝鲜的表现一如既往的糟糕，麻贵只好一边奏请大军水陆并进，一边建议派员在朝鲜大举屯田，以备明兵军需。

麻贵选择了暂缓进军，令已经抵达南原的杨元所部三千兵马成为了一支孤军。此时，抵达朝鲜南部的日军，除了小早川秀秋（六月十九日名护屋出航）、毛利秀元（六月二十四日下关出航）、太田一吉、长宗我部元亲（七月七日抵达釜山）、浅野幸长（七月二十日抵达西生浦），其余大部已经渡海，可用兵力在九万人左右，远非杨元部和吴惟忠部所能抵御。日军后续约五万人最晚也在七月中抵达，为此时在朝明军总数的十倍有余。因两军兵力悬殊，杨元与沈惟敬密谋以缓兵之计待援军。

然而，沈惟敬出发与小西行长议和之后，麻贵便派人追捕沈惟敬，杨元不得不亲自赶至宜宁将沈惟敬抓回，押解回王京。此后，明军中再无和谈之声，一万二千余名明军开始执行对十四万日军的作战计划。

漆川梁海战之后，完全掌握了指挥权的日军分为左右两路，右军从陆路进攻全州，左路在水军掩护之下进攻南原。右军主帅为毛利秀元，统领加藤清正、黑田长政、锅岛直茂父子、池田秀氏、中川秀成、长宗我部元亲，所属兵力为六万四千余人。

左军主帅为宇喜多秀家，统领小西行长、宗义智、松浦镇信、有马晴信、大村喜前、五岛玄雅、蜂须贺家政、毛利吉成父子、生驹一正、岛津义弘、岛津忠丰、秋月仲长、高桥元种、伊东祐兵、相良赖房，所属兵力约五万人。水军为藤堂高虎、加藤嘉明、胁坂安治、来岛通总、菅达长，所属兵力约为七千二百人。

此时沈惟敬已被抓捕至辽东，听闻朝鲜大败，命令所部把总、家丁及通事前往小西行长处试图劝退日军。小西行长与岛津义弘等人当时都在岳阳，却只能告知使节丰臣秀吉已下定决心要获取朝鲜全罗道，赠金银刀剑，礼送沈惟敬使节出营。

八月五日，岛津义弘部抵达庆尚道昆阳，搜捕山中避乱的朝鲜农民，进行杀戮、切鼻，以充军功。七日，岛津义弘部抵达全罗道求礼，先锋迫近南原境内，藤堂高虎部也逼近南原。

八月八日，杨元下令南原驻军分兵布防，城墙守军八百人，羊马墙内守军一千二百名，游军一千名，并派遣家丁前往朝鲜军中督战守城。十日，杨元焚毁山城及城外民舍，全罗兵使李福男欲守南原，但朝鲜军四散，至南原时仅剩五十余人。

八月十一日，日本侦察部队越过宿星岭，在南原附近侦察。八月十三日，日军前锋小西行长部抵达访岩峰，列阵竖起大旗，放炮吹角，传递消息。后续日军主力进至南原城东南蓼川边，兵分三路，包围南原。日军先锋百余人，以散兵模式抵近城下，施放火绳枪，射击完毕便趴伏田间。他们三三五五为一组，射完伏地退后，装填弹药，再伏地前来放枪，日军主力则在远处列阵，以此反复袭扰守军。

守军用胜字铳筒反击，胜字铳筒为火门枪，反应时间较火绳枪迟缓，要等引线燃烧完毕才能引燃火药发射，需要长时间瞄准目标，难以命中乍起乍伏的日军散兵，因此守城士兵屡屡中枪而死。当时杨元与李新芳在东门，千总蒋表在南门，毛承先在西门，兵使李福男在北门，杨元见反击不利，传令城中不得浪费弹药。

中午，五名日军抵近东门大桥外试探，遭到朝鲜火枪手数人齐射，被击毙三人。探知守军火力射程之后，日军大举进攻南原，进至城外百步左右，齐射火绳枪。城内守军则连续发射震天雷进行反击。在当时的军事技术条件下，想尽可能地发挥排枪的威力，则需要火绳枪兵排列密集阵形进行连环射击，震天雷属于爆炸弹丸破片杀伤，对于密集阵形威胁很大，日军只能暂时退兵。

杨元认为日军白天都敢大举进攻，夜晚必然会乘虚而入，下令在城外桥头撒放铁蒺藜，铺设钉板，亲自在城门处等待夜袭。二更（二十一点至二十三点）时分，日军偷偷撤去钉

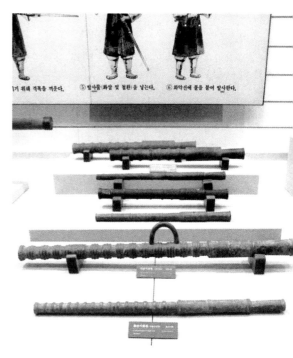

朝鲜王国的胜字铳筒

板，派兵预备过桥，被埋伏已久的明军斩杀，杨元随后下令拆毁壕桥。日军见夜袭失败，在城外四面举火，向城中连放火绳枪，直至天明。

八月十四日，日军在南原城外四周进行土工作业，赶造云梯，填塞南原护城河源头大母泉，为防明军出城反击，日军在壕外修筑长达百余步的三重木棚，以木板为掩体，掩护火绳枪兵射击，以防明军反击。南原南门外民居稠密，杨元在焚毁城外屋舍之后，这批房屋屋顶虽然垮塌，但石墙土壁还有大量残留，日军依托残存墙壁为掩体，用火绳枪压制守军，在城壕之外吊桥附近搭建木棚以俯射城中，导致东南城墙之上的明军伤亡惨重。

八月十四日中午，日军以排枪齐射呐喊，恐吓南原守军，用轮车驮载万福寺四天王，在西门外来回夸耀。杨元认为此时反击时间已到，下令调集千余骑兵出城反击。明军出城之时，日军诈败退兵，在道路两旁埋伏，意图包围出城明军，被杨元察觉，急命收兵回城坚守。

八月十五日，杨元在东门鸣锣，城中寂静无声，他随后命管家向城外日军喊话，五名日军前往东门石桥外跪请听令。杨元命通事向日军传话谈判，日军向访岩峰（小西行长处）汇报后返回东门，带杨元使节前往访岩峰。傍晚，日军五名使节抵达东门，杨元命使节从南门入，在龙泉馆谈判。小西行长称可以放开包围圈，让杨元部退出南原。杨元以没有上级命令、不能弃城为由拒绝。日军使节出城之后，再次建议杨元退兵，杨元不应。

谈判之时，日军割取城外杂草及水田中稻禾，捆为大束，预备填壕，大量草束堆积在城壕外的墙壁之间。当时陈愚衷领三千兵马在全州，麻贵在出兵之时与杨元、陈愚衷约定，若日军大举进攻，南原向全州告急，全州报告公州，公州向汉城的麻贵汇报，梯次向前线驰援。而陈愚衷在全州之时，既不向南原派遣援军，也不对汉城告急。从十一日日军斥候越过宿星岭至此时，南原援军五天毫无音信，南原守军逐渐丧失信心。

八月十六日，日军对南原城发动总攻，此时日军总兵力已达五万六千余人。日军以排枪压制守军后，投草束填平城壕，接近羊马墙后铺设斜坡用以登城，最终攻破南原城南门。明军退避北门，意欲突围，日军放开北门，在道路两旁伏击，以长刀乱斩，明军几乎全军覆没。杨元听闻南门已破，领家丁十八人至西门出城。西门为小西行长部，让开道路放杨元离去。最终杨元所部三千余人，仅逃出百余人。

四、稷山

就在小西行长率日军左翼部队攻占南原的同时，统率右翼的加藤清正也夺取了被朝鲜方面视为要冲的黄石山城。自漆川梁朝鲜水师战败之后，朝鲜军队闻风而溃，防守各城的朝鲜驻军就地解散，以躲避日军。都体察使李元翼以黄石山城为庆尚、全罗二道要冲，命安阴县监郭䞭、金海府使白士霖、前咸阳郡守赵宗道，以及安阴、居昌、咸阳三县军民入驻山城防守。

八月十六日，加藤清正经咸阳抵达黄石山城，命通事召城中金海人介山，称"尔父来此，开门出见"。介山之父在战乱初期便投靠了日本，白士霖为防介山成为日军的内应，下令将他处死，把尸体丢到城外。次日，日军高呼空城出逃者免死，随后在当晚组织攻城。加藤清正攻南门，锅岛直茂父子进攻西门，黑田长政攻东门。

面对日军的猛烈攻势，用他人的性命来表达决心的白士霖彻底丧失了斗志，他将家属及部将以绳梯缒城而出，他本人虽然由于身体肥胖，无法以缒城方式出逃，却还是找到了降倭沙白鸥帮助藏匿，天明后逃出城外。黄石山城沦陷后，郭䞭、赵宗道携家属殉国，军民死亡五百余人。

日军攻占南原的第二天，左军小西行长等部抵达全罗北道任实。任实位于南原北方约四十里处，在南原和全州道路中间。八月十八日，左军开始向全州方向运动。全州守将陈愚衷弃城而逃。十九日，左军占领全州。

右军加藤清正等在占领黄石山城后，于十八日进入全罗北道云峰地区，进入智异山地区搜索逃亡朝鲜的军民，并抢掠寺庙财物，随后于二十日转向长水，于二十二日抵达镇安，往全州方向前进，一路烧杀抢掠，于二十五日抵达全州，与左军会合。

两路日军在全州短暂休整，交换情报，两路主帅举行诸将会议，商讨下一步作战计划。丰臣秀吉派出的使者，也在此时向日军传达前往庆尚、全罗（顺天）沿海要害地区，修筑城池以备防守的指令。

日军诸将会议中总结了第一次作战时的经验教训，即忽视了全罗道方向的朝鲜水师通过海路交通，威胁日军侧翼及后勤线："壬辰之役，八道皆陷，而朝鲜扶持至此者，水路相通，两湖之力，以及西路之致。为今之计，莫若分兵水陆以梗援路。"（《乱中杂录》卷三）但日军诸将对于丰臣秀吉的筑城指示有分歧，商讨后决定分兵两路，支持扩大战争的一路，北上进攻忠清、京畿两道，不愿将战争扩大的一路，则南下洗劫全罗道后就地筑城。

会后，参加南原之战的藤堂高虎以下水军，脱离左路日军，前往海边整备船只，锅岛直茂及长宗我部元亲等部二万五千人（原额）并入左军，左军兵力调整后为六万四千余人（原额）。宇喜多秀家、小西行长等南下朝鲜沿海扫荡，岛津义弘等人率军前往全罗道西部。右军主力为毛利秀元、加藤清正、黑田长政，全军四万余人（原额），于八月二十九日至全州集合北进，于九月七日抵达全州。

在攻占全州之后，日军征朝诸将议定三路分兵：北上汉阳、东攻庆尚、扫荡沿海。必须指出的是对于以上三个战略目标，日军的兵力配属是倒置的。北上汉阳的任务由黑田长政、毛利秀元两人担当，此二人虽然都与丰臣秀吉沾亲带故（一个是丰臣秀吉的养女婿，一个是丰臣秀吉的侄女婿），但此时都已经淡出了丰臣系核心。他们二人所部兵力不超过三万人。此次北上与其说是准备再度攻占汉城，不如说是攻敌所必救，牵制中朝联军主力。

漆川梁海战大败，南原之战大败，黄石山城之战大败，全州守军弃城，明军在全罗道境内的布置全面瓦解，朝鲜各地官员、百姓逃散，以至于京畿道振威县以南，人烟断绝。此时以右佥都御史的身份奉命经理援朝军务的杨镐当时正在平壤，得知南原败报，军心动摇，自平壤日夜兼程赶往王京，于九月三日入城督战。杨镐与麻贵商议，连夜挑选各营精锐骑兵二千人，命解生、牛伯英、杨登山、颇贵四将率领，南下迎击北上的日军，以稳定王京人心。

据朝鲜史料《象村稿》记载，解生"骁勇善战，临战必先登"，颇贵"勇健善战"，杨登山"勇敢善战，临战必先登"，是明军中一等一的勇士。九月七日，解生等四将率明军抵达稷山以南十里。该地地形复杂，明军在此预设伏兵。黑田长政部先锋黑田图书助、栗山四郎右卫门自天安北上，于当天黎明抵达稷山地区。日军穿着白色的衣服，天色昏暗，明军以为是朝鲜逃难百姓而未做防备，导致伏兵阵地被日军发现。

明军直到日军前锋逼近放枪才发觉，仓促上马出击，但日军以步兵为主，无法抵挡明军的精锐骑兵，阵形被一冲而散，军兵四逃，被明军箭射棍打，斩杀五百余人，残部登山据守，与黑田长政本部会合，毛利秀元部也前来支援。日军居高临下，凭借兵力、地形优势，同明军骑兵僵持。战至中午，明军收军暂退。

解生等部以日军势大而敌众我寡，当晚自稷山

骁勇善战的明朝边军骑兵

经振威退往水原。杨镐命摆赛率骑兵二千人南下支援，各营列阵汉江，请
李昖亲出巡视军阵。摆赛至水原，与解生、杨登山、颇贵、牛伯英等部联
军后再次南下，在稷山县北素沙坪再次遭遇日军，斩首六十四级。

　　日军在稷山地区与明军的两次交战中损兵折将。十月，明军通过审讯
毛利部俘虏确认，日军在该地战死者达五百余人，反观明军损失，即使以
日军在稷山地区鼻切统计，仅损兵八十五人，双方在战斗力上相差较大。

　　当时主要参战部队为黑田长政部，毛利秀元部参战兵力不详，以黑田
长政一军五千人计算，当时被杀人员超过总兵力的十分之一，若以战兵人
数计算，阵亡战兵数已超过五分之一。即使不统计伤员，遭受重大伤亡的
黑田长政部短期内也已失去作战能力。

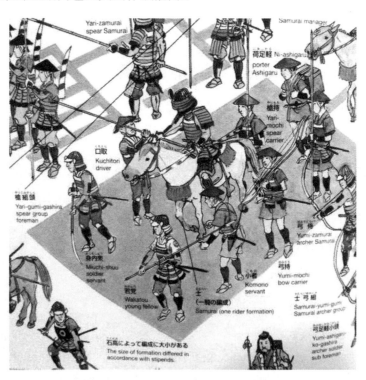

在日军的编制之中骑兵大多数承担着战列中心的任务，极少有大规模编
组的骑兵阵列

即使以黑田长政、毛利秀元两军合计，在有绝对人数优势的情况下，两战战死如此之多的战兵，且皆为前锋精锐部分。战损看似不大，但在失去后援的情况下，这种情况也是相当危险的。事实上，天安至稷山之间的第一场战斗，若非天安方向毛利秀元部及时救援，战兵战死超过五分一的黑田长政军，很可能会被明军当场击溃。

显然，面对明军的骑兵冲击在日本内战中自诩兵法出众的黑田长政显得很不适应。甚至有参战的日军写家书说："明军铁骑其势如长篠武田大军，望之极恐。"而黑田长政本人以稷山之战为耻，事后对同属右军的加藤清正部隐瞒了实际伤亡情况。"且稷山之战，甲斐守之军多死，耻而隐讳云，而不知其详也"。虽然黑田长政不愿意提及稷山之战，但作为友军的毛利秀元对此事津津乐道。

如毛利秀元的家臣志道广行编纂的《毛利家记》中便记载称："（毛利）秀元督军到天安，先锋黑田长政与大敌战，殆危。秀元驰救，而斩数千人。敌兵逃上山者，以译启秀元营曰：'我辈为援朝鲜，征发而至，与贵国无仇怨，尔后不复与贵国争，请怜而宥之？且请印记而为信。'秀元许之，印其旌而与之。"

也就是说，按照毛利秀元的说法，他是收到黑田长政在前线遇险的消息后，及时驰援，击杀明军数千人，最终溃败的明军奔逃上山还主动向其表示了求和之意。不过从面对仅有两千骑兵的明军却能取得"击杀数千"的战果，便不难看出毛利秀元是在大吹法螺。比《毛利家记》更夸张的，是后世成书的日本史料《历代镇西志》，此书声称，黑田长政、毛利秀元在稷山之战中打败了整整五十万明军，杀死数千人。《续本朝通鉴》同样荒诞不稽，居然说明军在稷山之战中死亡一万余人。

稷山—素沙坪之战的结局与碧蹄馆之战相似。明军因兵力悬殊最终退出稷山地区，但稷山之战再次展现了明军在野战当中的绝对优势。为确保在野外进军的安全性，日军需要在明军出击范围内以多个大名联军，保证相互支援且后勤通畅，才能避免被明军分割包围，所以日军在兵力配置和战术选择上均十分被动。

正在全罗各地劫掠的左军各大名，得知稷山战报后，于九月十六日在井邑召开军议，决定退往沿海地区，依托海运和沿海营垒，收缩兵力，从海路相互策应，确保后勤通畅以应对可能到来的长期围困，依托地形、工事，抵消明军骑兵在野战中对日军的压倒性优势。

九月九日，抵达镇川的加藤清正得知稷山的战况，与太田一吉举行军议，以此时朝鲜天寒地冻，气温不利于渡汉水与汉城的明军交战，且战线太长，人马需要休整为由，决定撤军南下。据现在的气象资料，韩国的首都十月（公历）平均气温为十至二十摄氏度，加藤清正以白昼二十摄氏度太冷不利作战为由撤军，实际上只是寻找一个借口来体面地撤离。

九月十日，加藤清正在竹山境内抢掠之后，掉头南下，打算经过庆尚道前往蔚山，而毛利秀元部、黑田长政部战后退往公州，于十五日抵达清州，分兵三路前往庆尚南道釜山地区，一路沿忠清北道青山、黄涧、星州南下，一路沿庆尚北道咸昌、尚州、仁同、大邱南下，一路沿庆尚北道闻庆、军威、比安南下。参将彭友德等人率部南下追截加藤清正于青山，斩首一百六十余级。

受明军反击的胜利鼓舞，朝鲜军队开始在各地偷袭日军。从九月至十一月，朝鲜各路南下的官军、义军，前后斩获日军士兵首级三百二十九颗："查照自本年九月以后，日期不等，有庆尚左兵使成允文，与贼战于义兴、庆州之间，连斩二十三级；金应瑞战于云峰、陕川之间，前后所斩，共一百一十九级；高彦伯与星州牧使李守一、别将文慎言等，战于星州等处，斩二十一级；李时彦与防御使朴名贤，战于清州等处，斩一百六十六级。"

九月二十一日，加藤清正自尚州南下，忠清兵使李时言与防御使朴名贤、平安兵使李庆浚、助防将李英男等将率军在后追袭，于二十二日率军到达达美县。日军携带大批辎重，前锋抵达比安县，后队还在达美县境内。李时言亲率降倭十五名及诸将突袭日军后队。加藤清正家臣福田堪介骑马而出，在阵前督战时，在李时言部降倭乱射之下，坠落马下，被投降朝鲜的日本人山禄古擒获。

福田堪介在加藤清正部的地位较高，明朝、朝鲜借此机会得到了日军相对准确的大量情报。其中重点提到了丰臣秀吉计划将捕获的朝鲜人运往日本，以替代日本农民耕作，再将替换下来的日本农民征发为士兵，运往朝鲜作战。同时要求加藤清正在十月内于蔚山地区修筑新城，短期之内尚无新的军事计划，主要目标是役使投降的当地居民，杀死抵抗者，以便蚕食地方。也就是说，战争有长期化发展的趋势。

显然，在发动第二次侵朝之役时，丰臣秀吉已经清醒地认识到，在大明帝国的阴影之下，日本鲸吞朝鲜半岛已成黄粱一梦，日本唯一取胜的机会便是在明帝国主力重新大举来援之前，扩大朝鲜半岛南部的占领区并将其要塞化，以期望国力远胜于己的大明帝国能够投鼠忌器，承认其武力之下实际控制区域为其法定领土。

数以万计的日本士兵和朝鲜劳工在泗川、固城、蔚山等地修筑倭城要塞的景象，与二战中后期日本不惜国力在太平洋诸岛修筑永备工事可谓别无二致。可惜的是历代日本统治者永远无法理解超级大国的思维模式：那些为了将对手赶出自己势力范围所付出的代价，永远谈不上高昂。

五、鸣梁

自万历二十五年（1597）七月二十八日侵朝日军分兵为左、右两军以来，短短两个月内，日军席卷了庆尚道、全罗道、忠清道。其中，日军右军最远打到了京畿道的竹山、安城，有直捣王京之势。当时，日本水军也很可能经西海（全罗道、忠清道、京畿道沿海）一路北上，到达汉江，袭取王京。

如果日军水、陆齐进，那大明本土也将面临极大的威胁，正如《两朝平攘录》所指出的那样：

"至于王京水路，正西则江华，西北则平壤之黄州，再北则嘉山、安州，西北则义州之鸭绿，此皆王京以上紧要水口。倭若进海而北，皆可以入。贼以一半从陆牵制于南，一半由水抄入于北，而吾兵反在其中。自此倏忽，而旅顺，而天津，而登莱，顺风扬帆，无不可到。"

漆川梁海战结束以后，由于元均率领的朝鲜水军主力被歼，朝鲜对日本水军绕经西海北上，直逼忠清道、京畿道更为担忧。早在七月二十三日，朝鲜国王李昖就针对这一问题说："舟师既破，凶贼所向无前。若因风攀帆，直指西海，则忠清、京畿等处，不日而至矣。须有远虑，瞭望把截……"

八月十四日，朝鲜国王李昖召见提督接伴使张云翼，再次谈到了日本水军问题。张云翼忧心忡忡地说："小臣有迷劣之忧，浮海之贼，若不意绕出西海，则腹背受敌，尤无措手之地。"对于如何防备日本水军的侵犯，张云翼提出了在忠清道的安兴梁聚集船只堵截日本水军的办法。朝鲜左副承旨金信元也提出相同意见，认为应当"收集余船，设一阵于安兴梁。又请天朝水兵驻于江华，以为声援，贼未得容易冲突。"

张云翼、金信元提议将防线构筑在安兴梁，正是为了防止日本水军绕至西海，直逼王京。他们猜得没错，日本水军的目的正在于此。《宣祖昭敬大王修正实录》记载，日本水军大将"号善水战，率其船二百余艘，欲犯西海"。《乱中杂录》也记载："（宇喜多）秀家由蟾津入闲山岛留屯，贼酋等先以千余艘，发送西海。"

为解除日本水军带来的隐患，被重新起用的朝鲜三道水军统制使李舜臣从庆尚道的晋州启程，渡过蟾津江，奔赴全罗道东南沿海的求礼。但当时朝鲜水军经过漆川梁海战的打击之后，仅剩下十几艘船，已经无力在此堵截日军。庆尚道右水使裴楔和全罗道右水使金亿秋聚集了剩余的船只，一路逃到全罗道最西南位置的珍岛碧波津。

李舜臣到达求礼以后，看到日本水军已停泊在港口。身边没有一艘船只的李舜臣只能带领十余名随从，经由小道，从全罗道东南的求礼一路跑到西南的珍岛，与庆尚道右水使裴楔和全罗道右水使金亿秋会合。

李舜臣到了珍岛以后，开始招募兵力，带着这帮"疮残余卒"在海面上巡视。看到的人都觉得这样做很危险，裴楔劝告李舜臣，不如舍弃船只，登陆上岸，但李舜臣不听。朝鲜朝廷担心朝鲜水军孤弱，也令李舜臣弃舟登陆，但李舜臣还是不听，上奏说："贼不敢直突者，实以舟师扼之也。臣一登陆，则贼必由西海达汉水，只凭一飘风，此臣所惧也。今臣战船尚有十二，臣若不死，则贼不敢侮我矣。"从这番话来看，李舜臣同样担心日本水军会经西海抵达汉江，直趋王京，这一点与朝鲜国王李昖、提督接伴使张云翼的担忧完全一致。

南原之战后，藤堂高虎等部南下全罗沿海，整备军船西进，意图扫荡朝鲜水师余部。八月二十八日，日军侦察船八艘，突入兰浦洋面，被李舜臣逐出。裴楔认为日军将会大举进攻，事态紧急，建议李舜臣舍舟登陆。水军弃船登陆，实际上就是逃跑，被李舜臣拒绝。

李舜臣于二十九日挥军，前行至珍岛碧波津，裴楔怯战，弃军而走，逃回星州家中躲避。九月七日，日本军舰十三艘进攻兰浦的朝鲜水师，被李舜臣击退。日军欲仿效漆川梁之战，于二更时分偷袭李舜臣。双方以火炮互射，日军见李舜臣早有防备，加上船只、兵力、火力均不占优势，于是退兵而走，李舜臣也下令退兵鸣梁。

九月十四日，李舜臣所部任俊英回报，兰浦日舰已集五十五艘。李舜臣与全罗道右水使金亿秋等人率战船十三艘、哨探船三十二艘，在鸣梁海峡列阵，命各地避难民船百余艘在后方洋面作为疑兵。十六日清晨，日军战船一百三十三艘顺着洋流向朝鲜水师发起进攻，以优势兵力突入鸣梁海峡，试图一举消灭朝鲜水师。

鸣梁海峡位于珍岛与花源半岛之间，最窄处仅有 300 米，日本水军船队鱼贯而入，无法发挥数量优势，对朝鲜水军侧翼进行包抄。李舜臣将座舰下碇，在中流炮击，其余军舰在两侧列鹤翼阵迎击。朝鲜战船在狭长的海峡出口，正对海潮流向抛锚驻定，相当于在潮流当中用战船制造了"人造船型礁石"。

朝鲜水师在海战中依旧以弓箭为主

日方军舰多为关船，较朝鲜船矮小，船体也较朝鲜船单薄，在大小和结构强度上不如朝鲜战船，在顺流而下之时，要避免在这些"人造船型礁石"上触礁，阵形难免会被打乱。又因是顺洋流沿海峡鱼贯而下，日舰无法回航，遭到朝鲜水师三面攻击。

但因为日本水军拥有明显的兵力优势，朝鲜诸将自度寡不敌众，都想着逃命。在这种危险的情况下，只有李舜臣敢于迎战，他下令摇起所乘船只的船橹，突入敌阵，对着日军船只乱放地字炮、玄字炮等各种铳筒，"发如风雷"。船上的军官也对日军船只不停射箭，"如雨乱射"，日本水军一时不能抵挡，一会儿进，一会儿退。然而日本水军终究仗着船只众多，将李舜臣的船只重重围困，而其他朝鲜船只观望不进。李舜臣船上的朝鲜将士见状，相顾失色。李舜臣好言安慰道："贼虽千只，莫敢直搏我船，切勿动心，尽力射贼！"

日军战斗越发疯狂。朝鲜将领萌生退意，弃李舜臣座舰而退，逃至一里开外。李舜臣枭首一人，以军法威胁诸将，避免了船队在战斗中溃散。"诸将等自度众寡之势，便生回避之计"，"安卫欲死于军法乎？汝为中军而远避，不救大将，罪安可逃"？安卫因畏惧军法，开船冲至日军阵中，无法脱出，遭到三艘日船接舷蚁附夺船。李舜臣回船相救，击沉其中两艘，趁日军士气受挫，连续击沉日舰二十艘。

藤堂高虎、来岛通总将座舰前移，指挥进攻。日军指挥船上竖有羽葆红旗，围青色罗帐。李舜臣船上有因在安骨浦犯罪、脱罪投降朝鲜的日本人俊沙，他向李舜臣指出，红旗船上穿红色衣服的人就是日本水军指挥官来岛通总。"俊沙谓舜臣道：'着画文红锦衣者乃安骨浦大将来岛通总。'"李舜臣命鹿岛万户宋汝悰、永登万户丁应斗，围攻日本指挥舰。来岛通总遭到重点攻击，身中数箭落海，被唐津浦权管金乭孙钩上船头，李舜臣下令斩之。

朝鲜发行的鸣梁海战邮票

　　来岛通总家老在战斗中多数负伤，藤堂高虎手臂中箭，毛利高政落海，后被日军救出。两军围绕日军旗舰展开激烈战斗。在战斗中，日军被击沉战舰十一艘，指挥官一伤一死，无力继续作战，溃散逃出。朝鲜水军大获全胜，是谓"鸣梁大捷"。战后，李舜臣连夜撤兵至宫唐笥岛。得到胁坂、加藤增援的藤堂高虎与菅达长于第二天返回鸣梁，占领了全罗右水营和珍岛。

　　鸣梁海战的胜负，由于参战双方事后各执一词的说法和对战局后续影响的不同看法，早已演化成了一出"罗生门"。朝鲜王国方面宣称，此役击沉日军战舰三十一艘，重创九十二艘，给对方造成了超过八千人的伤亡；而己方无战舰损失，付出的兵员代价更微弱到几乎不值一提，因此"鸣梁之战"堪称旷世大捷。

　　但对于这个说法，日本方面则认为此战不过是一场根本不需要记入战史的小规模遭遇战而已，己方舰队的确吃了点亏，但不过损失了几十人而已；何况战后日军还成功地控制了战场，攻占了李舜臣的水师基地。俨然一副"对我不利的事物都不存在，我才是胜利者"的模样。

综合全局来看，李舜臣水师无疑取得了鸣梁之役战术上的胜利：不仅成功地突破了对手海陆并进的围剿之局，还取下了来岛通总的首级以鼓舞士气并作吹谈之资。而站在丰臣秀吉的角度来看，以一个海贼大名的性命把李舜臣赶到远离名护屋—对马—釜山运输线的朝鲜西海岸也并非不能接受。

第七章：野战与围困
——大明援军的力挽狂澜及对日军据点的围攻

一、进逼

鸣梁海战发生的同一天，以宇喜多秀家为大将的日军左军在全罗道的井邑再次召开军事会议，商讨下一步的行动。参加会议的日本将领有宇喜多秀家、吉川广家、生驹一正、锅岛直茂、岛津忠恒、长宗我部盛亲、池田秀氏、中川秀成、熊谷直盛。军监早川长政、垣见一直也参与了此次会议。

经过讨论，日军左路军诸大名达成了五条共识，并写信向前田玄以、增田长盛、石田三成、长束正家四位奉行汇报，具体内容如下：

一、（日军左军）不久之前进入忠清道，现在回到全罗道，分出兵力讨伐尚未投降的地方。之后返回朝鲜海岸，准备在要地筑城。

二、忠清、全罗两道讨伐结束后，将呈上该地区的地图。

三、关于筑城的位置，虽然得到指示让小西行长守备庆尚道南部，但考虑到全罗道顺天郡的位置更加合适，因此变更。

四、原令立花宗茂守备釜山城，但考虑到釜山是与日本内地联络的重要中转站，需要准确发出各种报告、命令，因此让老练的毛利胜信守备这里更合适。

五、立花宗茂年轻力壮、斗志旺盛，因此应在岛津忠恒和锅岛直茂守备的城中选择一处，由他担任守备工作。

会议结束的同一天，宗义智的家臣柳川调信从任实撤向南原，九月十八日又撤往求礼；宗义智的另一家臣要时罗则撤向谷城。岛津义弘等其他日军部队从井邑撤向东南面的淳昌、潭阳，四散屯守于昌平、光州、玉果、同福、绫州、和顺。

在怯战心理的作用下，日军开始大举南撤

九月十九日，数千日军经南原撤往求礼，之后向庆尚道泗川撤退。同一天，另一路一万多日军撤往南原，九月二十日又撤往南原东面的云峰，之后经云峰撤向庆尚道咸阳。九月二十六日，岛津义弘、岛津忠恒父子撤向全罗道最南面的海南。同一时期，锅岛直茂、锅岛胜茂父子撤向全罗道海南东北方向的康津。

此时日军已经重建了册封时期拆毁的倭城，随后在南部沿海加筑了八座新城，加上原有的倭城，从蔚山至顺天沿海，含侧城在内，建成了三十个要塞或要塞群。从明军战后对日军各地筑城进行实地考察，并向兵部上交的绘图以及后世对倭城的考古发掘来看，日军在第一次侵略朝鲜之时经营的"狭义倭城"，是以釜山倭城为中心、以釜山周边郡县为外围据点修建的"文禄期倭城"。

从空间分布情况来看，"文禄期倭城"也可称为位于洛东江出海口周边的"釜山防御圈"。第二次侵朝时期的"庆长期倭城"修筑期间，日军参考釜山倭城及其外围据点的防御圈模式，分别以蔚山、泗川、顺天为中心，向周边地区进行扩张，与釜山周边要塞群落相互策应，其工事思路本质上是对"文禄期倭城"即"釜山防御圈"的复制，建成蔚山、釜山、泗川、顺天四大要塞群，最终构成一条防御带，形成对朝鲜南部沿海地区的实际占领，并通过这条位于朝鲜南部的防御带，达到事实占领庆尚南道南部、全罗南道西南部的目的。

日军左军自全罗道南撤的消息被明军获悉后，明军误认为日军大部队已经全部撤离全罗道，只剩下为数不多的日军还在全罗道烧杀抢掠。于是，副总兵李如梅"闻全罗道有留屯焚荡之贼，欲追杀得大功"。经理杨镐与提督麻贵商量，麻贵也"欲遣三四枝兵马，追杀贼奴矣"。

明军做出了追击全罗道日军的决策以后，在九月底派出一支先锋队自王京南下，抵达全罗道全州，进击任实南面的獒树驿。这时候有五十多名日军留守在獒树驿，在这里收割粮草。见三十余名明军骑兵驰来，日军扔下粮草，落荒而逃，一路向南逃窜到求礼。日军从獒树驿逃走以后，明军先锋继续南下，埋伏在南原的乡校后峰。

在明军的鼓舞之下，沿途的朝鲜兵卒也开始不断袭击南撤的小股日军。十月四日，南原城内的三十余名日军从城内先行撤走。镇安的五十余名朝鲜乡兵一路追击，最终在吾原驿附近追上这伙日军，并有所斩获。跟在朝鲜镇安乡兵后面对日军进行追击的三十余名明军，斩得日军首级四颗，生擒日军一人。十月五日半夜，南原城内的日军全部从城中撤走，明军与朝鲜军合力追击，明军生擒日军一人，斩获首级两颗，朝鲜将领李凡年亦斩获首级一颗。

十月六日，经理杨镐听闻"倭贼尚在（全罗道）任实、南原，而其数不多，且有不久将退之意"，决定次日再派遣副总兵李如梅，参将解生，游击颇贵、摆赛、牛伯英，领兵五千南下全罗道。提督麻贵也在随后亲自出兵全罗道，于十月十五日抵达全罗道全州。十月十六日，麻贵又从全州领兵南下，途经任实，在距离南原十二里远的北栗岘停兵屯驻。

明军南下后，驻守在全罗道谷城的宗义智家臣要时罗纵火烧毁谷城，撤向东南方向的求礼、顺天。与此同时，全罗道昌平的日军也在向庆尚道的河东撤兵，他们押送了一批朝鲜人搬运粮草。直到抵达全罗道与庆尚道交界的蟾津江，日军才将这些做搬运的朝鲜人放还。但是这些朝鲜人担心在归途中碰上不知情况的日军以致被害，便乞求日军护送。日军头目让数十名日军把这些人押送到南原的南村，结果在这里与三十余名明军士兵不期而遇。

明军士兵以为眼前这些人都是逃回来的朝鲜俘虏，刚想要搭话询问贼情，日军就拔出刀杀死了几名明军。明军立刻反击，射杀了两名日军，剩下的几十名日军和几百名朝鲜人全部落荒而逃。

南原南村之战结束后，这些明军沿江而下，在求礼渡口潺水驿设下埋伏。见有四十多名从顺天来的日军渡江北上，数名明军骑兵从埋伏圈内出来吸引日军注意力。日军见明军兵少，立即拔刀相向。埋伏在后方的明军一拥而上，以骑兵冲击日军的同时用弓箭进行射击。日军不敌明军，渡江南逃，结果又被明军追上，斩得二十颗首级，是为潺水驿之战。

明军骑兵在追击战中可以最大限度地发挥其机动性和骑射的优势

潺水驿之战结束后，麻贵的家丁率军前往攻打宗义智家臣柳川调信驻守的求礼城，在战斗中斩得日军首级四颗，夺取战马二匹，但是也有一名明军被日军用铁炮打死。此战，是为求礼之战。对于此战的过程，《乱中杂录》记载："（明军）直入求礼城，喊呼驰跃，贼兵四出围抱，天兵退走。"根据这一记载可知，明军攻打求礼城失败了，最后以撤退告终。

求礼城之战发生的同日，留在北栗岘阵地的麻贵与副总兵李如梅、参将解生等明军将领召开军事会议。在会议上，明军听说求礼地势险要，不利于骑兵施展，且日军人数众多，而明军人困马乏，已经缺粮三日，决定停止继续向求礼进兵，回兵至樊树驿驻扎。十月十七日，麻贵将前一天斩得的两颗日军首级送给李如梅，李如梅推辞一番后接受。在这之后，麻贵为避开求礼城的日军锋芒，将军队从樊树驿移阵至西南方向的长城郡。而日军方面，经过求礼之战也受到了惊吓。战斗结束后，柳川调信从求礼撤向蟾津江，之后乘船进入南海，撤往庆尚道的流山岛，在岛屿四周筑城、开凿城壕。宗义智也从闲山岛移阵至此，与柳川调信合兵驻守流山岛。

此外，在海南的岛津义弘父子、康津的锅岛直茂父子，本想从全罗道南部沿海乘船撤向庆尚道，但是负责接应锅岛、岛津撤退的日本水军船只却迟迟未至。于是，岛津义弘、锅岛直茂分为左、右两路，发兵北上，直指南原，准备与柳川调信一样从蟾津江撤向庆尚道。

十月二十一日，三十余名日军先锋驱赶着牛、马、朝鲜俘虏，来到南原城南门。恰逢六名明军骑兵从附近的忍川下山，在南原城下巡逻，于是与日军先锋队在桥上相遇。日军先锋队伪装成朝鲜人，假意招呼明军骑兵。明军骑兵识破这些发音不标准的"朝鲜人"真实身份是日军，但因自身人数太少，只得向忍川逃去。日军先锋紧追不舍，追击明军骑兵至忍川，纵火焚山后回兵，傍晚屯兵于南原东门外的土城。

十月二十三日，岛津义弘分兵两路，分别由玉果、谷城，渡过鹑江，逾越鸿岭，到达南原附近。锅岛直茂自淳昌出发，逾越飞鸿岭，到达南原附近。在锅岛直茂从淳昌向南原移动的过程中，麻贵从长城郡发兵，追击至淳昌，斩得锅岛军首级十八颗。此战，是为淳昌之战。

十月二十九日，岛津义弘、岛津忠恒父子从全罗道的求礼出发，当天又撤退到了庆尚道的泗川城。左军的垣见一直、长宗我部元亲、毛利吉成、伊东祐兵、中川秀成、高桥元种、秋月仲长等部，也先后撤退到了庆尚道。

除了以上这些人以外，锅岛直茂、锅岛胜茂父子二人的军队约一万人，越过全罗道边境的云峰，也撤向了庆尚道。锅岛军沿途经过庆尚道的咸阳、山阴、三嘉，准备撤向东面的咸安。朝鲜庆尚道右兵使金应瑞闻讯后，当即率领朝鲜军队和降倭前往追赶锅岛军。朝鲜军兵分几路，或从小路追赶，或从大路追赶。而锅岛直茂军已经从三嘉直下宜宁，一半军队渡过了鼎津。只要渡过鼎津，就能到达目的地咸安。

此时，有明军数十人赶到鼎津，与金应瑞率领的朝鲜官兵、降倭，以及前县监李瀞合势追击正在渡河的锅岛直茂军。明朝、朝鲜联军突入敌阵，用弓箭射击锅岛军，但锅岛军以骑兵将明、朝联军包围，使联军陷入重围之中，难以逃脱。险境之中，明军与朝鲜官兵、降倭拼死血战，最终突出重围。此战，是为鼎津之战。

在鼎津之战中，明军和朝鲜军中的降倭一共斩首锅岛军首级七十多颗，但在突围逃走的时候，因为情况紧急，几乎全部丢失了。最后清点下来，明军斩得两颗首级，降倭金知沙古汝武斩得两颗首级，降倭同知要叱其、降倭金知沙也加等各斩得一颗首级。此外，明、朝联军夺获了锅岛军的红白、黑白大小旗三面，以及长枪一柄、剑十五柄、鸟铳二柄、牛四头、马一匹。被锅岛军掳掠的一百多名朝鲜人，也被抢了回来。

明、朝联军在鼎津之战中同样伤亡惨重。朝鲜将领杨渊力战身亡，郑梦星全身被剑砍伤，一根手指被砍断，另一将领林青玉也被剑砍伤。降倭孙时老被铁炮打伤，弹丸从左乳打进，从右膝出来，他血流不止，但没有死去。另一降倭延时老跌落马下，被剑砍死。

二、蔚山

十一月三日，经略邢玠渡鸭绿江，与经理杨镐商议进剿南部沿海的日军，集结宣府、大同、延绥、浙江、福建等地士兵，分为三协，进攻沿海倭城群东北突出部蔚山倭城，欲"当先攻清正，断贼左臂"。提督麻贵于十二月四日正式南下。

明、朝联军三协部队兵力配属情况如下：

右协：主将为副总兵李如梅，下辖游击卢得功，游击董正谊、茅国器、陈寅，千总陈大纲，所属兵力一万三千余人。朝鲜军忠清兵使李时言所部四千余人。

中协：主将为副总兵高策，部将副总兵祖承训、吴惟忠，游击颇贵、李宁、李化龙、柴登科、苑进忠，所属兵力一万一千余人。朝鲜庆尚左兵使成允文所部二千人，防御使权应铢所部二百人。庆州府尹朴毅长所部一千人。咸镜道、江原道赶来支援的朝鲜兵卒二千人。

左协：主将为副总兵李芳春、解生，将游击牛伯英，守备方时新，都司郑印，把总王蓜，游击卢继忠、杨万金、陈愚闻，所属兵力一万一千余人。朝鲜庆尚左兵马使郑起龙所部一千人，黄海道赶来支援的朝鲜兵卒二千人，防御使高彦伯所部三百人。

又据《两朝平攘录》记载，明军为此次总攻准备了大量火器："大将军炮一千二百四十四位、火箭十一万八千支、火药六万九千七百四十五斤、大小铅子一百七十九万六千九百六十七斤，皆辽阳分守张登云运。至于三眼铳、铁须笓、闷棍、火炮、火筒、团牌、佛郎机等器，皆倭所深畏者，无一不备，其粮饷足供一月。"

部署好兵力后，经略邢玠命令杨镐、麻贵分别督左、右两协，自忠清道的忠州、鸟岭南下，经庆尚道的安东、庆州，趋向蔚山。同时，邢玠担心小西行长会从西面的全罗道顺天出兵救援加藤清正，便命令中协的一队人马屯驻于庆尚道的宜宁。这样安排既可西防全罗道的日军援兵，也可东援左、右两协，攻打加藤清正。邢玠又在三协中挑选出一千五百名骑兵，联合朝鲜兵，自忠清道的天安与全罗道的全州、南原而下，一路大张旗鼓，做出要进攻小西行长所在的顺天城的样子，从而牵制日军。

十二月七日，麻贵抵达庆尚道边缘城市闻庆，召集三协大将秘密召开军议。他暗中告诉朝鲜都元帅权栗，希望朝鲜庆尚左道水使柳云龙能出动水军，多载炮手，在西生浦附近鼓噪，以助明军声势；麻贵还说，朝鲜水军出动后，明军会派遣数百南兵以及明、朝两国的两百名鸟铳手相助。然而，此时的权栗早已成为了一个拥兵自重的军阀，根本不想出兵配合明军的行动。

十二月十八日，杨镐抵达庆尚道义城。他与朝鲜接伴使李德馨商量，派出明军侦察兵宋田仓与朝鲜侦察兵、降倭吕汝文，一起去侦察日军巢穴。降倭吕汝文投降朝鲜以后，本已留起长发，换成朝鲜样式的发型，但为了这次侦察行动，他又剃成了日本发型，并利用自己日本人的身份，进入岛山城、城隍堂、太和江寨，查看日军兵力，并亲绘地图。

十二月二十日，杨镐、麻贵统领明军三协，进兵至庆尚道的庆州。诸将秣马厉兵，个个都想争先取得日军首级。同日，杨镐召集诸将，讨论进兵事宜。第二天，降倭吕汝文带回了他所侦察到的情报：

蔚山城是日军在朝鲜南部沿海一带要塞群的最右翼，也是加藤清正部登陆前进据点。在出兵忠清道期间，加藤清正便委托浅野幸长重新整备第一次侵朝时期修筑的蔚山城，即松云惟政蔚山和谈时期的城隍堂。

城隍堂位于蔚山地区由西向东的太和江与由北向南的语连川（东川）汇合的夹角，太和江口向内陆凹陷处即所谓"海边斗绝处"。这里有一座标高约为二十米的丘陵，日军以丘陵为中心，修筑了一座直达江边的要塞，这就是最早的蔚山城，即蔚山的清正大寨，又称城隍堂土窟。

蔚山城最早的修筑时间是万历二十一年（1593）四月二十一日，当时，浅野长政父子与伊达政宗，在追杀逃亡的朝鲜军民后，在此地修筑倭城蔚山城："此地临江上，新构城郭，而以龟井武藏守为其固置之。"当时日军兵力不多，要塞规模应当较小，之后日军从汉城退往沿海，加藤清正驻守蔚山，增筑原有工事，以便容纳大股军队："自机长至蔚山，各浦各岛，有十四镇，此则清正等四五酋所属也，镇皆有万兵。"

为促使册封使渡海，日军拆掉了蔚山倭城的地面工事，但其中工程量最大的壕沟、城垣没有推平，只需添加附属地面工事，就可以很快恢复防御功能。因此，日军再次渡海之后，迅速重建了蔚山的清正大寨，然后利用蔚山郡东川沿岸的原朝鲜戒边城（蔚山邑城东五朝鲜里）及蔚山古邑城（戒边城西）的石料，增筑加固蔚山倭城。

随后日军以原蔚山城（城隍堂）作为核心工事，开始向周边扩张，同时在东北方向的语连川（东川）修建了工事，即所谓伴鸥亭土窟。到万历二十五年（1597）九月中旬，城隍堂及伴鸥亭两座工事基本重修完成。十月十二日，为应对明军南下，加藤清正决定再次加强蔚山防御。浅野幸长、毛利秀元部将宍户元续、安国寺惠琼、军目付太田一吉，在蔚山清正大寨的基础上，新筑各类工事，由东向西扩展延伸。十一月十日，日军开始在城隍堂以西约八百二十八米、标高五十米的岛山上修筑新的据点岛山城，这就是后世所谓蔚山倭城。

蔚山倭城工事群，包括城隍堂、岛山城两座核心工事。城隍堂是类似同心圆中间高、两边低的多重复郭式要塞，岛山城是沿山势阶梯式升高的多层复郭要塞。为加强两座城之间的联系，日军在城隍堂和岛山城之间新筑了一座单层城垣工事西部洞城，然后在三个独立工事之外，环绕了一个由壕沟、土垣、木栅、筑地塀构成的外围工事，以加强对港口的防御能力。蔚山倭城实际上是一个大型要塞工事群，拥有两个多重复郭工事城隍堂、岛山，一个单郭工事西部洞城，外围环郭，有两个港口（城隍堂、岛山）、城隍堂出丸（城隍堂外郭南），以及甄城山伴鸥亭。

倭城是一个复杂的防御体系

日军还在太和江上流西川交汇，距蔚山要塞群约二点七米处，构筑了警戒工事太和江倭寨，在外郭以北约两千米处，以左兵营旧址为依托修建了工事清正别营。清正别营一直没能完工，但根据兵营城周三千七百二十步，高十二尺，实测总占地约七万两千八百二十八平方米，从筑城的毛利部依托左兵营石城连筑三阵的描述来看，日军当时计划将兵营城进行复郭化改筑。从当时正在建设的蔚山倭城工事数量、位置来看，虽然名义上只有一座蔚山倭城，但这实际上是有城隍堂（含岛山城）、太和江、左兵营

（农所）三个要塞或要塞群互为掎角的筑垒地域。

随着明军、朝鲜军在庆尚、全罗境内不断南下，与日军进行小规模战斗和高强度的斥候战。日军在蔚山拼命赶工，进行所谓"突贯工事"。为加快工事进度，日军动员包括锻冶铁匠在内的人员，昼夜不停修筑工事。当时身处蔚山的太田一吉部医僧庆念描述，蔚山筑城时，金槌手斧之音，夜亦不绝。为收集筑城材料，日方将蔚山邑城的城墙拆毁，用于修建岛山城石垣，并下令包括战、辅兵在内的各部士卒，以及征发的日本、朝鲜农民等披星戴月，深入周边山林中收集石木。

万历二十五年（1597）十一月下旬，朝鲜南部天气逐渐转冷，给蔚山倭城工地带来了不利影响，筑城劳工多有伤病。为保证工期，日军派出监工持杖督促进度，劳工稍有迟缓，便施以毒打、囚禁、烫面乃至斩首之刑。为筹措军资，日军还在蔚山大肆贩卖朝鲜人，以至于从军僧称蔚山城为地狱，称贩奴者为地狱之鬼。

虽然日军采用了各种极端手段抢修工事，但由于天气、时间、物资等多方面因素，直到第一次蔚山之战开始，蔚山倭城这个巨大的要塞群也未完工，岛山内城石垣并未彻底建成，"虽云三匝而实二匝也"，外围清正假城也在紧急赶工。当明军突袭至蔚山境内之时，修筑左兵营（农所）清正假城的毛利部宍户元续，正在督促劳工拼命抢修工事。

当时位于蔚山的日军各部为浅野幸长、

倭城一般由多重城墙和城楼组成

毛利部（冷泉元满、宍户元续等）、太田一吉以及加藤清正部下加藤清兵卫、加藤舆左卫门等，含劳工、杂役、奴隶、商人在内，人员为两万人左右。加藤清正本人当时在西生浦，作战部队主要为浅野幸长等部，而奴工、商人等无作战能力，因此在第一次蔚山之战中，日军实际参战人数应是万人左右。

三、攻坚

万历二十五年（1597）十二月八日，提督麻贵率领明朝、朝鲜联军约四万四千八百人抵达庆尚北道闻庆。麻贵召集朝鲜都元帅权栗，要求朝鲜水师派遣战船，多载火炮兵员，前往蔚山洋面，以断截蔚山倭城南部水路援军。十二月十八日，杨镐抵达庆尚北道义城，招朝鲜接伴使李德馨，派宋田仓与朝鲜军中降倭吕汝文，乔装潜入蔚山倭城查探情报。

二十日，杨镐入庆州，与诸将誓师进军。二十一日，宋田仓及吕汝文自蔚山返回，向杨镐出示太和江、岛山城、城隍堂的工事图，杨镐在图纸上以红笔勾画进军路线，与诸将约定三协路线。直到此时，意图封锁蔚山洋面的朝鲜水师依旧杳无音信。十二月二十二日，明朝、朝鲜联军南下，左协李芳春等从左路，中协高策从中路，右协彭友德由右路，中协吴惟忠部转道梁山，左协董正谊部前往南原，右协卢继忠部二千人前往西江防备水路。

十二月二十三日凌晨，杨镐以李如梅率精锐千余人为先锋，摆赛、杨登山随其后，大军依次开拔，进攻蔚山。寅时（三点至五点），李如梅突骑至左兵营（农所）清正假营，趁宍户元续部不备，攻入兵营城中，放火焚烧日军营房。得知明军来袭，浅野幸长、太田一吉、加藤舆左卫门等前来支援。

得到援军支持的宍户元续以明军兵少，打算乘势反攻明军。李如梅退出城外，与日军相持。待日军主力出城，李如梅诈败回军，引诱日军追赶至十六七町（一千七百四十四米至一千八百五十三米）外，至摆赛、杨登山伏兵处，两部明军合兵夹击，前后斩首四百六十余级，大败宍户元续、浅野幸长等部。战斗中，太田一吉负伤，日军野战失利，逃回岛山—城隍堂环郭工事群内。明军乘胜占领左兵营城，其后，杨镐后续主力到达蔚山，在兵营城西驿站扎营。午时，明军来袭的消息传到西生浦，加藤清正率数十名亲随乘船赶回蔚山城隍堂。

十二月二十四日寅时，三路明军开始进攻。左协围甑城山伴鸥亭，中协顺路南下进攻岛山—城隍堂要塞浅野幸长部，右协围太和江。伴鸥亭、太和江两城皆被明军占领。卯时，三路明军齐至蔚山要塞群外郭攻城，杨镐亲临一线督战。加藤清正弃守城隍堂，进入浅野幸长新修的岛山城中。

明军猛攻蔚山城的想象图

明军突破蔚山筑垒区核心工事，外围大环壕土垣及内、外栅城，占领城隍堂及出丸、西部洞城，围攻岛山城。已时，明军茅国器部攻破岛山城外城西北惣构塀重栅。防守外城的浅野幸长及宍户元续败退，自三之丸退入岛山内城。明军尾随其后，进入尚未完全筑成的岛山内城三之丸内。岛山城中的日军人心惶惶，从军僧庆念做好了往生的准备。加藤清正亲自持火绳枪在二之丸向明军射击，浅野幸长、太田一吉也率亲卫在二之丸进行反击。

岛山地形对明军十分不利，二之丸与三之丸之间有十米以上的陡坡及工事阻碍，本丸与三之丸的落差更高达二十五米，日军自本丸居高临下，火力全程覆盖二之丸及三之丸，三之丸的登城道左侧同样全部暴露在二之丸的火力之下。明军不能一鼓作气攻下本丸制高点，尾随败退日军进入三之丸的攻城部队及后续支援部队，全部处于二之丸和本丸的火力覆盖之下。当日军重新组织起来反击后，明军一鼓作气攻下岛山已不太可能实现。加上明军已连续作战超过六小时，杨镐下令暂停进攻，后撤休整。日军将岛山城外城全部放弃，收缩兵力，防守内城。

十二月二十五日辰时，明军三面围攻三之丸，杨镐亲自督战，斩行动迟缓者两人，割滞后者一人左耳，左协李如梅等部持云梯、铁搭等蚁附攻城。日军占据有利地形，用火绳枪拼死抵抗，加藤清正及浅野幸长均亲自持火绳枪向攻城明军射击，战后统计，当时日军单人射弹高达二百七十发。当时火绳枪的射击频率是一至两分钟一发，这次战斗几乎达到了火绳枪的极限射速，可见战斗的激烈程度。

明军登城不利，伤亡惨重，游击陈寅中弹受伤，杨镐分番攻城，前后七次均未能攻入城内，只得在申时（十五时至十七时）收兵，暂缓攻城。在守城战中，加藤清正部的盐浦船在太和江口与明军的布防部队交战，以策应守城的日军。杨镐赶往江边查看敌情，招麻贵、李德馨商议，从俘虏口中得知岛山城中兵粮、食水储备不多，预备于次日以火攻岛山城。当晚，宍户元续部渡边壹岐、难波三郎兵卫等人率小股部队出城，试图骚扰明军。

十二月二十六日，杨镐命朝鲜军火攻岛山，并填塞外城和内城之间的水井。明军暂缓攻城，休整一日。权栗等将率朝鲜军，持柴草、挨牌，翻越岛山外城，进入内城城下，堆积柴草，填塞水井。日军自城内向外射击，朝鲜军试图以挨牌抵御，但火绳枪弹丸可以击穿挨牌，朝鲜军因此死伤甚多，未能成功将柴草堆积至石垣下。日军虽然成功击退朝鲜军，但岛山内城供水严重不足，日军士兵只能以雨水来解渴。当天，一名日军士兵出城投降，杨镐颁发赏银，让他身穿红衣，骑马在岛山城外招降。加藤清正为防止士兵出现大量逃亡，下令紧闭城门。

十二月二十九日，西风大作，杨镐见风向良好，计划以风助火势攻城，命士兵搬运柴草，运往岛山内城下方。日军以火绳枪连射，将攻城部队击退。与此同时，加藤清正部乘船试图沿江而上，与明军在太和江口炮战，至申时末（十七时）止。杨镐命士兵搭建草房，意图长久围困，麻贵建议放开一面包围，待日军出城之后，在半路截击，但被杨镐拒绝。

当时天气酷寒，明、朝联军在野外驻屯，有士兵手指都冻掉了。而岛山内城中的日军粮水断绝，士兵杀马吃纸充饥，饥渴难耐的日军士兵乘夜色出城，在明兵和朝鲜兵的尸体上寻找粮食。连日作战，岛山内城的军粮几近断绝，火药在高强度作战中大量消耗，守军士气低落。十二月三十日，加藤清正决定与明军和谈，在两军的中间建造板房，以便双方谈判。当天，毛利秀元、黑田长政、竹中重利抵达太和江下流，向城中示以马标，岛山城中得知援军将到，士气大振，以马标挥舞回答，毛利等人返回西生浦。当晚，加藤清正、浅野幸长派遣小股部队夜袭明军和朝鲜军的营地。

　　万历二十六年（1598）正月初一，加藤清正派遣士兵前往明军投递文书，称加藤清正在万历二十五年（1597）十二月二十二日才抵达蔚山，蔚山军中没有认识汉字之人，从西生浦招认识汉字的僧人才知明军文书含义，愿意约定明朝、朝鲜、日本三国和平谈判。杨镐要求日军立刻出城投降。加藤清正部将美浓部金大夫，持回帖招通译回话杨镐，约定第二天中午在南山和谈，而杨镐不回。此时，西生浦的日本各路援军已抵达，预备在次日增援岛山城守军。

　　正月初二，日军援兵水陆并进，自西生浦向蔚山进发，日军船队进入太和江口，在盐浦一带原室町时代倭馆港口停泊。杨镐急命游击摆赛、颇贵前往箭滩，副总兵吴惟忠、游击茅国器沿太和江岸布防，以阻截西生浦援军直入岛山城。

　　正月初四凌晨，杨镐欲做最后一搏，赶在日方援军未到之前攻下岛山城，下令各部四面攻城。杨镐将阵前退缩的士卒枭首示众，又绑游击李化龙在军中游行。日军拼命抵抗，投掷松明至城下照明，以供火绳枪射击瞄准。战斗直到次日天明，攻城明军伤亡惨重。

　　交战中，右协士兵得西生浦援军向岛山城中投递的文书，持文书向杨镐汇报。文书称：加德、安骨、竹岛、釜山、梁山等地共十一名将领六万人前来支持，要求岛山的守军坚守以待。当时，日军舰船九十余艘突入太和江上流，而陆路日军呈现出绕向明军侧后的态势。

　　杨镐以岛山坚城难下，敌方援军阵势浩大为由，下令撤军，以摆赛、杨登山军殿后。摆赛请与日军援兵决战，杨镐不许。已时（上午九时至十一时），明军开始撤围，逐次退兵至蔚山倭城北面集结，直至未时（十三时至十五时），明军基本退出蔚山倭城战场。太和江船上的日军见明军撤离，登岸欲追击明军后队，遭明军骑兵突袭而退。杨镐下令烧毁辎重，撤往庆州。

日方援军在明军后方追袭约二里而还，速度较慢的吴惟忠、祖承训等部遭受较大损失。此次蔚山之战，明军阵亡一千五百人，伤二千九百余人，未能达到占领蔚山地区，拔掉日军东部突出部的目的。蔚山之战中，明军斩首一千二百级，日军实际死亡人数在三千人以上。杨镐在战斗中判断有误且指挥不当，遭到明廷罢免，被天津巡抚万世德接替。

四、维谷

第一次蔚山之战，明军受制于朝鲜糟糕的后勤和交通条件，重型火器如将军炮等无法运抵前线，只能使用轻型火器仰攻坚城。在作战中，明军军粮不足，万历二十五年（1597）十二月二十三日，明军至庆州时就开始断粮，杨镐怒斥朝鲜人毫无纲纪法度。十二月二十五日，战场附近唯有大邱存米豆五千余石，仅供大军数日所需，而且没有足够运力搬运至蔚山。

另外，朝鲜水师屡招不至，明军攻城部队缺乏船只，无法严密封锁太和江，西生浦的日军多次通过水路与守军传递消息、运送物资，最终，日军大批援军通过太和江水路威胁明军侧后，迫使明军退兵。值得一提的是，在明军前赴后继地攻城作战之际，朝鲜军队过半逃亡。

正月初六，日军援兵各将领退回原据点，加藤清正等部退往西生浦休整。在大战之后，日军没有抢修被摧毁的工事，包括蔚山守军在内的日军各部开始后撤，可见日军虽然最终守住岛山内城，对继续防守蔚山倭城信心不足，能在大战中坚守十日，更多是依靠岛山地形。明军以摧枯拉朽之势，仅用六小时就荡平包含岛山城外郭在内的蔚山要塞群，给日军带来相当大的震撼。明军对蔚山倭城的进攻，引起了日军收缩战线的讨论。成功抵御明军十天围攻的岛山守将加藤清正、浅野幸长等人，成为放弃蔚山倭城的支持者。

正月初九，毛利秀元向丰臣秀吉报告，提出放弃蔚山和顺天二城，收缩战线。正月二十一日，收到报告的丰臣秀吉非常不满，回信斥责提出缩小战线的将领为"臆病（胆小、懦弱）"。

正月二十二日，丰臣秀吉向在朝鲜的十八名将领送出朱印状，主要内容包括：蔚山的救援战和追击战取得了重大战果，但由于各将在兵粮、士兵整备等方面的懈怠，没能趁机将明军全部歼灭，对此表示遗憾；斥责当日返回本据点的黑田长政、锅岛直茂，指出面对能够追歼敌军的良机，应该一举进军庆州；要求位于西生浦的加藤清正返回蔚山驻防，西生浦移交毛利吉成，釜山浦则由寺泽正成负责，毛利秀元及小早川秀秋分兵给予加强；蔚山等城完成工事恢复，军粮、弹药补给等守备工作后，允许除驻留人员外的其他日本诸将回国。其中对加藤清正在蔚山之战中的表现十分满意，特别发放一万石军粮作为奖励。

然而，在朝鲜的日本诸将再次联名向丰臣秀吉建议缩短战线，主要内容为：蔚山地理位置过于突出，各部救援困难，建议放弃，原蔚山加藤清正部向西生浦撤退，与毛利秀元部五千人一起修缮西生浦；顺天道路崎岖艰难，距离海岸遥远，且有滩涂，救援不易，应当放弃，原顺天倭城小西行长部转为驻守泗川城，原泗川城岛津义弘部转移至固城。南海岛方面也要收缩，避免陷入海陆两线作战的窘境；梁山城所在之地不便派遣援军，建议放弃。联名诸将为宇喜多秀家、毛利秀元、蜂须贺家政、生驹亲正、藤堂高虎、胁坂安治、菅达长、松岛彦右卫门尉、菅右卫门八、山口宗永、中川秀成、池田秀氏、长宗我部元亲共十三人。

缩短战线的言论激怒了丰臣秀吉，黑田长政在未得到批准的情况下提前放弃梁山城。为稳定军心，丰臣秀吉严厉处罚赞成放弃蔚山、顺天、梁山三城的将领。早川长政、竹中重隆、毛利高政三人身为监军，与缩短战线论的十三名将领同心，没收其丰后国内领地，蜂须贺家政没收全部领地，回国待罪，黑田长政没收部分领地，其余各将均遭到丰臣秀吉的警告和斥责。

在明朝继续增兵之时，日军厌战情绪严重，后勤也不堪重负。五月，蔚山倭城重建完毕，丰臣秀吉下令小早川秀秋、宇喜多秀家、毛利秀元、浅野幸长等部约七万人回国休整。当明军准备集结南下之时，继续据守沿海日军仅剩六万四千余人。

七月，明军援军陆续赶到，兵力增至约十万人。邢玠吸取蔚山之战中日军援兵迅速抵达的经验教训，决定兵分三路，同时进攻日军沿海倭城东部蔚山城、中部泗川城、西部顺天城三座核心要塞，使日军首、中、尾不能兼顾。朝鲜水军疲弱，导致在蔚山之战中，日军可以从海上反复沿江北上支援岛山，邢玠特意从国内调集水师，与各将约定时间水陆并进。

明军紧锣密鼓地备战之时，庆长三年（1598）八月十八日，丰臣秀吉在伏见城病逝，享年六十三岁。"五大老"依照丰臣秀吉遗命，秘不发丧，指示在朝日军撤退，试图体面地与朝鲜议和。不过，日本于九月五日提出的对朝鲜议和条件，尚且包括朝鲜王子入质日本、朝鲜向日本交纳贡品，坚持追求将自己凌驾于朝鲜之上。

丰臣秀吉病重的消息很快传到朝鲜，八月二十日，庆尚左兵使成允文根据倭城逃回的朝鲜人的汇报，得知丰臣秀吉病重，日军将要撤离。二十三日，庆尚观察使郑经世报告，有流言称丰臣秀吉或许已经死亡。"被虏人回还言：关白病重，凶贼将有撤归之计"，"关白病重，或云已死等语"。

日本与明朝的这场战争，将如日中天的丰臣秀吉以及他的桃山时代，一起燃烧殆尽。九月十一日二更，麻贵向明、朝联军下达再次进攻蔚山城的命令，以解生、杨登山率一千骑兵为先锋，王国栋、颇贵率三千骑兵为后续，又命金应瑞赶往东莱府温井，牵制可能赶来的日方援军。解生、杨登山率军直冲蔚山城下，斩首十七级。日军坚守不出，明军退屯岛山城对面的甑城山（伴鸥亭）。

九月二十一日四更，明军主力抵达蔚山，麻贵率骑兵在富平驿（兵营城西五里）扎营，步兵屯于兵营城。选精骑在岛山城外引诱日军出城。日军在反复试探后列阵城外，与明军骑兵交战。千总麻云等领二百名骑兵，沿箭滩绕至岛山，袭击日军侧翼，将其部分士兵赶入江中，并乘胜焚烧蔚山要塞群中的房屋和粮草。

金应瑞当天在东莱温井与日军交战，斩首数十级。麻贵下令各军修建草屋，预备长期围困，同时每天派出小股部队前往蔚山城外挑战。日军坚守不出，待明军靠近工事后就以火绳枪乱射。九月二十六日，麻贵命明军变阵，诈为退军，以引诱日军出城追击。但日军不为所动，死守不出。

九月二十九日，杨汝德报称釜山的日军援兵北上，数日后将抵达蔚山。三十日拂晓，麻贵先将辎重、大炮等运往后方三十里外，派骑兵设伏于兵营城西谷地。天明，各路明军退往后方，麻贵派千余名骑兵再次抵达蔚山城外，在港口耀兵，但加藤清正依旧死守不出。十一月六日，麻贵听闻中路明军在泗川之战中大败，撤围退兵。

明军以骑兵攻击蔚山城的画作

　　万历二十六年（1598）九月十八日，中路军董一元部的明、朝联军自三嘉出发，连夜前往晋州，在黎明时分渡过南江，列阵望晋山前野，正式拉开了泗川之战的序幕。董一元当时进攻泗川倭城，并非只需要面对一座倭城。驻守泗川的岛津义弘以泗川倭城为核心，外围依托原泗川、晋州、昆阳等朝鲜邑城或山寨为警备哨，构建了一个较大范围的防御圈。

　　泗川倭城位于泗川湾西面船津一座标高约二十米的山丘之上，为万历二十五年（1597）十月至十二月末，由长宗我部元亲、中川秀成、池田秀雄等人修筑。泗川新城三面环海，仅在东部与平原接壤，泗川倭城东西长约五百米，南北宽约五百米，以石垣工事为核心，内有房屋几千间，环石垣本丸以同心圆方式修筑三道外郭，为土垣、木栅结构，由岛津义弘亲自率兵驻守。

　　明军在围攻望晋山之前，晋州未曾发生战斗，可知驻守晋州的三原重种未曾抵抗便弃城而逃。明军控制望晋山一带之后，随时可以切断南下泗川的道路，因此川上久智部在三原重种弃城后，至望晋山寺山九兼焚营之前，从永春寨主动撤离。

　　九月十九日，明军攻望晋山。寺山九兼部仅有二百余人，力少不能支，退往泗川。永春、昆阳等地日军也焚毁工事，退往泗川倭城。未时，明军占领望晋山，泗川倭城周边除了泗川邑城，其他据点均被明军扫平，董一元为等待西路军战报，在晋州城南逗留了七天。

　　九月二十七日，朝鲜军再三要求出战，董一元以郑起龙为先锋，领步兵二千人、骑兵一千人，抽出各营精锐合计四千人为中军南下。二十八日夜半，明军突袭泗川邑城，由于之前日军发现明军便自毁营垒而退，明军连胜之下颇为轻敌。大同参将李宁自恃勇武，领兵先行攻入城中，在街巷中迷路，被守城日军围杀。

　　天明，明军主力赶到泗川城外，日军当时正在城外抢收粮食，见到明军立刻弃粮入城。泗川守将川上忠实率三百余人，整队出城与明军交战。卢得功亲率骑兵冲阵，遭日军火绳枪反击阵亡。明军后队步兵赶至，斩杀日军士兵一百五十人，剩余日军人人带伤，川上忠实本人中箭三十六支，带残部退往泗川倭城。

九月二十九日，明军召开军议，商讨如何进攻泗川倭城。茅国器认为，日军放弃所有外围工事，龟缩泗川倭城内，必然会竭力防守，不可以轻易攻占，长期围困，又会有固城方向日军增援的可能，不如乘日军连败之时，转攻固城倭城。固城倭城较泗川倭城小，兵力也少于泗川，攻城较泗川容易，若占领固城，则泗川援军断绝，可以从容攻打，不必忧虑侧后。

董一元在横扫泗川外围据点的连胜之下，对岛津义弘部的战力极为轻视，认为可以一鼓作气攻下泗川城，不必绕路先攻固城。十月一日卯时，茅国器、叶邦荣、彭信古率三营步兵开始攻城，郝三聘、师道立、马呈文、蓝芳威率四营骑兵分左右翼，剩余士兵镇守中军。重型火器难以在朝鲜南部道路通行，明军以轻便木炮轰击泗川倭城城垣，掩护步兵攻城。战至巳时，泗川城一道大门被火炮击毁，城垣栅栏也垮塌数处。

从泗川倭城测绘图的等高线可以看出，泗川倭城大致呈葫芦形，位于海边一个海拔二十米的台地上，虽然日军设计了多层城垣的复郭防护，但明军攻城通道的海拔也有十米，因此，泗川倭城内外的相对高度差只有十米。蔚山清正大寨有二十四米高度差，依旧在短时间内被拿下，同是复郭模式，高度差仅有十米的泗川倭城在城门被攻破之后，局面对于日军而言已是十分危险。

在战后的报告中，岛津义弘自称亲自持火绳枪参战。明军就要攻入泗川城，彭信古部火药库爆炸，半边天皆是黑烟，明军一时慌乱，岛津义弘趁势带兵出城，反攻彭信古部。郝三聘部骑兵正环泗川城射箭，见彭信古部军溃，望风而走，致使茅国器、叶邦荣部陷入日军包围。蓝芳威本为殿后军，见前军作战不利，不前去救援，反而带头逃跑，致使撤退变成了崩溃。彭信古部几乎全军覆没，茅国器部损兵六七百人，溃逃途中骑兵争道，导致大批士兵坠崖而亡。

彭信古阵中火药库突然爆炸，明方记录是火炮操作失误，而日方记录是所谓"天将神迹、白狐点火、忍术隐身法点火"之类。真实情况应该是，当时岛津义弘在城中招募了市来清十郎、濑户口弥七郎、佐竹光印坊三名死士，用自杀式袭击的方式引爆了明军的火药。

市来清十郎、濑户口弥七郎穿着带有白色植绒装饰的盔甲，出城冲向彭信古部攻城火炮阵地，用颜色鲜艳的盔甲吸引明军的注意，佐竹光印坊则穿明军盔甲，趁乱抵达明军火药库附近，点燃明军火药库。这就是岛津方记录中的所谓白狐纷纷而入明军阵地，其后明军火药库爆炸，而佐竹光印坊会忍法隐身术的由来。此役明军伤亡达七千余人，日方损失据《高野朝鲜阵战殁者供养碑铭》所记，南原、泗川岛津两战战死三千人，南原之战仅战死百余人，因此整个泗川之战战死应在二千九百人左右。

第八章：露梁和关原

——万历援朝的结束和德川幕府的开始

一、顺天

九月十日，右路刘綎部明朝、朝鲜联军在全州誓师之后，分兵三协：吴广领兵五千六百人，同元慎入乐安之路；王之翰、司懋官、李宁领八千人，同李时言入求礼、光阳之路；提督率李芳春等兵一万余人，同李光岳入顺天之路。又与水师都督陈璘相约于九月十九日海、陆并进，围攻顺天倭城。

刘綎以顺天倭城近海，地形险要，不利于大军进攻，计划仿效李如松在平壤之战时以沈惟敬名义和谈，诓骗小西行长出城。刘綎派出吴宗道等多名使节，进入顺天城，面见小西行长，告知刘綎打算商讨和谈退兵之事。小西行长开始并不相信，刘綎反复派遣使节，甚至单枪匹马在道路中间等候。小西行长认为可以和明军谈判，与刘綎约定正式和谈日期，并自行选择地点，搭建谈判场地。

九月二十日，刘綎命王之翰、司懋官从光阳绕道顺天，以抄小西行长后路，并在小西行长必经之路埋伏二十余人以传递消息，待小西行长进入谈判厅后吹响鸽哨，伏兵便于两路夹击。辰时，小西行长命宇都宫国纲、大村喜前等部三千人在离城五里处驻扎，他带松浦镇信及几十名亲随前来谈判，中途见明军在附近，犹豫是否前进。

军中降倭吹响鸽哨，向小西行长示警，道路两侧鸽哨响应，伏兵冲出。小西行长尚未进入包围圈，大惊之下回城。松浦镇信领亲随殿后，且战且退。城外列阵的宇都宫国纲、大村喜前等部见前方有变，出兵北上，接应小西行长。刘𥩈放炮督战，追杀小西行长。李芳春试图以骑兵切断道路，城外日军以一部原地抵抗，一部护送小西行长入城。

明军沿途斩首九十三级，但未能生擒小西行长及松浦镇信。当晚，水师都督陈璘率水师抵达顺天冲洋面。九月二十一日，刘𥩈令船队抵近顺天倭城炮击守军及工事，并在顺天倭城外围构建工事，以备长期围困。日军士兵在土塀之后持械警戒，一旦有明军靠近，便用火绳枪射击。当晚，刘𥩈命士兵持火炬呐喊，做出攻城的姿态，守城日军呐喊射击回应，投掷松明火把至城壕外缘，警戒直至天明。

九月二十二日，明、朝联军水师乘涨潮进攻北船沧，日军在港口及城垣上用火绳枪反击，阻止明军登岸。游击季金座舰在潮退后搁浅，日军用排枪乱射，掩护士兵夺船。明军用火炮反击，将登船的日军杀死后退到港外。九月二十三日，刘𥩈下令建造防牌、飞楼、云梯等攻城器械。当晚有朝鲜人自顺天城中逃出，向刘𥩈报告城中守军数万人中有一半是朝鲜人，而日本人中有厌战的，也有贪战争财的，此时日军正在港口连夜抢修工事，以防止明军从海上登陆。

九月二十九日，刘𥩈将造好的攻城器械排列阵前，传令斩日军首级者一律赏银六十两。三十日晚，王元周、福日升、王之琦带领百余艘舰船，抵达松岛附近洋面，海上灯火通明，明、朝联军士气大振。十月一日，刘𥩈与诸将约定于次日攻城。黄昏时分，明军的推轮车、飞楼运至顺天倭城外郭。

陷入明、朝联军合围的顺天倭城

十月二日黎明，刘綎竖立大将旗，登山台传令指挥。明军的推轮车、飞楼等攻城器械先行出发，骑兵一万余人为后援。水军乘涨潮攻打港口。王之翰部在顺天城西北部推飞楼至城十余步。日军发现楼车沉重，行动迟缓，开城门突击，斩杀推车明军四十余人。

王之翰部暂退之后再次回军，依托飞楼为掩体，尝试再次进攻。日军在城中瞄准明军的楼车，连发轻、重火绳枪。明军以楼车为掩体，躲在飞楼后方射击死角。顺天倭城土垣外围有壕沟，明军的楼车抵近土垣和木栅，由于没有得到后退的命令，攻城的明军只能沿着外壕，在楼车后方小心翼翼地躲避火枪射击，直至午时依旧进退不能。潮水渐落，水军随落潮退兵。守城日军在火绳枪的掩护下，出城反击顺天城北吴广部。吴广部阵亡二十余人，退至百余步开外。日军乘机将城外明军的攻城器械全部焚毁。

十月三日，刘綎与陈璘、李舜臣相约，当天乘夜潮进行水、陆夹攻。二更时分，陈璘、李舜臣再次进攻顺天倭城，刘綎的陆军失约未动。水兵孤军进入港湾之中，与日军混战，明军以舰炮攻击顺天倭城本丸天守。潮退之后，明军沙船二十三艘在港内浅滩搁浅。

小西行长部士兵及宇都宫国纲部将小山主马助等人，穿越滩涂，围攻搁浅明船。明军以刀枪砍杀，日军用火焚船，明军大半阵亡，余部一百四十余人在朝鲜船的掩护下逃脱。日军在顺天城东抵抗水军之时，朝鲜人建议陆军进攻城墙西面，当时顺天城西城垣之上有被俘朝鲜妇人对联军大呼此处守御空虚，但刘綎一直按兵不动。

十月四日，陈璘再次进攻顺天倭城港口，日军将城中火炮集中搬运至岸边，炮击明朝、朝鲜的水军，刘綎仍按兵不动。陈璘大怒，登岸毁刘綎帅旗。当晚，日军在顺天城西开城门，以供骑兵出入。十月五日，日军自顺天西门出，抵近明军营地后放枪即退。当晚，有人在岭南三天后峰举火三炬，与顺天城中呼应。十月六日，得知泗川之战中路大败的刘綎决定退兵，下令遣散朝鲜兵中的弱病者。

十月七日，刘綎要求朝鲜军队先撤离战场，又令朝鲜随军陪臣、接伴、元帅、监兵使等官员离开。当夜，陈璘、李舜臣部准备船只，预备再次攻城，刘綎趁机撤离攻城营寨，将军营中的九千多石军粮遗弃，退往于富有。陈璘发现刘綎部陆军撤离，便退还泊地。

十月十五日，德川家康等"五大老"担心明军再次南下，下达了具体的撤军指示。乘着明军暂退，日军迅速执行撤退命令。釜山倭城周边乃至泗川城周边的明军因缺乏船只，无法阻止日军渡海。但位于顺天倭城的小西行长部十分尴尬，陈璘、李舜臣部水军一直在附近洋面活动。小西行长部的海上退路已被切断。刘綎部虽然暂时退走，但在王士琦的压力下，又很快重返顺天邑城，小西行长部也无法从陆路撤退。

十月十七日，王士琦与刘綎登上顺天倭城十里外的高峰观察日军动向。十月十八日，刘綎与副总兵吴宗道及军中的降倭等人商议，主动派人与小西行长约定和谈。刘綎与小西行长互换礼物，约定小西行长向刘綎交出二千人，作为放其一马的代价。小西行长要求刘綎派出人质。

刘綎命旗手刘万守、王建功二人诈称参将，带家丁三十人入顺天倭城。小西行长认为人数太少，要求再加二十人为质，作为刘綎对其退兵途中安全的担保。刘綎同意了。达成协议后，刘綎部甚至与小西行长进行军粮贸易，可见当时双方关系融洽。刘綎还派吴宗道通知陈璘，要求不要阻拦小西行长的撤兵船只，但与刘綎有矛盾的陈璘并未理会。

十月三十日，小西行长与固城的立花宗茂、泗川的岛津义弘、南海岛的宗义智分别约定，他与刘綎交易达成后，将从顺天撤兵，而泗川、固城的日军要给予援助，就是说，泗川的岛津义弘部前往南海岛，固城的立花宗茂部前往见乃梁，以便掩护小西行长自顺天撤退。

十一月十二日，小西行长派出十几艘船先行突围，经过顺天外围的猫岛时，被陈璘部水军斩杀殆尽。船队全军覆没的消息传回顺天后，认为退路断绝的小西行长大怒，斩断营中两名明兵的手臂送至刘綎营，责问为何诓骗他。刘綎建议小西行长向陈璘行贿，以便打开海上通道。于是，小西行长向陈璘赠送财物、兵器，约定出城之时送二千人给陈璘。

打通了陈璘的关节，十一月十四日，小西行长派出一艘载有八人的小船，前往泗川。十一月十七日，在泗川倭城的岛津义弘部倾巢而出，前往顺天倭城接应小西行长。当晚，小西行长在顺天倭城之中举火，与南海柳川调信部呼应。舟师伏兵将庆尚右水使李纯信向陈璘、李舜臣汇报，泗川倭城岛津义弘部数百条船乘潮水赶来顺天。陈璘与李舜臣商议，朝鲜军屯于南海观音浦，明军屯于昆阳竹岛，起锚待变。

十一月十八日酉时，一百余艘日本舰船自南海方向而来，在严木浦短暂停留，意图穿越露梁海峡，前往顺天倭城。陈璘与李舜臣约定当夜二更同发，四更时抵达露梁，遭遇岛津义弘部舰队。该舰队并非仅有岛津义弘一部，还包括立花宗茂、小早川秀包、高桥统增、寺泽广高等部。李舜臣身先士卒，率朝鲜水师船队为先导，突入日军船队之中，日军趁机将李舜臣座舰重重包围，陈璘见事态危急，换乘朝鲜船杀入重围，救援李舜臣。

日军船只较小，不能与朝鲜船只冲撞，只能同陈璘座舰进行接舷战。一名日军攀爬至上层甲板上，欲击杀陈璘，陈璘之子陈九经用身体遮挡，被刺至鲜血淋漓而不退。紧要关头，旗牌官世炜持镗钯刺中该名日军胸膛，将他推入海中。日军战船云集陈璘座舰的周围，陈璘下令船只抛锚，王元周、福日升二将同样换乘朝鲜船，前来护卫陈璘座舰左右两舷。李舜臣见陈璘被围，下令突围而出，与陈璘并进，明、朝联军以舰炮轰击日军船只，日军则以火绳枪回应。

日军战船较明朝和朝鲜的船要小得多，双方在近战进行接舷时，明、朝联军只需从船舷下刺，即可攻击日军。日军虽有火绳枪掩护，但进行接舷战时，需要攀爬船舷，而且小船兵力也较大船弱，因此日军将船只集结一处，试图用集群战术抵消装备、人员劣势，明军乘机向日舰投掷火罐、发射喷筒，这些是含有大量松香、硫黄等助燃物和燃烧物的火器，对于堆积在一起的木制帆船来说，是致命性武器。一船起火，燃烧相邻的军舰，最终绵延一片，日军大败溃逃。

连环舟

明军大量使用的火药船

战斗中，明将邓子龙座舰误中己方火罐，导致邓子龙被日军包围而阵亡，李舜臣在战斗中被火绳枪击中，贯穿胸背而亡。在临死前，李舜臣下令秘不报丧，以免动摇军心，直至战斗结束。明军当晚斩首三百二十级，日军实际损失应是两三千人。顺天倭城内的小西行长，在明朝、朝鲜水军进攻岛津义弘等部之时，趁机乘船逃走。刘綎部明军并未加以阻拦。露梁海战，成为万历朝鲜战役中的最后一场战役。

二、看羊

在大明的全力支援之下，中、朝联军历时七年最终击败了日本方面的入侵。但是这场被朝鲜方面称为"壬辰卫国战争"的军事胜利，既未以双方签署停战协议而告终，也未彻底摧毁日本再度发动战争的能力。因此朝鲜王国不仅将其前仅作为临时机构的备边司，升级为负责军国机务的中央文武合议机构，更不断强化对日本的情报收集工作，以免再被对方打个措手不及。

丰臣秀吉死后，由于日本国内政局动荡，各方大名此前入侵朝鲜期间劫掠回国的大批朝鲜民众之中，不断有人伺机逃回故乡。而正是通过这些从日本逃回的同胞口中，朝鲜王国大致了解了丰臣秀吉死后日本岛内政治风云变幻的情况。其中朝鲜大儒姜沆所撰写的《看羊录》也长期被视为研究这段日本历史的第一手史料。

姜沆的被俘及滞留日本期间的生活轨迹都较为清晰。万历二十五年（1597）出任刑曹佐郎的姜沆负责向全罗南道前线运输补给。此后由于遭到日本军队的猛攻，朝鲜水军被迫在鸣梁海战重创对手舰队前锋之后，放弃全罗南道沿海地区，直接导致正在当地主持后勤工作的姜沆被指挥日本水军的藤堂高虎所俘虏。

姜沆起初的关押地——伊予大洲城的复原建筑

在被俘之后，姜沆起初被关押在藤堂高虎的领地伊予大洲城。但在一次失败的越狱逃亡之后，这位朝鲜儒生引起了丰臣秀吉的重视，命藤堂高虎将姜沆送往伏见城关押。而正是在伏见城中，姜沆结识了公卿出身的日本儒学泰斗——藤原惺窝，在两人广泛交流有关中国朱子理学的心得体会的同时，自然也会谈及日本的历史和现状。正是通过藤原惺窝之口，姜沆初步了解了丰臣政权的基本结构和日本政坛的风云人物，并在被释放回国之后，写成了《看羊录》一书。

《看羊录》这个名字，倒不是姜沆揶揄日本举国上下皆为犬羊，而是为了表示自己一如中国汉代牧羊北海的苏武一般"留胡而节不辱"。姜沆虽然身为楚囚，不得自由，但藤原惺窝身为公卿，对于各方豪强的情况了如指掌。因此《看羊录》一书对丰臣政权内部各方势力的情况表述相当清楚。但正是因为藤原惺窝天性八卦，《看羊录》中又不可避免地混入了不少令人真伪莫变的"私货"，其中最为著名的莫过于丰臣秀赖并非丰臣秀吉的亲生骨肉和丰臣秀吉秉承"决不让寡妇再守活寡"的精神，遗言要德川家康迎娶自己的遗孀——浅井茶茶。

《看羊录》真正的价值，并不在于记录了这些道听途说的绯闻轶事，而在于姜沆站在一个相对中立的角度，描绘了关原之战前日本列岛的政治生态，其中固然有一些今天看来有些可笑的错误，但从另一个侧面说明了丰臣政权的不稳定性：

作为第二次征朝大军的总大将，日军在朝鲜战场一败涂地。丰臣秀吉自然要将责任归到小早川秀秋的头上，当即将小早川家移封至越前国的北之庄地区，领地收入也由此减少至十五万石。刚刚继承小早川氏的秀秋连遭兵败、减封的打击，心中的郁闷自然可想而知。

好在丰臣秀吉于万历二十六年（1598）病逝。德川家康随即与毛利辉元、上杉景胜、前田利家以及与顶替病逝的小早川隆景跻身"五大老"行列的宇喜多秀家联署，宣布恢复小早川秀秋原有的领地，还增封至五十九万石。小早川秀秋自然对德川家康感恩戴德。但是因兵败朝鲜而受到处分的大名并非只有小早川秀秋一人，随着丰臣秀吉的病故，远征朝鲜的各路人马陆续撤回国内，这些不甘被剥夺领地的将领随即展开了剧烈的争斗。此前便闹得沸沸扬扬的"福原长尧告密事件"随即成了丰臣系武将各种龃龉总爆发的导火索。

福原长尧出身于播磨国赤松氏，早年不过是丰臣秀吉身边的马回众之一。此后外放为丰臣秀吉在播磨国封地（太阁藏入地）的代官，并受封但马国丰冈城二万石。福原长尧的稳步高升不仅源于丰臣秀吉的信任，更因为他迎娶了石田三成的妹妹，以妹婿的身份与石田三成结成了政治同盟。在征朝之战的末期，福原长尧与熊谷直盛、垣见一直以军监的身份前往朝鲜，并参与了蔚山之战。

蔚山之战中日本军队的表现究竟如何，其实并不重要。关键是前线诸将提出的放弃蔚山、顺天、梁山三城以缩短战线的建议令丰臣秀吉颇为不快。由此他才做出了剥夺早川长政、竹中重利、毛利高政等人领地的决定。不过受到处分的诸将不敢怀恨丰臣秀吉，于是只能拿在这一事件中获利的福原长尧说事，并剑指以石田三成为首的所谓奉行众。客观地说，石田三成在朝鲜战场上的表现，可谓尽职尽责。不仅亲冒矢石，参与了碧蹄馆、幸州山城等战役，更在战局对日本不利的情况下，积极与大明方面展开外交接触，促成了双方的停战和谈。丰臣秀吉也由此在赐死丰臣秀次之后，将拱卫大坂的重要据点——近江佐和山城封赏于石田三成。至此石田三成名下领有十九万四千石。

在丰臣秀吉生命的最后几年里，石田三成承担了繁重的国内政治事务。除了要负责征朝大军的后勤工作之外，更要以京都奉行之名与天皇、公卿展开沟通，同时还要镇压近畿地区日渐成势的基督教势力，可谓丰

臣家的大内总管。在这样的情况之下，年轻的石田三成很难不产生一种
"我即秀吉"的错觉，而正是这种错觉，令其在丰臣秀吉亡故前后，昏着
迭出，不仅毁了自己的政治前途，更彻底打破了丰臣秀吉构筑起的政治
平衡。

丰臣秀吉逝世之时，日本列岛表面上形成了以其独子丰臣秀赖为"天
下共主"的均衡局面。但此时丰臣秀赖未满六岁，不过是一个任人摆布的
政治傀儡。是以丰臣家内部的各方势力无不蠢蠢欲动，试图通过控制丰臣
秀赖，以达到继承丰臣秀吉政治版图的目的。

政治纷争的烽火首先在丰臣秀吉的遗孀之间点燃。身为丰臣秀吉正室
的浅野宁宁，虽然长期未能诞下子嗣，却一手将自幼生活在丰臣秀吉家中
的福岛正则、加藤清正等人抚养长大，又兼长期负责与京都方面公卿阶层
的沟通事宜，在丰臣政权中颇具威望，被出身尾张的丰臣家元老视为丰臣
秀吉死后主持丰臣家的不二人选。

但浅野宁宁虽然有母仪天下的资本，却终究不是丰臣秀赖的生母。而
以石田三成、长束正家、片桐且元等出身近江的重臣，亦不愿大权旁落。
于是，丰臣秀吉尸骨未寒，丰臣家已然形成了以浅野宁宁为首的尾张派人
马与以浅野茶茶为首的近江派群臣分庭抗礼的局面。尾张派跟随丰臣秀吉
起兵，一路东挡西杀，大多凭借赫赫军功受封了大片土地，是以又被称为
"武功派"。但这些人长期统军在外，一时苦于没有合适的理由介入中央
决策。近江派虽然崛起于丰臣秀吉成势之后，却以职业官僚的身份把持着
丰臣政权的日常运转，所以也有"文吏派"之称。要打破他们的垄断，尾
张派只能与丰臣秀吉生前便授权共治天下的"五大老"结盟。

"五大老"之中与尾张派最为亲近的，当属出身尾张国海东郡的前田
利家。早年间便朝秦暮楚，背叛柴田胜家，改投丰臣秀吉帐下的前田利
家，此时也渴望一尝手握大权的滋味。万历二十七年（1599）元旦，前田

利家不顾自己的健康状况每况愈下，强撑着进入伏见城，抱着年幼的丰臣秀赖接受了各地大名朝贺新年的大礼。随后前田利家又抬出"丰臣秀吉遗命"，要求德川家康留在伏见城处理日常政务，自己则带着丰臣秀赖返回大坂。

前田利家的如意算盘自然是凭借尾张派的支持，以所谓"丰臣秀赖辅导人（傅役）"的身份独揽大权。但他显然忽视了尾张派作为一个政治集团，内部并非铁板一块，而前田利家本人所领有的八十三万石封地，也支撑不起他压制天下诸侯的雄心，更何况丰臣政权内部还有一帮蠢蠢欲动的近江派。

元旦刚过，石田三成突然公开指责德川家康暗中违背丰臣秀吉生前所颁布五项"御规"中"各地大名没有上大人（指丰臣秀吉）的许可不能通婚"的禁令，暗中与伊达政宗、福岛正则、加藤清正、蜂须贺家政、黑田长政五家大名联姻。此事一出，大坂城内外一时舆论哗然。

由于江户幕府统治末期，很多有识之士对德川家族的腐朽统治不满，竭力将德川家康塑造成一个野心勃勃的阴谋家。因此站在德川家康对立面的石田三成也便成了对丰臣政权忠贞不贰的股肱之臣。因此他率先爆出德川家康与大名的联姻，自然也成了揭露其"不臣之心"的正义举动。

但从当时的实际情况来看，石田三成的举措显然并非只针对德川家康一人，毕竟联姻从来不是单方面的举动。德川家康

意图挟持丰臣秀赖以令天下的前田利家

身为大佬，违背丰臣秀吉遗命，固然是知法犯法，那么与之通婚的大名，又岂能不一并问责？而仔细分析被控诉与德川家康联姻的大名，除了雄踞奥羽的伊达政宗之外，几乎无一例外是尾张派的骨干或政治同盟。

而石田三成此举更为阴险之处，还在于他的控诉直接将主持丰臣政权的前田利家置于德川家康及其姻亲的对立面。前田利家若迫于舆论，公然向德川家康问罪，那么势必导致前田氏与德川氏各自发动尾张派的盟友，展开一场血腥的火并。而无论谁胜谁负，近江派显然都能坐收渔翁之利。

事情的发展一度的确如石田三成所设想的一般：前田利家对德川家康把手伸入尾张派一事颇为不满，当即召集其他三位大佬及石田三成等奉行，要德川家康从伏见城赶来大坂，当面做出解释。或许在前田利家看来德川家康面对其他四位大佬的联手施压，只能低头认罪，届时自己出面宽慰，说上两句"下不为例"，不仅近江派怂恿两虎相斗的危局可破，自己更能通过力压德川家康而坐稳"五大老"之首的宝座。

可惜此时的德川家康手握关东，羽翼丰满，在他看来剩下四位大佬中，毛利辉元、上杉景胜、宇喜多秀家，皆是继承父、祖基业的碌碌之辈，即便是资格最老的前田利家，昔日也不过是织田信长麾下的寻常武将，至于石田三成等后生晚辈几乎是跳梁小丑。因此曾经在今川义元、织田信长、丰臣秀吉等日本战国枭雄面前选择隐忍的德川家康，此刻展现出了空前的跋扈与嚣张。

得到前田利家等人的传唤后，德川家康虽率部进入大坂，却并不与其他四位大佬见面，而是以自己居住的屋敷（相当于中国的别馆、会馆）为中心，频繁拜会了细川忠兴、岛津义弘等实力派大名，并公然从关东调兵遣将，摆出一副要以武力解决的架势。

眼见德川家康不愿就范，前田利家也只能在自家的屋敷内召集亲近大名以示迎战。但此时前田利家很清楚，以自己那点家底根本无力单独对抗德川家康。一旦战事打响，其余三位大佬和石田三成等人恐怕只会坐山观虎斗。强烈的不安，令其于万历二十七年（1599）一月十九日命丰臣家元老堀尾吉晴以问罪使的名义，登门拜会德川家康。

堀尾吉晴跟随丰臣秀吉南征北战多年，在德川家康面前多少还有几分面子。加之德川氏移封关东之后，堀尾吉晴还领有了德川家康旧领——远江国滨松城，两人之间更多了几分渊源。德川家康虽然当面把堀尾吉晴斥责了回去，但暗中委派细川忠兴与堀尾吉晴联络。借由这两人的居中转圜，万历二十七年（1599）二月二日，德川家康与前田利家交换誓约，此举不仅正式结束了两家的敌对状态，更无形宣告了丰臣秀吉遗命的破产，毕竟五项"御规"的第二条，便是"严格禁止大名小名之间交换誓约"。

在结束了与德川家康的对抗之后，本就老迈孱弱的前田利家一病不起，至当年的闰三月三日一命呜呼。客观地说，前田利家的健康状况虽本就不甚理想，但若不是与德川家康斗智斗勇、耗尽心力，恐怕未必会如此之快地死于大坂。而眼见自己好不容易在中枢建立起的政治同盟，就这样间接死在了近江派的阴谋之下，尾张派的武将群情汹涌，当即拉帮结派地杀向了石田三成的府邸。

一般认为，袭击石田三成府邸的尾张派武将共计七人。具体是哪七个人却是众说纷纭。之所以出现这样的局面，除了尾张派人才济济，好勇斗狠之辈远不止七人，很大的原因恐怕还在于日后德川家康得势，各路诸侯都将曾冲入其政敌石田三成的府邸打砸抢烧，视为自己的从龙之资。面对打上府来的尾张派，石田三成不敢出头，只能仓皇逃出大坂，躲入伏见城，寻求德川家康的庇护。

在后世的演绎中，德川家康与石田三成似乎永远处于势不两立的状态。但在现实的政治博弈之中本就没有永远的朋友或敌人，一切都与利益挂钩。对于德川家康而言，此时的石田三成已成落水之狗，若叫尾张派杀了，反而破坏了丰臣政权表面上的稳定和团结。而要挟制尾张派为自己所用，近江派也仍有存在的价值。

正是基于这样的考虑，德川家康首先拒绝了尾张派要求将石田三成交由他们处置的要求。随后又圆滑地将相关事件的仲裁权交给了丰臣秀吉的正室浅野宁宁，借由浅野宁宁之口，要求石田三成落发为僧，在其封地佐和山城隐居。最后德川家康命自己的次子结城秀康亲自将石田三成由伏见城护送而出，可谓演足了"宽厚长者"的戏码。

从前田利家与德川家康的对立，到前田利家去世、尾张派围攻石田三成，短短三个月，丰臣秀吉生前所颁布的"御规"及其苦心孤诣所构筑的政治平衡便宣告土崩瓦解。眼见无力再与德川家康对抗，"五大老"中剩余的毛利辉元、上杉景胜、宇喜多秀家只能各自率部离开大坂。丰臣政权暂时进入了浅野宁宁及尾张派主导的时期。

三、伏见

作为一个经历过战国时代的女性政治家，浅野宁宁很清楚自己丈夫虽然名义上统一日本，但真正可以控制的不过是本州岛中部相对富庶的近畿地区，因此要想实现长治久安，必须强化与各地强力诸侯的政治同盟。而在各方势力之中，最具实力的莫过于手握关东的德川家康。而恰恰是在浅野宁宁秉政大坂期间，日本坊间出现了丰臣秀吉"遗命"——浅井茶茶再嫁德川家康，丰臣秀赖奉德川家康为义父的传闻。

这些沸沸扬扬的传闻，甚至出现在朝鲜学者姜沆的《看羊录》中："家康又以秀吉之遗命，欲室秀赖之母。"姜沆以亲历者的身份记述这些宫闱秘事，自然颇具可信性。此外江户中期的逸话闻集《明良洪范》中摘录的《内藤隆春书状》、日本奈良兴福寺多闻院历代院主所著《多闻院日记》

中亦有相关记载。

那么浅井茶茶改嫁德川家康是否真的确有其事呢？要厘清这一问题，我们不妨先看看当时的日本是否存在这样的风俗或政治惯例。应该说，迎娶政治盟友的未亡人，在日本大名之间并非什么新闻，如丰臣秀吉本人便曾纳宇喜多直家之妻为侧室。这样做在日本不仅不会被视为有违人伦，甚至会被视为道义上"决不让寡妇再守活寡"的善举。当然作为一场政治婚姻，昔日政治盟友的势力范围及继承人也将做嫁妆交由接盘者暂时托管。如宇喜多直家之子宇喜多秀家早年便在丰臣秀吉的身边长大，直到成年之后才重新掌管自己父亲的地盘。

既然有了这样的政治惯例，浅井茶茶改嫁德川家康就没有了道德、伦理上的障碍。那么真的是丰臣秀吉生前便已做出了相关安排吗？依照丰臣秀吉对浅井茶茶及丰臣秀赖的宠爱来看，答案却似乎是否定的。那么积极推动浅井茶茶改嫁之事的推手，恐怕便是此时主政丰臣家的浅野宁宁了。

站在浅野宁宁的角度来看，浅井茶茶如果改嫁德川家康，便再无资格对丰臣家的事务指手画脚。丰臣秀赖成为德川家康的养子，一定程度上也能达到保存丰臣秀吉血脉的目的。更为关键的是，浅井茶茶和丰臣秀赖走后，浅野宁宁便可以在大坂城内独揽权柄，与坐镇伏见城的德川家康共治天下。

可惜这一计划甫一提出，便因遭到浅井茶茶的强烈反对而破产。坊间随即传出了浅井茶茶与其奶妈之子大野治长私通，甚至珠胎暗结的谣言。可惜这样的谣言除了令本就风雨飘摇的丰臣政权形象更加不堪之外，并不能改变浅野宁宁日益尴尬的处境。最终面对来自内、外部的巨大压力，浅野宁宁不得不于庆长四年九月初，搬出大坂，带着众女官，前往丰臣秀吉生前于京都修筑的府邸隐居去了。

浅野宁宁前脚刚走，丰臣家的增田长盛、长束正家两位奉行，便于九月七日邀请德川家康入主大坂。德川家康欣然应允，并计划于九月九日重阳节之时，进入大坂，面见丰臣秀赖，正式开始自己于大坂执掌全国的政治活动。不料德川家康刚刚抵达大坂，便接到前田利长、浅野长政、大野治长、土方雄久等人意图刺杀自己的密报。

德川家康进入大坂之时，住在此前石田三成的府邸之中。因此有学者认为向德川家康告密的，正是此时已被赶回佐和山城的石田三成。而仔细分析参与刺杀德川家康的各方势力，更不难发现除了大野治长乃浅井茶茶的近侍之外，其余均为尾张派的外围成员。德川家康迅速采取行动，命浅野宁宁的义弟浅野长政隐居，将大野治长和土方雄久流放。

随即大张旗鼓地召集天下诸侯，计划对前田利长所盘踞的加贺国展开讨伐。面对德川家康的军事准备，前田利长也摆出不惜一战的姿态。姜沆的《看羊录》中便称："肥前守（前田利长）者亦修改城隍，为固守之计，间日托称田猎，领精兵数万，出没于越中越后等地。"尽管从军事实力来看，德川家康似乎占据优势。但前田利长也并非全无还手之力："倭人皆曰：使（上杉）景胜诚与肥前守（前田利长）连兵，直捣家康根本，则家康欲归救则恐清正等一时俱起，两京非己有，不归救则根本先破，腹背受敌。"

或许正是考虑到自己也没有必胜的把握，德川家康最终接受了前田利长以老母芳春院为人质的求和要求。

丰臣政权"五奉行"的笔头——浅野长政

同时，德川家康将自己的孙女许配给了前田利长的弟弟前田利常。来势汹汹的加贺征伐虽然就此画上了一个句号。但德川家康以武力压制同为"五大老"行列的其他强力大名的行动，却由此开启了序幕。

万历二十八年（1600）四月一日，德川家康以上杉景胜于领地内招兵买马、修筑神指城等举措，破坏地区稳定为由，以丰臣政权的名义向上杉家派出问罪使，要求上杉景胜递交"绝无二心"的誓书，并亲自前往大坂谢罪。但上杉景胜自恃乃战国豪门之后，对德川家康的要求并不在意，只是命手下直江兼续写下一篇言辞生硬的答辩。

当这篇被后世称为《直江状》的答辩于五月三日送抵大坂之时，本就有意杀鸡儆猴的德川家康当即下令对上杉家展开征讨。六月十六日，在后阳成天皇及丰臣秀赖均公开表示支持之后，德川家康率部从大坂城出发，经伏见、滨松、骏府、小田原诸城，于七月二日抵达自己的根据地江户。

从德川家康的行军路线不难看出，讨伐上杉景胜对于德川家而言，无疑是一条串联两大政治中心的必经之路。而更为关键的是，上杉家此刻所盘踞的会津地区，对德川家以江户为中心的关东根据地而言，可谓一把悬在头顶之上的利刃。

会津地处本州岛的东北部，虽被群山环绕，但其主城若松周边是依托猪苗代湖的肥沃盆地，加上扼守陆奥、出羽甚至越后诸藩进入关东平原的要冲，因此对于离开雄踞三代的越后迁往会津一事，上杉氏内部的有识之士纷纷表示反对。但上杉景胜力排众议，欣然前往。据说在转封会津的问题之上，上杉景胜曾与石田三成密议，认为会津扼守关东要道，一旦天下有变，即可"出其不意，与西国诸将协力消灭德川"。

就在德川家康于江户一线厉兵秣马准备向会津方向展开攻势之际，远离战场的近畿地区发生了天翻地覆的变化。七月十二日，留守中枢的前田玄以、增田长盛、长束正家三位奉行，突然联名向"五大老"之一的毛利辉元去函，邀请其入主大坂。处于政治失势状态的石田三成等人趁势而起，开始集结军队，准备进攻德川家康在大坂城内外的残余势力。

七月十七日，毛利辉元抵达大坂，前田玄以、增田长盛、长束正家当即便向全国发出了罗列德川家康十三条罪状的弹劾信，并于次日开始围攻由德川氏重臣鸟居元忠所把守的伏见城。此时的鸟居元忠手中仅有一千八百人，加上从大坂城中撤出的五百余德川家人马，也远不及城外陆续集结的反德川系大名的数万大军的一个零头。但鸟居元忠自诩忠义，在派人快马加鞭前往江户报信的同时，率部死守，为德川家康回援争取时间。

七月二十五日，德川家康于下野国境内接到大坂方向发生异动的消息，立即于当地的小山召集众将。在这场史称小山评定的军事会议之上，跟随德川家康东征的尾张派同仇敌忾，纷纷表示愿在德川家康的领导之下回师平叛。德川家康见士气可用，随即调整部署，命自己的次子结城秀康率军配合伊达政宗、最上义光等关东诸侯，牵制上杉景胜及蠢蠢欲动的佐竹义宣；已然率三万八千德川家精锐部队征讨会津的三子德川秀忠迅速改变路线，取中山道，经上野、信浓、美浓直驱大坂，德川家康则亲率主力循东海道，取道相模、骏河、远江、三河、尾张、美浓赶赴战场。

由于德川家康麾下的大军由东向西而来，因此日本史料上常称之为东军。与之相对的反德川系人马，则自然被冠以西军之名。东军方面各家大名唯德川家康马首是瞻，并无异议。西军方面究竟谁为首脑，史学家却有着不同的见解。

长期以来，日本民间大多将石田三成视为丰臣政权中反对德川家康的一面旗帜，甚至编排了他一路布局成功将德川家康引向关东，从容于大坂举兵的一系列的神话。与之相比，朝鲜、中国方面对丰臣政权的内部纷争有更为清晰的认识。如姜沆便注意到了德川家康与毛利辉元此时已经成为日本列岛的东、西两大强权："家康私邑在关东，自关东至倭京，远地则不下二十日程，近地须费十五日。辉元私邑在山阳山阴，自山阳山阴至倭京，远地则不下十五日程，近地须费七八日。倭人皆曰：自关东至倭京，家康可以米斛作陆路；自山阳山阴至倭京，辉元可以银钱作海桥。古之所谓燕赵之收藏，韩魏之经营，不能远过，其余诸倭。视两倭万万不敌。"

李氏朝鲜的《宣祖实录》之中更记载着万历二十九年（1601）初同样从日本归国的两位儒生姜士俊、余进德带回的相关情报："戊戌（1598）八月十八日，平秀吉（指丰臣秀吉）病死，遗言其嬖奴石田治部（石田三成）与增田右门丞（增田长盛）、长束太藏丞（长束正家）三者，曰：'汝须辅佐弱儿（丰臣）秀赖，勿负予言。'又令内府（德川）家康者：'关东此三十三州，惟汝可镇，亦可保弱儿'云。次教中纳言（毛利）辉元者曰：'关西南三十余州，汝可为酋，须怜我托孤之悯，谨保后事'云。"

丰臣秀吉临终之时由于对幼子丰臣秀赖太过挂念，的确有过分别向"五奉行"和"五大老"等人的托孤之举。但日本的史料中多以丰臣秀吉与石田三成、前田利家、德川家康等人互动为主。唯独姜士俊、余进德记录了丰臣秀吉对毛利辉元的嘱托。而有趣的是，在两人的口中，丰臣秀吉除了向德川家康和毛利辉元托付幼子丰臣秀赖，还做出了两家势力范围的划分。

从日本总计六十三国的政治版图上来看，丰臣秀吉交给德川家康所谓的"关东三十三州"，远远超出了其所领有的关东七国：相模、伊豆、武藏、上野、下野、下总、上总的势力范围，而是囊括了整个大坂以东的所有日本领土。相对应的嘱托毛利辉元的"关西南三十余州"也不局限于毛利氏所领有的安艺、周防、长门、备后、出云、石见、隐岐七国，而是几乎将大坂以西全部交给毛利辉元管理。

已经病入膏肓的丰臣秀吉，是否会在弥留之际做出这样"德川、毛利平分日本"的政治安排？姜士俊、余进德的一家之言显然孤证难立。但是至少从他个人所接收的信息来看，似乎他所依附的西军大名是这样认定的。也正是基于这一立场，姜士俊、余进德眼中的关原之战，便不再发轫于以石田三成为首的文吏派和以福岛正则、加藤清正为首的武功派的对立，或以浅野宁宁为首的尾张派和以浅井茶茶为首的近江派的纠葛，而是以毛利辉元为首的西日本与以德川家康为首的东日本之间的矛盾。

四、关原

对于姜士俊、余进德等人送回的情报，朝鲜王国方面应该进行了一番整理和汇总，并最终于万历二十九年（1601）十二月以书面汇报的形式，向明帝国进行了通报。于是在明帝国的《神宗实录》中，才出现了如下记载："十二月甲子朔，朝鲜国王李昖奏对马岛倭求款。先是，朝鲜人俞进得（余进德）等自日本脱归，言倭酋平秀吉将死，令其将家康领东北三十三州、辉元领西南三十三州，协辅其幼子秀赖。倭将景胜据关东以叛，家康悉兵往击景胜；辉元与行长等诸将入大坂城，合力拒家康。"

综合朝鲜方面的奏报，不难发现其对姜士俊、余进德所提供的关原之战的情报进行了最大限度的缩减。之所以出现这样的情况，除了考虑到天朝上国没有那么多时间去听取下属小邦的政治八卦之外，还有明帝国除了在朝鲜战场上交过手的小西行长、加藤清正，对于石田三成、大谷吉继等丰臣政权重臣均无直观印象。因此才隐去了关原之战的前因后果，直接以"家康攻辉元"进行了概括。

作为日本的邻国，中国和朝鲜都对关原之战的情况语焉不详，那么西方世界自然更对这场决定日本命运的决战知之甚少了。1885 年，为了与国际接轨，明治维新后的日本政府聘请了当时代表世界先进水平的德国陆军现役军官前来执教。对于日本方面多次热情的邀请，德国政府却敷衍了事，最终挑选了擅长战史研究却缺乏实战经验的少校克莱门·梅克尔（Klemens Wilhelm Jacob Meckel，1842—1905）。而克莱门·梅克尔少校本人也对位于远东的这个无名小国兴味索然，甚至一度表示自己只打算在日本待一年。

克莱门·梅克尔少校抵达日本之后的执教生涯也谈不上愉快，他刚一出现在日本陆军大学，其秃顶长须的造型就招来了"涩柿大叔"的外号。面对学员的嘲弄，克莱门·梅克尔少校随即反唇相讥，公然在课堂上表示："（自己）只需一个德国步兵军的兵力，便可以轻松击溃日本全国陆军。"如此气焰嚣张的言论，随即引来了学生们的反弹。尽管最终这场纠纷，以学生刺头根津一被勒令退学而结束，但是恶劣的师生关系并未得到根本的改善，最终产生了著名的笑话"西军必胜"。

据说有一次在为学员讲课的过程中，克莱门·梅克尔少校被临时要求讲解一次日本历史上著名的会战。克莱门·梅克尔少校虽然以战史见长，但显然对日本的历史缺乏研究。他大略看了一下沙盘上两军的布阵和兵力对比，便凭着多年的经验，草率地发表了占据战场西侧笹尾山、松尾山，呈鹤翼阵展开的西军必胜的论断。克莱门·梅克尔少校的这一论断随即成了日本学员的笑柄，因为在日本，这场"决定天下的会战"的结果，早已家喻户晓。不过克莱门·梅克尔少校这次老猫烧须，并非其基本功不过关，而是因为他并不清楚关原会战前后的日本列岛政局，恰如其同胞克劳塞维茨所言："战争无非是政治通过另一种手段的继续。"

万历二十八年（1600）八月一日，经历了长达十三天的惨烈攻防，云集了宇喜多秀家、小早川秀秋、毛利秀元、吉川广家、岛津义弘等诸路人马的西军，终于攻克伏见城，全歼了东军方面的鸟居元忠部。关于此战，后世多以为德川家康以一支偏师，成功地牵制了对方主力，从而为亲率大军回师争取了宝贵的时间。甚至还有人以为西军方面的行动恰恰落入了德川家康这只"老狐狸"的计谋中。在关东经营多年的德川家康要收拾上杉氏本不用亲自上阵，德川家康三子德川秀忠指挥的三万八千精兵配合关东地区的伊达政宗等大名的部队足以应付。德川家康之所以大张旗鼓地率军出击，无非引蛇出洞而已。考虑到作为诱饵的伏见城守军必然会被石田三成一举吃掉，据说在引兵离开大坂之前德川家康已然与重臣鸟居元忠作了不再相见的诀别。

这样的说法看似不无道理，却不免堕入江户时代各类历史演义中神化胜利者的逻辑陷阱。德川家康固然有着过人的谋略和胆魄，但要说其在出兵征讨上杉景胜之时便已预见到了三奉行会勾结毛利辉元窃取大坂，并有将对手一网打尽的计划，未必有些言过其实了。

事实上，德川家康之所以能够从关东从容回师，很大一部分原因在于其政治上的巨大优势。得知德川家康引兵西去的消息，上杉景胜所部欣喜若狂，唯有少数清醒者黯然表示："如果将德川方的这次退兵视为害怕我上杉家的话，那就太不了解家康公了。家康公此次带领诸将回军西上讨伐石田殿下，十之八九石田殿下会败。到时剩下我主公一人如何对抗家康公。德川没有进攻我们而选择了退兵，这才是我们的不幸吧！"

面对如此黯淡的未来，上杉景胜无力打破困局。因为就在德川家康率军回师之前的七月二十四日，雄踞奥羽的伊达政宗已然率部攻入了上杉家领有的刘田郡，并在短时间内夺取了白石、川股两城。上杉景胜虽事后通过外交手段与伊达政宗达成了停战协定，但在短时间内也不敢贸然从会津出击。

德川家康虽然顺利地摆脱了上杉景胜可能的追击，但要赶往大坂还有漫长的道路要走。好在东海道沿线多是德川家康移封关东前的旧将领，小山评定之际领有当地的众多尾张派大名，德川家康对他们说："各位的妻女都在大坂城中做人质，恐怕现在已经落到了叛贼石田三成手中。我决定不顾生死讨伐叛逆，你们是去是留，完全自主决定。"旧将们听后毅然表示愿意献出居城供德川家康使用。

因此德川家康大军进展一度颇为顺利。但即便如此，东军方面依旧处于后发的劣势，在德川家康坐镇江户的情况下，八月十四日，东军前锋才抵达福岛正则领下的清州城。东军方面的长途跋涉，本是西军以逸待劳的良机。何况此时扼守东军西进要道的美浓国岐阜城掌握在对德川家康心怀不满的织田秀信手中。作为昔日日本战国枭雄织田信长的嫡长孙，织田秀信之所以加入西军，无非为了复兴织田氏，而听信了石田三成战后将封赏美浓、尾张两国的许诺。但织田秀信显然没有其祖父的才能和运气。

八月二十一日，东军方面福岛正则、池田辉政各自领军强渡木曾川，织田秀信虽亲率九千之众前往迎击，却最终因兵力悬殊而落败。无奈之下织田秀信只能在向石田三成求援的同时，退守岐阜城。但老于行伍的德川家康早已做好了万全的准备，在挥动大军合围岐阜城的同时，也派出多路人马于外围布阵，截杀西军的支援。事实证明，德川家康高估了西军方面的协同能力。毛利辉元在入主大坂之后，完全没有一个统一的战略规划。云集于西军旗下的十万大军，始终处于一盘散沙的状态。

在攻克伏见城后，西军主力毛利氏所部分头攻入伊势、近江国境内，最终在两个次要战场白白浪费了大量时间。另一支精锐部队则在大谷吉继的统率下，负责监视加贺方向前田利长的动向。剩余的部队则忙着围攻跟随德川家康东征的细川忠兴所领有的丹后国田边城。在这样的情况下，真正能够支援美浓方向的仅有石田三成手中有限的兵力。

眼见东军严阵以待，石田三成也只能无奈地看着岐阜城在一天之内被攻克。东、西两军的攻守态势，由此发生了根本性的逆转。夺取岐阜城之后，东军先锋福岛正则念在织田信长的面上保全了织田秀信的性命，随即又通过军事、外交双管齐下的手段，拉拢了控制美浓西部地区犬山城的稻叶贞通等当地豪族。至八月二十六日，东军方面已经逼近了美浓西陲不破郡的大垣城，驻守佐和山城与大垣城之间的西军宇喜多秀家、小西行长、石田三成、岛津义弘所部备感压力。好在此时德川家康已然从江户正式出发，传令福岛正则等人暂缓进军，等待他赶到战场再发起总攻。惶惶不可终日的石田三成等人连忙向坐镇大坂的毛利辉元求援。

在东军屯兵美浓等待德川家康抵达前线的同时，西军方面也逐渐完成了部队的集结。率先抵达战场的，是大谷吉继及其户田重政、平冢为广、赤座直保、小川祐忠、朽木元纲、胁坂安治诸将。这些人多为近江出身，与石田三成同气连枝，但名下领地不广，带来的人马亦屈指可数，故而选择在大垣城以西、关原西南的山中村驻扎。

九月七日，毛利氏的主力终于抵达战场，布阵于关原以南的南宫山上。

九月十四日，统率一万五千大军的小早川秀秋亦抵达前线，扎营于关原西南的松尾山上。同一天，德川家康抵达前线。得知德川家康亲临前线，石田三成随即于九月十四日主动出击。在名为杭濑川之战的前哨交锋中，西军意外获得堪称完胜的战果。得知德川家康有意绕过福原长尧驻守的大垣城突入近江，石田三成随即移师关原，以中山道为中间，依托两翼的笹尾山和松尾山为中心，西军布置成中央收缩、两侧展开的"鹤翼之阵"。仅从地理上来说，占据制高点的石田三成与只能在平缓的开阔地上展开的德川家康相比，的确占据一定的优势。

除了地形的不利因素之外，德川家康此时在兵力上也是捉襟见肘。战前被其寄予厚望的三子德川秀忠，在信浓国的上田城下遭到当地土豪真田昌幸、真田信繁父子的阻击。当然真田父子更多地利用诈术延误了德川秀忠七天的时间，其间并未出现激烈的攻防战。在总兵力远少于对手的情况下，德川家康只能将本阵前移。

九月十五日，德川家康抵达了距离前线仅两千米的桃配山。但德川家康很快便发现自己此举有些荒唐。因为就在桃配山东南的南宫山上部署有毛利氏的两万余人马，这样一来，东军不仅在正面战场要遭遇对手的左右夹击，更在战略上陷入了顾此失彼的尴尬之中。但事已至此，德川家康只能硬着头皮命令麾下的七万五千大军于清晨的浓雾细雨中向对手发起进攻。尽管担任东军前锋的福岛正则叫嚣着要与石田三成一决生死，但是面对西军居高临下的火力优势，德川家康的第一轮进攻非但没有讨到什么便宜，反而陷入了混乱之中。石田三成一边以日本列岛罕见的大口径火绳枪"大筒"向对手射击，一边传令点燃狼烟，号召各部展开总攻。

江户时代描述"关原之战"的屏风

　　毫无疑问，石田三成最期待的是驻守南宫山的毛利军可以投入战斗，但是担任毛利军前锋的吉川广家不仅不为所动，还有意阻挡堂弟毛利秀元的行动。客观地说，吉川广家并非贪生怕死之徒，在远征朝鲜的战役中，吉川广家在碧蹄馆、蔚山等战役中均有不俗的表现。真正导致其作壁上观的还是对天下局势的判断。

　　关原之战前夕，身为西军主帅的毛利辉元曾在大坂城力劝浅井茶茶抱着儿子丰臣秀赖前往石田三成的本城佐和山，然后在关原前线竖立起丰臣氏的战旗。但浅井茶茶搬出一堆理由，表示"不能擅离大坂"。既然有着切身利益的丰臣氏都如此首鼠两端，毛利家自然也大可不必为之卖命。吉川广家按兵不动，毛利秀元干脆要吃罢战饭再行冲锋，不过这顿饭从上午一直吃到正午，由此日本列岛多了一个"宰相殿下空便当"的典故。

　　毛利氏大军尽管"不动如山"，但至少牵制了东军方面的上万人马。真正令石田三成功败垂成的还是小早川秀秋的迟疑和倒戈。占据松尾山的小早川秀秋不仅握有一万五千人的生力军，更直指德川军虚弱的侧翼。面对首鼠两端的小早川秀秋，德川家康终于失去了耐心，命令麾下的"铁炮大将"布施孙兵卫率部对松尾山射击。被枪声惊醒的小早川秀秋随即倒戈相向，冲入了友军大谷吉继的阵中。小早川秀秋最终决定站在德川家康一侧之时，石田三成方面的核心战斗力事实上已经消耗殆尽。大谷吉继虽然事先已然对小早川氏可能的异动做好了准备，但在数倍于己的敌军合围之下，大谷吉继所部很快便全军覆没。随着这一块多米诺骨牌的倒下，整个西军随即陷入了总崩溃之中。由于遭到德川氏的全力追击，石田三成的本部人马很快便全军覆没，一心还想东山再起的石田三成逃入伊吹山中，最终被当地的农民所俘。

　　据说石田三成被俘之后，德川家康对他颇为客气，还待之以诸侯之礼。但昔日同殿为臣的福岛正则在马上呵斥道："你掀起无益之乱，今天落到如此地步有何脸面？"石田三成却反唇相讥道："是我武运不好，为不能活捉你颇感遗憾。"尽管表面上看福岛正则和石田三成在战场上分属不同的阵营，但是关原之战最终败北的是整个丰臣系人马。随着石田三成和小西行长等人在大坂等地游街后最终人头落地，世人眼中丰臣家昔日无上的威望也落到了谷底。再度率军进入大坂的德川家康更挥舞起"改易"的大棒，开始重新划分日本列岛的政治版图。

五、改易

所谓"改易"顾名思义便是调整各大名的所属封地，关原之战中，从属于德川家康的各路大名，包括临阵倒戈的小早川秀秋、按兵不动的吉川广家等人自然要论功行赏。但是这些土地不可能由德川氏自掏腰包。于是从属于西军的大名们便集体倒霉，宇喜多氏的领地被全部没收。毛利氏毕竟顶着西军主帅的头衔，其原有的八国一百二十万石的领地被削减到两国三十七万石。为此吉川广家日后在毛利氏受尽了白眼。

有趣的是，上杉氏虽然长期与德川家康敌对，但由于奉行"战是死，不战亦是死"的顽抗政策，最终于万历二十九年（1601）宣布降服之后，倒也保留了米泽藩三十万石的领地。在关原之战"打酱油"的岛津义弘抱着"今日胜败虽属未知之数，岛津却自有岛津的进退"的态度，虽然从属西军，且在撤退的过程中连伤德川家松平忠吉、井伊直政两员大将，却也只是让出家督之位，提前退休而已，岛津氏在萨摩的领地没有受到丝毫的影响。

尽管从战败者的头上掠走了近六百万石的土地，但是由于德川秀忠所指挥的三万八千关东劲旅未能及时赶到战场，因此这些战果德川家康必须首先用来安抚福岛正则、加藤清正等人。德川家康自己的家臣反倒所获寥寥。面对这种局面德川家康只能另辟蹊径，他虽然无力削减封地的数量，却能决定封地的位置。

于是丰臣秀吉昔日以大坂、伏见两城为中心分封于近畿的家臣纷纷被调往本州岛西部、四国、九州等地。日本列岛形成以关东江户为中心的德川系一家独大的局面。

客观地说，西军虽然于关原之战中失利，但并非彻底失去了抵抗能力。一方面由毛利秀元、吉川广家统率的毛利氏所部两万三千余人在战场上未受损失，有序地撤离了战场。此外在大坂城内毛利辉元手上仍有近万精锐，加上此前因围攻近江大津城而未能赶赴关原战场的毛利元康所部一万五千人。因此西军方面仅毛利氏所部便有四万之众。

另一方面，西军还控制着丰臣秀吉生前动员数十万民夫所修筑的坚城大坂，如果西军选择据城死守，东军不仅将面对军事方面的巨大困难，更将在政治上陷于将丰臣政权名义上的领袖——丰臣秀赖的生死置于不顾的不利境地。因此在关原战场获胜之后，东军虽然迅速攻占西军前线据点佐和山、大垣两城，迫使石田三成的父亲正继、兄长正澄、妹婿福原长尧自刃，但此后德川家康便勒兵不进，命福岛正则、黑田长政两人前往大坂，游说毛利辉元弃城退兵。

除了派出尾张派的头面人物公开活动之外，德川家康还将此前因涉嫌行刺自己而被流放关东的大野治长也派往了大坂，让这位浅井茶茶的绯闻男友兼乳母之子，向丰臣秀赖母子传达自己"绝无加害之心"的信息。果然经过这样一番外交攻势，自知无力再战的毛利辉元放弃了抵抗，乖乖撤出了大坂。

万历二十九年（1601）九月二十七日，在关原战场大获全胜的德川家康，以王者归来的姿态进入大坂。在拜谒了丰臣家名义上的领导人丰臣秀赖之后，德川家康随即大开杀戒，首先便于十月一日于京都附近的六条河原处决了战败被俘的石田三成、小西行长及长期为毛利氏服务的外交僧安国寺惠琼。同时被俘的西军武将赤松则英、生熊长胜亦被逼自刃。两天之后，困守近江国水口冈山城的丰臣家奉行长束正家，在走投无路的情况下，与其弟长束直吉一同在开城投降后切腹自尽。

长束正家死后，德川家康又流放了关原之战前后首鼠两端的奉行增田长盛。昔日把持中枢的所谓"五奉行"之中，至此仅剩下侍奉过织田信长、丰臣秀吉的老臣前田玄以。德川家康倒也没有难为这位老相识，保留了他丹波国龟山城五万石的封地，但经此一役之后，这位丰臣家的昔日重臣自然也明白该为谁效力了。

处置完大坂中枢的相关事务之后，德川家康开始论功行赏。在回师途中一路冲锋陷阵的福岛正则、池田辉政两人，分别由二十万石及十五万石，加封至四十九万八千三百石和五十二万石。若再算上福岛正则的弟弟福岛正赖由一万石加封至三万石，池田辉政的弟弟池田长政、池田长吉，分别由七千石和三万石加封至二万二千石和六万石，福岛、池田两家，领地各累计新增了三十万石以上，可谓功德圆满。

但必须指出的是，这一切并非全无代价。福岛正则兄弟必须吐出地理位置极其重要的尾张清洲城和伊势长岛城，移封至安艺国的广岛城以及大和国的松山城。池田一族则要放弃三河、近江的封地，转而就封于播磨和因幡。

安艺国此前是毛利氏的领地，松山城则为增田长胜所有。播磨、因幡地区则多为丰臣家外围势力的封地。随着福岛、池田两家踏上西迁之路，德川家康又将尾张交付于自己的四子松平忠吉，将三河封赏给了本多、土井等谱代重臣。如此一来，德川家康可谓一毛不拔，便轻松套取了此前丰臣秀吉拱卫大坂的诸多近畿要地。

除了在关原之战中直接听命于自己的子侄、重臣及丰臣家的尾张派武将之外，德川家康对战争中积极响应自己的地方强力诸侯也给予了增封。前田利长虽然率部从加贺仓促出兵，很快便被西军大谷吉继所部吓阻，但德川家康还是授予了其大量的土地，令前田利长一度坐拥加贺、越中、能登三国一百二十万五千石的领地，为日后号称"第一外藩"的前田加贺藩打下了基础。

但仔细分析不难发现，德川家康所划拨的土地，主要是关原之战中倒向西军的前田利长之弟前田利政的封地，及与前田利长关系不睦的丹羽长重所领有的小松城。因此德川家康此举依旧不过是慷他人之慨。值得一提的是，对于丹羽长重这个昔日织田信长麾下重臣丹羽长秀的嫡长子，德川家康还有几分香火之情，特许他蛰居于江户芝高轮泉岳寺，算是为日后德川秀忠重新起用此人埋下了伏笔。

除了前田利长之外，关原之战中出力最多的，自然当属长期对抗上杉景胜的伊达政宗和最上义光这对甥舅了。伊达政宗前期突入刘田郡，极大地牵制了上杉景胜可能对江户发动的突袭。最上义光则在九月一日得知东军攻占岐阜城、德川家康从江户出征的消息后，敏锐地感觉到大局已定，与领有出羽国大片领地的安东氏相勾结，试图两相夹击，一举歼灭上杉氏。

得知消息的上杉景胜当即先发制人，于九月八日从米泽、庄内两地向最上义光的领地大举进攻。面对上杉景胜麾下不下二万八千人规模的大军，仅有不足七千人马的最上义光不敢力敌，只能在依托外围工事要塞拖延时间的同时，向外甥伊达政宗求援。九月二十四日，在上杉景胜麾下爱将直江兼续屯兵于最上义光所领有的长谷堂城之际，伊达政宗的援军终于赶到了战场。

最上义光也随即由核心据点——山形城出击，摆出一副与直江兼续一决雌雄的架势。平心而论，伊达政宗与最上义光虽然沾亲带故，但两家明争暗斗多年，并没有什么香火之情。因此，先行抵达战场的伊达军仅留守政景所部三千余人，而经过前期外围据点的消耗，最上义光手中的机动兵力恐怕业已不足五千。面对直江兼续麾下的一万八千之众，恐怕并无胜算。好在此时关原之战胜负已分的消息传来，直江兼续无心再战，最上义光趁势掩杀，倒也占了不少便宜。是以战后德川家康大笔一挥，便将此前领有二十四万石的最上义光增封至五十七万石。

与舅舅最上义光的风光相比，外甥伊达政宗在关原之战后的处境不免有些尴尬。伊达政宗少年得志，长期以来都以"早生二十年，能夺取天下"来感叹生不逢时。眼见日本列岛东西对峙，伊达政宗不免产生了"吾可趁乱取之"的错觉。利用上杉、最上两家打得不可开交之际，政宗找到此前被丰臣秀吉改易而蛰伏于其麾下的陆奥豪族和贺忠亲，以帮助其恢复旧领的名义，怂恿对方在同样从属于东军的南部氏领地内发动叛乱。

凭借伊达政宗的支援，和贺忠亲一度纠集旧部夺取了名为岩崎城的要塞，与前来平叛的南部氏军队打了个难解难分。但随着关原之战的终结，和贺忠亲所部很快被击溃，其本人亦于国分寺自刃。被称为"岩崎一揆"的叛乱也至此画上了一个句号。对于"偷鸡不成蚀把米"的伊达政宗，刚刚平定天下的德川家康倒也没有深究，还象征性地将其领地由五十七万石加增至六十二万石。但这点蝇头小利，显然无法满足伊达政宗的胃口。在接下来的时间里，这位自幼便因病右眼失明的"独眼龙"还将搞出很多的事情。

六、句号

关于关原之战的许多细节，朝鲜王国所得到的情报主要来自从日本逃回、名叫姜士俊和余进德的两位朝鲜儒生。从其叙述中尚不知晓长宗我部盛亲、岛津义弘和上杉景胜最终均向德川家康表示臣服，还在幻想"景胜待其雪消长驱",从"家康十月之间乃令其孙从清正为将,领四万余兵,往战岛津,四合皆败,退兵建和"来看,其从日本逃回的时间在万历二十八年(1600)的十二月中旬到万历二十九年(1601)二月之间。

因为在万历二十八年(1600)的十二月十七日,德川家康由于忌惮岛津家仍保有的上万精兵,以及担心在九州地区爆发长期拉锯战,将冲击当地的政治平衡,所以命令由黑田孝高(即黑田官兵卫)、加藤清正、锅岛直茂三家组成的三万兵马暂时脱离与岛津家的接触。

而在万历二十九年(1601)二月,德川家康便已经通过结城秀康和丰光寺的"外交僧"西笑承兑与上杉景胜实现了停火。万历二十九年(1601)七月,上杉景胜接受重臣本庄繁长和千坂景亲的主张,以觐见丰臣秀赖的名义前往大坂,并于八月八日在结城秀康的陪伴下,前往伏见城拜见德川家康。从这个时间节点来看,逃离日本的姜士俊、余进德可谓第一时间为朝鲜王国带来了关于"关原之战"的相关情报。那么他的描述与现实是否相符呢?

应该说,尽管姜士俊、余进德的描述之中许多情节上与史实相差很大,其中一些地名和人名虽然可能由于翻译或记忆错失等原因出现了疏漏。但从总体来看仍完整而准确地讲述了"关原之战"的前因和后果,甚至还带出了诸多在当时的日本都不为人所知的政治细节以及西军方面完备的军事决策、战略意图。令人不得不怀疑这个被掳往日本的朝鲜儒生,又是从哪里得到的这些情报呢?

尽管朝鲜史料之中并未给出姜士俊、余进德两人的生平资料和在日本期间的遭遇,但我们仍能够通过他们的叙述大致拼凑出其人生轨迹,并由此尝试着去发现他对"关原之战"有着如许深入了解的真正原因。

无论是袭扰中、朝海岸的倭寇,还是丰臣秀吉发动的侵朝战争,日本方面都曾大量地掳掠和裹挟当地百姓。不过即便是其中最受重视的能工巧匠，在被带来日本本土之后，往往是囚居于陋室之中，劳作在工坊之间，所接触的不过是贩夫走卒、工匠学徒，不仅根本无从了解到如此之多的政治内幕，而且连德川家康、毛利辉元这些权倾朝野的名字都无从得知。

因此姜士俊、余进德很可能并非是被掳往日本，而是在丰臣秀吉发动的侵朝战争之中，或主动，或被动地选择卖国投敌。可惜最终日军在朝鲜半岛全线溃败，沦为"朝奸"的姜士俊、余进德为了躲避自己同胞的清算，也只能跟着逃往日本。由于两人出身"河东校生"，因此接受过系统的儒家教育，即便没有丰富的从政经验，也深谙权力游戏的原理和规则。因此抵达日本之后，虽然其已经失去了作为"带路党"的价值，但仍不失为一个合格的幕僚，并受到某位在"关原之战"中隶属于西军阵营的大名庇护。

仔细分析姜士俊、余进德叙述"关原之战"的角度，不难看出其虽然站在西军的立场，却称石田三成、增田长盛、长束正家等人为"嬖奴"，似乎并非"五奉行"一党。而其对宇喜多秀家、小西行长、岛津义弘等人也并没有太多的介绍，只是始终将聚光灯打在以毛利辉元为首的毛利家武将的身上。

丰臣秀吉临终之时由于对幼子丰臣秀赖太过挂念，的确有过分别向"五奉行"和"五大老"等人的托孤之举。但日本方面的史料记述之中多以丰臣秀吉与石田三成、前田利家、德川家康等人互动为主。唯独姜士俊、余进德记录了丰臣秀吉对毛利辉元的嘱托。

可能是由于主要信息来自毛利氏内部的关系，姜士俊、余进德口中的"关原之战"除了必要之处罗列了石田三成、宇喜多秀家、小西行长、大谷吉继等人的名字之外，几乎未对其主要事迹进行任何描述。相反对于毛利氏内部诸将的亲属关系和在战役中所发挥作用，却是了如指掌。

如毛利秀元为毛利辉元的养子、人称"（安）艺州（国）宰相"、小早川秀秋的正室毛利古满姬为毛利辉元的养女，吉川广家为毛利辉元的族弟等情况。即便是在当时的日本，许多中下层的武士都未必清楚，姜士俊、余进德两人却是如数家珍。而小早川秀秋和吉川广家受到了黑田长政策反一事，前者倒戈相向、后者勒兵不战，以及"关原之战"后德川家康通过吉川广家向毛利辉元"喊话"，诱使对方退出大坂城，其后又减封毛利氏的领土、逼迫毛利辉元将嫡子毛利秀就作为人质送往江户居住等情况，今天或许早已不是什么新闻。但俞进德在关原之战结束不到半年的时间之内，便了解得一清二楚、并将之传播到朝鲜半岛，更可见其在"关原之战"时可能身处西军高层决策圈的外围。

按照姜士俊、余进德的说法，他们之所以回国，是因为"对马岛主平义智（原文如此，应为宗义智），漏听我等之思归，欲凭请成，即议于家康。家康乃许，因裁请和书"。也就是说是对马岛当地领主主张将其二人作为特使送回的。而为了表明自己始终站在祖国的立场之上，姜士俊、余进德还宣称，他们曾义正词严地驳斥了宗义智，称："前者背恩忘德，请兵入寇，今虽欲和，我朝必不许矣。"

可惜朝鲜王国对姜士俊、余进德两人并不信任，在《宣祖实录》中该条的相关批注是这样写的："姜士俊等之招，虽不可尽信，而从后逃归人之所招，大概一样，则不可谓虚为不实，而天道祸淫之理，亦不可诬也，故备录之。"言下之意，自然并不算以其二人作为日、朝外交的突破口，不过是将其招供作为一个情报来源而已。

朝鲜王国最为关心的，还是姜士俊、余进德带来的岛津家为了躲避德川家康的军事打击，扬言要率领由七十艘战船组成的船队，进攻明帝国的情报。尽管对于这一情报，姜士俊、余进德本人都认为可信度不高："愁岛津方与家康相持待变，必欲据家康之来，假称入唐也。"但事实上岛津家在"关原之战"后与德川家的相持过程中，的确放出一旦形势不利，将率部西征大明暂避的风声，依附于岛津的九州南部水军也攻击了两艘隶属于德川家的商船。如果德川与岛津两家的矛盾继续升级，很难说不会对东亚邻国造成影响。

对于姜士俊、余进德等人带回的情报，朝鲜王国方面应该进行了一番整理和汇总。万历二十九年（1601）十二月，朝鲜以书面汇报的形式向明帝国方面进行了通报。

当然朝鲜王国此番奏报的重点，还在于通知明帝国方面其有意对马岛方面重开朝、日贸易的相关外交事宜。对此明帝国兵部方面给出的建议是："倭与朝鲜款事，未可悬断。总督万世德熟知倭情、职在经略，宜令酌议以闻。"明神宗朱翊钧虽然从万历十四年开始便由于各种原因，沉湎酒色、怠于政事，但对朝鲜和日本的事务颇为上心，当即批准了兵部的建议，命令时任蓟辽总督的万世德给出相关意见。

万世德，字伯修，是山西偏关县人士，据说是跟随中山王徐达南征北战的大将万杰之后。不过传到他这一代，家中早已没有了世袭武职。万世德早年当过几年捕头，但他并不甘于人下。在一番发奋图强的"淬志读书"之后，其终于在公元1570年和1571年连续两科高中，以进士身份外派南阳县令，从而开始了自己的仕途。《明史》中说万世德"生有膂力，擅骑射，又长于边陲，习地方要害防御机宜"，因此很快被提拔为兵部侍郎，不久又调任西宁兵备道。

兵备道本是明帝国在边疆及各省要冲地区设置的整饬兵备的后勤机关，并不直接参与前线作战。但万世德到任之后，"遇敌入寇，躬擐甲胄，率将士御之"，结果五战皆捷，从此一战成名。"万历援朝之役"打响之后，明帝国于天津设立前敌指挥部，万世德被举荐为都察院右佥都御史，专门负责海防事务。1597年受命辅佐兵部尚书兼蓟辽总督邢玠前往朝鲜前线参战。

尽管《明史》之中关于万世德指挥大将董一元等人"直逼釜山，生擒及斩获倭大将平正成等五名，杀倭大将军平义智，擒斩真倭兵二千四百四十八人，焚倭舟七百余只"的战绩未必可靠。但万世德在朝鲜亲自参与了作战行动，并在日本军队撤退之后，仍与李承勋率兵三千驻戍朝鲜却是不争的事实。而在万历二十九年时，万世德刚刚于一年前从朝鲜撤回，对于朝鲜王国和日本方面的情况颇为了解。明帝国兵部提议由其"酌议以闻"，倒也算是对症下药。

万世德毕竟在朝鲜待过很长一段时间，深知朝鲜与日本一衣带水，且在经济上存在强烈互补性，很难长期保持对立的状态，因此回复称："不过对马一岛寻盟请成，非关日本复仇雪耻。"可惜这一相对正确的建议却遭到兵科给事中孙善继的驳斥，孙善继表示："此实畴昔之故智，固不可以区区一岛之倭而易视者。设中国以此缓朝鲜，朝鲜复以此自缓，恐互相推诿、坐失事机，其究必至于两误。宜责成该国自谋自强，勿得借口请裁，往返渎奏！"言下之意是严防死守、对日斗争这根弦一刻也不能松懈。

好在明帝国的兵部不都是孙善继这样的愤青，随即给出了"在朝鲜，惟当计讲款之可、不可，而不当计中国之许、不许；在中国，惟当问防海之备、不备，而不当问朝鲜之款、不款"。算是摆出了一副"负责任的地区大国""不干涉别国内政"的政治姿态。

自万历二十九年（1601）至万历三十二年（1604），通过对马藩主，日本向朝鲜送还了在丰臣秀吉侵略朝鲜时强掳到日本的一千七百零二名朝鲜人。被送回的朝鲜人中，有很多原本在朝廷中具有发言权的饱学儒士。他们回国后向朝廷说明德川家康与丰臣秀吉不同，德川家康有恢复邻交的意向。这样，朝鲜政府于万历三十二年（1604）八月，派遣僧人松雪大师惟政和孙文为使节赴日，探听日本方面的真伪。尽管朝鲜方面当时仍把赴日使节称为"探贼使"，但终究是迈出了朝、日复交的第一步。

　　为了改善与明帝国的关系，万历三十年（1602）四月加藤清正也将此前掠走的王寅兴等八十七名中国人，"授以船只、资以米豆并倭书二封与通事王天佑送还中国"。不过明帝国并不领情，兵部对此事的批复是："闽海首当日本之冲，而奸宄时构内讧之衅；自朝鲜发难挫衄而归，图逞之志未尝一日忘。今迹近恭顺，而其情实难凭信；与其过而信之，宁过而防之。除通事王天佑行该省抚按径自处分、王寅兴等听发原籍安插及将倭书送内阁兵科备照外，请移文福建巡抚衙门亟整搠舟师，保固内地；仍严督将士侦探，不容疏懈。"

　　正是由于明帝国长期对日本保持着敌对的姿态，中国民间知识分子对日本国内的政治局势知之甚少。明末清初，浙江鄞县人万斯同以其博通诸史，尤熟明代掌故为资本，前后十九年写成了五百卷的《明史稿》。但其中对邻国日本的政治生态不胜了解。因此在其书写的《明史稿·日本传》对丰臣政权和"关原之战"的描写都颇为潦草：

万斯同的《明史稿》中有关丰臣政权的内容

"有关白平秀吉之乱，详见《朝鲜传》。秀吉太清平盛家奴，以败鱼醉卧树下，遇旧关白信长出猎，欲杀之，秀吉口辩，留令养马，名曰木下人，因助信长计夺二十余州，会信长为参谋阿奇支（指明智光秀）刺死，秀吉统信长兵诛阿奇支，遂居关白之位，诱六十六州分为二关白，曰相板西、曰赤门，各船数千只，后遂废倭王山城君，自号'大阁王'（原文如此，应为太阁），改元文禄，以养子孙七郎为关白。

"关白如汉大将军、大阁为国王，上又有天王，自开关以来传至今。不与国事，惟世享供奉而已。每年元旦，王率大臣一竭天王，他时并不相接。

"秀吉筑城四座，名曰'聚快乐院'（原文如此，指聚乐第），内盖楼、间九层、桩黄金，下隔房百余间，将民间美女拘留淫乐，尝东西游卧，令人不知。

"秀吉死，遗孤秀赖甫七岁，娶巨首源家康孙女，家康辅之……家康死，传子秀忠，称新关白……四十三年，秀忠以兵三十万攻秀赖于大坂，秀赖败之，保内城。秀忠掘地道放火，秀赖败死。"

对于今天熟悉日本历史的读者而言，万斯同的这段描写可谓似是而非、令人忍俊不禁。但在几个世纪之前，这位中国民间的历史学家能够收集通过民间交流、口口相传的点滴信息，拼凑出自丰臣政权衰亡到江户幕府崛起的全过程已属难能可贵。

可惜的是，就是这些点滴的资料，最终也被主持编修《明史》的清政府重臣张廷玉所删除。以至于后人读到的《明史》之中，只剩下："秀吉死，诸倭扬帆尽归，朝鲜患亦平。然自关白侵东国，前后七载，丧师数十万糜饷数百万，中朝与朝鲜迄无胜算。至关白死，兵祸始休，诸倭亦皆退守岛巢，东南稍有安枕之日矣。秀吉凡再传而亡"，如此简单地叙述了。

第九章：布局与绝杀
——明帝国对播州杨氏叛军的全面围剿

一、土司

"宁夏之役"表面上看是外籍军官领导之下的边防军哗变，但本质上仍是明帝国财政日益吃紧之下社会问题在军队中的集中爆发。而几乎同一时期爆发的"播州之乱"，则折射出明帝国长期以来在边境地区所奉行的"土司"制度所存在的弊病和危机。

明代云南、贵州、两广、湖广以及四川等地，自然条件差别甚大，民族众多。除居有汉族之外，还有苗、瑶、彝、傣等少数民族，他们的社会发展也极不平衡。元帝国统治时期便在少数民族聚居区设立土司制度进行管理。土司的官职有宣慰使、宣抚使、安抚使、土知府、土知州、土知县等。这些土司官职，大多由各族的首领世袭。

明帝国建立之初，朱元璋以数十万兵力平定西南各省后，为控制这些地区，遂承袭元朝的统治制度。洪武初年，"西南夷来归者，即用原官授之。其土官衔号宣慰司，曰宣抚司，曰招讨司，曰安抚司，曰长官司。以劳绩之多寡，分尊卑之等差，而府州县之名亦往往有之"。关于土司的选任和袭替，"原俱属验封司掌行。洪武末年，以宣慰、宣抚、安抚长官等官皆领土兵，改隶兵部，其余守土者，仍隶验封司"。

但大明王朝的这一规定，并没有贯彻始终。从天顺末年起，朝廷"威柄渐弛"。到嘉靖九年（1530）始复旧制，"以府州县等官隶验封，宣慰、招讨等官隶武选。隶验封者布政司领之；隶武选者，都指挥领之。于是，文武相维，比于中土矣"。

明代推行的土司制度，对稳定南疆和对少数民族地区的统治，起了一定积极作用，但其弊端也日益显露。土司的世袭性造成割据势力的事实存在，土司间为争夺领地、承袭权而仇杀、内讧，于是明朝廷在一些矛盾比较突出的地区实行"改土归流"。"改土归流"的主要内容是改土司为府、州、县，由中央派官员治理，或废府、州、县中的土官，全部由流官统治。同时丈量土地，额定赋税，设兵防守等。

如永乐十一年（1413），思州宣慰使田琛和思南宣慰使田宗鼎因争地而仇杀，明成祖朱棣遣使臣蒋廷瓒前往勘查，田琛及田宗鼎被密捕来京斩首。于是裁撤土司，"分其地为八府四州，设贵州布政使司"，蒋廷瓒为左布政使。宣德初年，贵州永从蛮夷长官李瑛卒后，无人继嗣，改设流官。嘉靖末广西龙州土知州与副使仇杀被"改土归流"。

但大明王朝在推行这一政策时，由于受到土官的抵制而不断反复。如马湖府在弘治时设流官，然而到嘉靖初，虽已有两次改流，但结果仍是"流官再设而土夷随叛，杀人夺地比昔更甚"。

播州杨氏可谓是西南地区土司世家的"金字招牌"，其历史甚至可以追溯到唐代。史料记载唐大中十三年（859），云南割据政权南诏出兵侵占播州地区。在唐帝国号召之下山西太原人杨端与其舅谢氏率江西向氏、令狐氏、成氏、赵氏、犹氏、娄氏、梁氏、韦氏、谢氏等九姓子弟组成的军队向播州进军，明攻娄山，暗渡赤水，收复播州。罗荣五世孙罗太汪偕同征战，杨、罗子孙遂定居播州。

唐末乱世之中，杨氏家族开始实质上统治播州地区。历经两宋与元朝统治后，于明朝洪武五年（1372），首领杨铿降明，此后被视为苗疆土司，历经二十九代。

土司也是中央政府的地方官员，有着和流官一样的品级、官名。不过，官职世袭，不经科举，甚至不领朝廷俸禄。土司制度自元朝创建以来，分文武两职。播州土司一直属于武职。自南宋杨粲担任播州安抚使以来，杨氏在播州的地位以官职的形式被朝廷所承认。元、明两朝，杨氏分别担任播州的宣抚使（元朝杨氏的官职很多，也有宣慰使的头衔，但具体到播州而言，则杨汉英为播州军民宣抚使、杨嘉贞为沿边宣抚使）、宣慰使。

明朝的土司制度已经非常完备，对土司地区的管理不断加强。播州已成为明朝稳固的地方建制。杨氏一族的官职、辖地都相对固定，贡赋也有制度。明朝还在文化、教育上加强对播州的控制。具体来说，又可以分为两个时期。杨铿、杨升、杨纲、杨辉几代，中央与播州的关系是和谐的。

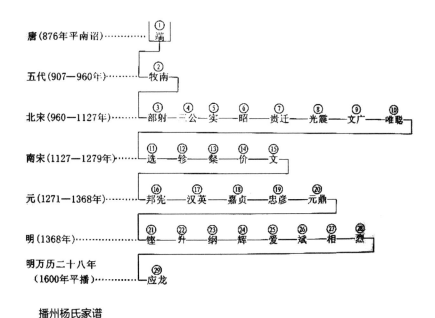

播州杨氏家谱

杨氏谨守臣节，为明王朝安疆守土，服从中央王朝军事、政治、文化各方面的安排，明王朝也对播州基本信任。

但明朝对播州势力一开始就有提防之心，朱元璋曾派遣使者对杨铿说过："比闻尔听浮言，生疑贰。"从杨爱开始，杨氏家族的内乱又起。播州与中央的裂痕逐步增大。杨氏因为家族纷争，频频在周边地区暗中动作。而中央对此的警惕之心始终存在，对播州的各项纷争采取诸多举措予以平定。最后甚至到了对杨张"必诛以为玩法戒"，对杨烈"声扬烈助逆罪"的程度。但在杨应龙之前，双方的既定关系还一直维持着，不过越来越艰难。杨应龙的叛乱，震惊朝野，虽然看似偶然发生，但并不是无迹可寻，之前双方的互不信任其实已经存在了。

播州除杨氏以外，罗氏为尊。罗氏比杨氏更早进入播州，其一世罗荣也自称太原人，在唐大历中就开始世侯播土。至四世罗太汪，少而孤，无力对付闽族的叛乱。此时杨端入播，取代罗氏成为播州之主，罗氏从此在播州退居副位。罗氏唐至宋传了十九代。

到了元朝，罗式传了五代，包括：罗魁授虎威将军、左武大夫，总管湖北、江淮、四川诸处军马事；罗季和授武功大夫、阁门宣赞舍人、同知播州沿边安抚司事，兼黄平知府；罗震之，授武德将军，兼黄平军民元帅府；洪武五年，杨铿、罗琛相率归明，罗琛为播州宣慰司宣慰同知，以后世代相传，治所在遵义。

罗氏之外，遵义地区还有何氏土司集团以及真州长官司的郑氏集团。史料记载：唐僖宗时，有何大本者，挂大将军印，奉命征蛮，终于播州，后袭宣慰司总管。明洪武五年（1372），播州总管何婴与杨铿、罗琛、郑瑚相率归顺明朝。明朝改总管为长官司，何婴等为长官司长官。

郑氏集团在元朝为珍州思宁等处长官司，隶播州宣抚司。至正末年，改珍为真，洪武十七年（1384），改为真州长官司，治所在近贵州道真县西南上坝。郑氏也是在唐代就入黔，元代时为珍州蛮夷总管。洪武五年（1372），郑瑚从征南将军傅友德破伪夏，擒将江中立有功，入觐，赐印绶。洪武五年，蛮夷总管与杨铿、罗琛、何婴一同归顺。后有郑从仁（与郑瑚何属不详）于洪武三十一年（1398）袭职，以后传十代，其中有郑玺、郑廷珪、郑文、郑葵从征有功。

除以上几家，播州还曾有威远卫土指挥佥事袁氏、播州长官司长官王氏、播州千户长官司长官宋氏、真州长官司长官冉氏、真州副长官司副长官骆氏、怀德长官司长官安氏、儒溪长官司长官袁氏、草堂安抚司安抚使（后降土县丞）宋氏、瓮水安抚司安抚使（后降土县丞）犹氏、中坪长官司长官孙氏、余庆长官司长官（后改土县丞）毛氏、白泥副长官司副长官（后改土主簿）杨氏、容山长官司长官韩氏以及威远卫镇抚使袁氏和土总旗袁氏、王氏、罗氏、安氏等大小土司。土司家族的共同特点是官职世袭，家族传承十几代甚至二十几代的并不罕见，有的土司家族甚至传至晚清、民国时期。大大小小的土司是播州很长时间内的实际控制者。

上文已述，罗氏进入播州比杨氏还早。杨端入播之事，在罗氏族内流传有所不同。罗氏自罗荣入播后，传至四世罗太汪少而孤，当时闽族叛乱，罗太汪"出依泸州叔祖仁勇家避住。上命蔡、宋、康、高四经略讨之，弗克。乾符（874—879）间，命总戎杨公端讨之，道由泸、叙，太汪诣营献策，遂克平之。以功居最，授不次之官，复居于播"。

罗氏与杨氏对播州的开拓是前后相继的关系。正如杨端在《罗氏钟爱堂谱叙》中所说："向之先公创而造者，君得以恢而复也；君之恢而复者，又吾之得以创而造也。"杨端入播以后，罗氏始终是以副手的面貌出现在播州的舞台上。明朝初年，杨铿、罗琛等部相率降明，此后杨氏世代为宣慰使，罗氏世代为同知，两大姓一主一副。杨斌谋求四川按察使时，有播州安抚使罗忠为其表功。杨斌父丧欲效文臣守制时，罗忠又上奏，以边防为重，请求仍令其掌印理事。罗忠可能也是罗氏一族。

播州杨氏尚管辖有其他土司，他们长期是杨氏的下级。明初有罗琛、何恩、郑瑚与杨铿一起降明。杨辉欲废杨爱、立杨友之时，草塘安抚使宋滔曾以杨氏立嗣以嫡的家法相谏，后又有宋淮与罗忠一起奏请杨斌掌印理事。杨氏土司有大事是要与下辖土司商量的，并且有些话还需要他们向上传达。这些土司"世为目把，大事咨决焉"。杨氏土司对下级土司具有极高权威，甚至能凭着天高皇帝远擅自生杀。容山长官韩瑄就因不顺杨辉之意而被其杖杀。

播州叛乱之前，五司七姓（有人认为，播州领有六长官司，五司应为除播州以外的真州、余庆、白泥、容山、重安五司；也有人认为，五司为黄平、草塘二宣抚司和余庆、白泥、重安三长官司。七姓为田、张、袁、卢、谭、罗、吴）皆叛离。杨应龙"本雄猜，阻兵嗜杀"。不少土司与杨应龙的关系紧张。播州长官司长官何恩愤恨杨应龙的肆虐，遂弃职率七姓旧人宋世臣等赴阙，上疏请求讨伐杨应龙。隆庆三年（1569），杨应龙夺宋氏田庄，害宋恩等十七人性命，播州千户长官司长官宋宗富赴京上奏讨贼。

元明时期，素有"思播田杨，两广岑黄"的谚语，实际上，"田、岑、黄三姓，亦非杨氏之比也"。杨氏与周边、辖境内的土司有着错综复杂的关系。

播州杨氏与水西安氏是贵州土司史上有举足轻重地位的大土司。水西安氏为彝族，在杨氏开疆辟土的历史上，杨氏屡屡征讨的水西闽族即是彝族。而水西安氏与播州杨氏也龃龉不断。成化十八年（1482），杨爱曾因水西罗鬼所管蛮人杀掳儒溪、赤水等人民，亲自会同水西宣慰使安贵荣交涉。

嘉靖二十二年（1543），王昂奉杨相令收回被水西安氏侵占的土地，并在缉麻山设立营所，防止水西侵扰。杨相、杨煦、杨烈父子内乱时，杨相被迫逃到水西安氏处避难，最后客死水西。杨烈袭职后，向水西宣慰使安万铨提出返还父亲尸体，安万铨乘机向杨烈要求返还水烟、天旺故地。杨烈表面答应，得到父尸后即悔约，并杀死水西长官王黻。此后，播州、水西治兵相攻达十年之久。但安氏土司又羡慕播州与中央的密切关系，仰慕播州强大的文化、经济和军事实力，曾欲与杨氏结亲，杨氏自恃诗礼旧家，予以拒绝。

永宁、酉阳土司，也与杨应龙有着密切的联系，而黄平、白泥则与杨应龙有仇怨。万历二十三年，刑部侍郎刑玠至蜀，"察永宁、酉阳皆应龙姻媾，而黄平、白泥久为仇雠"。此外，贵州洪边宣慰宋承恩与杨应龙的关系也很密切，《平播全书》中记载："宋承恩，酋长女婿，年二十二岁，系洪边宣慰应袭，往酋戕官军白石口时，贵州抚按即行承恩绝婚杨氏，勿涉其余波，承恩阳诺阴违，竟之不觉。（万历）二十五年（1597），安疆臣争新贵县，实承恩从中鼓煽，冀合安杨之交，其谋狡矣。剿事起，承恩为酋诇事贵州，十日一报，行路知之，畏其勾贼，无敢言者。"

二、龙屯

明朝洪武末年即明确把土司分为文、武职两类。宣慰使、宣抚使、安抚使、长官司长官为武职，在省隶都司，属中央兵部武选司；土知府、土知州、土知县在省隶布政司，属中央吏部验封司。但在实际执行中并不完全如此。也有武职隶属于吏部验封司，文职拥有土兵的。

土司作为朝廷命官，朝廷赐予告敕、印章及冠带等信物。土司的来源主要有：明初归顺的元朝已有官职者，多以原官授职；对明朝有功绩者，按功劳大小授职；新归附的少数民族首领，按其辖地大小、人口多少而授职；原土官死后无嗣，另由职衔较高的土官保举，再由朝廷任命。

明朝对土司承袭的规定也十分明确和严格。明初规定土司故后，承袭人须赴朝请示并献方物，履行一定的手续才行，中期以后渐渐废弛。规定子女、亲属、妻女、女婿及外甥都可承袭，但验封司必须勘察明确别无争袭才行，要取得土司的"宗支图本"，并要有官员结状作保。规定土司要预先指定承袭人，以免引起纷争仇杀。对互相仇杀、借兵助恶、残害军民、与外夷勾结，甚至越省婚嫁的土司，规定其子孙不许承袭。

明朝土司虽得世袭，但土司于请示承袭时文中不能出现"世袭"字样。明朝对土司的升迁和惩罚也十分明确。土司可以凭借军功、对朝廷的忠勤、纳米即纳送粮食、进献方物等升迁。升迁的办法与元朝近似，主要有升品级、加授流官名、加虚衔等方式。明朝对违法土司惩罚的规定比元朝严厉得多，对反叛者必诛。土司有罪最严厉的惩罚是典刑，即处死。还会对违法的土司裁革、降职或迁徙。但明朝对土司的惩处也不是完全沿用汉法，对有的土司会采取宽宥或依照当地风俗罚以金钱、粮食或马牛赎罪。

明朝对土司的进贡与纳赋，也已经制度化。在进贡上，贡品多为各地方物，贡期一般为三年，极少数表现得很恭顺的土司可以一年一朝。明朝对土司朝贡的人数和朝廷对土司的回赐也逐步有了明确的规定，对恭顺土司的赐予格外优厚，以示笼络。

对于土司如何交纳赋税，明朝也有一套办法。土司新归附时，明朝依其自愿交纳。待统治稳固后，会规定缴纳的大致数目。对能够进行编户的少数民族地区，会按人口征收赋税。对部分地区，会按田亩的数额征收夏税秋粮。如遇灾荒或当地土司有军功的，会蠲免租赋。对一些地区，允许交纳物品折纳。明朝土司地区的赋税比前代大为明确，但比流官地区仍轻得多。

明朝土兵的力量有所发展，尤其明朝中后期，卫所制度衰落，土兵的力量日益壮大。明朝土兵主要有保境安民，轮戍一些城镇、要地，服从朝廷的命令征讨三方面的作用。明朝在镇压李自成、张献忠起义，保卫边境，剿灭倭寇等内外战争中，都曾征调过土兵。

播州土司的军事力量中令人印象最深刻的就是它的囤堡军事防御体系。播州土官、土司对囤堡的防御性能的认识是由来已久的。据宋濂《杨氏家传》记载，杨端入播之后，就曾"据险立砦"。播州的治所曾长期为"白锦堡"，或许有军事防御的功能。

南宋杨文对余玠提出的著名的"保蜀三策"中，无论是"移镇利阆间，经理三关，为久驻谋"的上策，还是"择诸路要险，建城濠以为根柢"的中策，都反映了杨文对囤堡的军事功能的深刻认识。余玠后来延请播州冉琎、冉璞兄弟以钓鱼城为中心，沿江修筑山城十余座，形成了有效的防御体系，在抗击蒙元战争中发挥了巨大的作用，大汗蒙哥即死于钓鱼城下。

冉氏兄弟有如此壮举，当是受家乡的影响。杨文在淳祐十二年（1252）解汉嘉之围时，即派总管田万"率兵五千，间道赴之，夜济嘉江，屯万山、必胜二堡"。而著名的海龙屯的修建也不晚于杨文时的宝祐五年（1257），后在杨应龙时期得到大规模重修。

海龙屯是播州囤堡防御体系中最杰出的代表，它是在南宋抗击蒙元的大背景下出现的。海龙囤的全部威力是在杨应龙抗击明军的过程中体现出来的，它是集维护土司家族利益与保卫国家利益于一体的防御体系。海龙屯原名龙岩囤，雄踞于龙岩山上，选址合理，设计独特，是关堡相结合的山城体系。

海龙屯防御体系由十六关二城三堡构成三条防线，每个独立的关以及城堡都控扼周围一定的空间，三条防线由外围到中心构成了层层耗歼，逐次阻敌，长达三十多千米的纵深防御阵地：

一线由娄山关、三渡关、上渡关、老君关、乌江关、河渡关、黄滩关、崖门关、落濛关等组成打击敌人的警戒阵地，迫使敌人提前展开攻击队形。

二线由养马城、养鸡城、海云囤、龙爪囤等组成中间拦阻阵地，迫使敌人提前展开攻击队形；同时，由东面的养马城、养鸡池、养鹅池等组成后勤补给线，屯驻大量粮食、军马等物资，满足长时间兵力消耗需要。

三线由铁柱关、铜柱关、飞虎关、飞龙关、朝天关、太平关以及万安关、城墙等设施构成海龙屯核心阵地，也是最后一道屏障。

海龙屯内部，又可划分为八个相对独立又相互联系的功能区，即：外城东部防御区，内城东部严防区，内城北部环屯防御区，内城南部环屯防御区，内城中部建筑集中区，内城西部严防区，外城西部防御区，外城西部前沿瞭望防御区，形成统一性很强的纵深层次防御体系。总之，海龙屯充分利用地形，又融入地形，攻防结合，寓攻于防，层层设关，关关相卫。整个防御体系呈现出关堡星布、以点控面、纵深防御的特点。

播州土兵在北宋时就不可小觑，南宋时更是名震天下，成为抗击蒙元的重要力量，元明时期也屡屡帮助朝廷镇压反叛，四处征伐。其战斗力为历代所称许。播州有一支寓兵于农的军队，宋高宗南渡时，杨选即"务农练兵，以待征调"。

至杨粲、杨文时，正式形成了寓兵于农的制度。杨粲之时，"最是寓兵于农，且耕且战，得富国强兵之策，有古规模"。杨文领郡之后，"于晨隙之时作新□政教，以坐作进退。无事则耕，有事则战，兵民两利，口为之用"。这种寓兵于农的军队组织形式被播州杨氏历代所继承。

播州土兵人数不少。北宋末年，杨唯聪平定杨光明时，已能"大集兵拒战"。进入南宋以后，播州已经能经常调动数千乃至上万人马。杨价曾"帅家世自赡之兵五千，戍蜀口"，嘉熙（1237—1240）年间，杨文"曾命裨将赵暹率万兵赴战石洞峡"。淳祐八年（1248），"西帅俞兴西征"，播州"发兵五千人与俱"。淳祐十二年（1252），北兵围汉嘉，杨文"使总管田万率兵五千，间道赴之"。洪武十四年（1381），朝廷曾让杨铿"率兵二万、马三千为先锋"，播州军队数量可见一斑。

播州土兵在南宋杨价时曾被命名为雄威军，杨价曾任雄威军都统制。杨文时，南宋王朝又下诏在雄威军前加"御前"二字以示宠异。宋元之时，播州又有涅手军，元世祖至元三十年（1293）五月癸亥，朝廷"曾括思、播等处亡宋涅手军"。涅手，乃是在手臂上刻字染墨。元朝时，播州土兵与思州土兵并称为"思播兵"，经常为元朝四处征战，立下了赫赫战功。杨应龙曾"擅立三十六统制、三十六巡警，十三亲管，各有头目，各有兵众。每一人名下多者二三千，少者一二千。总之，不下十四五万"。可以看出，播州军队的组织是严密的。

播州土兵的军事装备一直以冷兵器为主，有刀、矛、剑、斧、弓、弩、毒箭、戟、槊、钩、藤牌等，非常齐全。南宋杨文派总管田万解汉嘉之围时，曾以劲弩射敌，"敌不能支，遂却"。可见当时播州的武器还是比较精良的。

播州盛产马匹，历代播州土官土司进贡，马匹都是不可缺少的，播州的骑兵也颇有力量。明朝以后，在明军广泛采用火器的背景下，播州土兵的武器相对落后了下来。播州土司并非对火器没有认识，杨友诬陷杨爱有不轨之心时，与他勾结的张渊九就曾诬陷杨爱造火器。

三、黔蜀

可以说在杨应龙继承播州土司之位后相当长的一段时间内，其与大明帝国的关系非常融洽。万历十四年（1586），杨应龙还因向朝廷进献大木美材七十棵，而受赐飞鱼服与都指挥使职。但杨应龙也因此日益骄纵跋扈，为了满足自己的私欲，除了强化对自己领地内土民的经济剥削之外，更开始以武力打压周边的土司家族。

面对杨应龙的横行不法，其辖下五司七姓之民遭受残害颇深，遂联名向贵州抚按告变称杨应龙意欲反叛。贵州巡抚叶梦熊遂上疏请征剿。但蜀地士大夫阶层纷纷以杨应龙"兵骁勇，数赴征调有功，剪除未为长策"，力主应该以招抚为主。

一时间，黔、蜀两省抚按官员一主剿、一主抚，产生严重分歧，并为此纷争不断。兵科都给事中张栋对于这场"抚剿纷争"也不得不感慨道："臣等益以为疑，一土司也，在贵州方欲剿其党，在四川乃欲调其兵；一杨酋也，贵州方欲诛之以除害，在四川乃欲藉之以成功，何其意见相左之甚耶？"

之所以出现两地完全不同的政治态度，是因为播州虽属四川，实为贵州肘腋，杨应龙不法祸及贵州。 明代，播州在改流之前虽属四川，却距四川省城近三千里之遥，其疆土反而深入贵州腹地。因此杨应龙虽然"仇杀五司，僭立巡警，其焚杀陵轹之惨，僭逾凶悖之极"，却对四川来说无关痛痒。

除了播州在政治上的特殊性外，这一地区在经济上也颇为尴尬。播州受贵州节制，且负有协济贵州卫所粮饷之责。从隆庆二年（1568）开始，明廷即规定"湖广沅、靖、平溪等州卫，四川西阳、播州、永宁三土司，照旧专属川湖统辖，仍听贵州节制调遣"，且播州宣慰司及其辖下真州、黄平、草塘、白泥、余庆、重安、容山诸司均对贵州卫所粮饷负有协济之责。

如此，播州宣慰使杨应龙残害五司七姓既属贵州管辖范围，协济一项又关乎贵州切身利益，作为贵州抚按自然不会坐视不理。正如致仕归家的两浙转运使陆从平所言："播州虽蜀地，而黔军门有兼制川东之敕，故亦属黔。"后来任四川巡抚的谭希思亦对贵州主剿表示理解，他称："土酋杨应龙，其所居之地则辖四川，其部内五长官司钱粮兵马则供贵州，其肆虐于部民，而所部之民日号泣于贵州，此贵州先任抚官王体复所以有此剿之议也。"

正是因为这种两不相属的状态，令杨应龙对待黔、蜀两省官员有截然不同的态度，王士性在《广志绎》中记载，播州宣慰司"地坐贵竹（即贵州）而官系川中，故杨酋应龙伺川中上司则恭，见贵竹则倨，川议赏，贵议剿，非一日矣"。

面对黔、蜀两省截然不同的态度，明廷最后不得不采取"从公会勘"的方式，让两省官员共同决定"或剿或宥"。面对朝廷的会勘，杨应龙还是接受了勘察，并没有直接以兵刃拒之，而是采取了"赴蜀不赴黔"的对策。

这时的杨应龙接受勘察的原因有二：一是蜀地对杨应龙是主张招抚的态度，这对杨应龙来说可以为自己开脱找到立场；二是播州邻近蜀地，且对蜀构成很大威胁，在蜀地接受勘察，相较于在播州受勘察，而更受到保护，起码不构成对自身生命的威胁。

本来杨应龙擅自用兵，使得境内动乱，按律当斩。但由于四川方面对他的包庇，勘察最终结果却是"论（汉）法当斩，请以二万金赎"。从这结果来看，朝廷不用汉法，而是以金赎命，体现了对西南土司的宽宥之策。正是在这勘察之时，倭兵入侵朝鲜，朝廷大规模招兵，杨应龙便灵机应变，主动诉请愿亲自带五千兵征倭，以示报效。

但是被释放后的杨应龙以"兵已行启，寻报罢"，并没有兑现其承诺，从他的这一行为中可以认为其愿亲自带兵征倭的原因在于：一能证明自己对朝廷的忠顺，当然这个忠诚不久便没了；二亦是真实原因，"诡言征倭自赎得脱归"，以亲自带兵为幌子，实则是为了脱身。面对杨应龙这种做法，明廷很快便派新任巡抚王继光来"严提勘结"。

所谓新官上任三把火，刚继任的四川巡抚王继光，奉朝廷特旨严格审查勘察杨应龙一案。杨应龙害怕因勘察使自身安全和职位受到威胁而不敢再接受勘察。但是由于杨应龙凶残统治，使播州土目张时照等再次告杨应龙叛乱，巡抚王继光亦决定用兵一意平剿杨应龙。播州内部的不稳定，使杨应龙似乎难有机会证明自己的所谓统治有方，毕竟播州内部的动乱便是最明显的污点。

万历二十一年（1593）正月，杨应龙和朝廷发生了第一次正面冲突，巡抚王继光、总兵刘承嗣、参将郭成兵分三路，行军至白石口。这次冲突中杨应龙用了"声东击西"之计，他以"佯令其党穆炤等约降"为幌子，而自己"因统苗兵据关冲杀"，结果是"都司王之翰军覆，死伤大半，黔师协剿亦无功"。

白石口一役，杨应龙大败朝廷军队。王继光因此被撤职，朝廷也转变了对杨应龙的态度，从一意平剿变为"相机征剿"，后任的御史薛继茂更是主张招抚。朝廷对于土司内部的不和谐，首先采用的是宽宥之政，招抚安定，尽量让土司内部稳定下来，因此"兵部尚书石星手札示疆臣赵应龙就吏得贳罪。疆臣亦奉手札至播招龙"，甚至让水西土司前去招抚。

面对朝廷的招抚，杨应龙一是积极认错，甚至自比安国亨，认为自己亦是"被讦"，只是因为害怕做了些"惧罪"之事。他辩解白石口一役是自保为之；二是向朝廷保证，如果能得到朝廷的赦免，他便竭尽全力为明朝保境安民，不再为非作歹，杨应龙更是"囚服蒲伏郊迎，缚献黄元、阿羔、阿苗等十二人案验"。以表示对朝廷积极的悔罪行为，希望得到朝廷的宽宥。

朝廷鉴于杨应龙积极的认罪态度，依旧秉持对西南土司的宽宥之策，最后勘审结果是"以夷法得论赎，输四万金助采木"，暂时革去杨应龙宣慰司之职，嫡子杨朝栋授以土舍，次子杨可栋作为赎罪金的人质，黄元等被朝廷斩杀。可是杨应龙还是因为朝廷处罚结果而不高兴，"益怙终不悛"，加上次子杨可栋在做人质的时候死去，杨应龙"则亦心痛"，不仅没有缴纳赎罪金，而且"拥兵驱千余僧，招（次子）魂而去"。

回到播州之后，杨应龙便开始了叛乱和复仇活动，并花大力招募军队，"分遣土目置关据险，僭立巡警"，稳固自己的地盘，"搜戮仇民，劫掠屯堡，殆无虚日"，不停地劫掠杀戮来充实自己的物资储备。

因为苗军作战勇猛，杨应龙便"厚抚诸苗，用以摧锋"，为了培育一支为其打仗卖命的苗军，但凡发现"州人稍殷厚者"便"没其家以养苗"，使"诸苗人愿为之出死力矣"。

在做了大量战前准备及拥有了一支"敢死"军队之后，万历二十四年（1596）七月，杨应龙便开始对播州之地进行肃清，"劈余庆土吏毛承云棺，磔其尸"；掠大阡、都坝；劫余庆、草堂二长官司以及兴隆、偏镇、都匀各卫；围黄平；杀重庆长官司张熹家。杨应龙的这些近似毁灭性的行径给地方治安造成混乱，人口也因战乱减少。

四、会剿

万历二十六年（1598）十一月，王士琦因万历援朝被调去征倭。此时的朝廷将兵力重点放在了朝鲜之役，杨应龙则因此变得更加肆无忌惮，不断攻打周边，"益统苗兵大掠贵州洪头、高坪、新村诸屯。已，又侵湖广四十八屯，阻塞驿站"；接着攻打地控黔、楚通道，驻有重兵的偏桥卫，占领战略要位，势力急速扩大。

万历二十七年（1599）二月，杨应龙于飞练堡再次大败明军。面对杨应龙日益嚣张的叛乱，朝廷却只能进行被动防御的军事部署，于綦江和合江募兵，并严守冈门和安稳两地，以防止杨应龙进一步的进攻。在结束了朝鲜之役后，朝廷便集中军力平定杨应龙的叛乱，以李化龙为统帅"节制川、湖、贵三省兵事，决意进剿"，调集刚打完朝鲜之役的将领们南下征讨杨应龙。

五月，总督李化龙到了蜀地后，"即请设标兵，益调浙、闽、滇、粤将士"，派总兵万鏊到重庆，"并调集镇雄、永宁各汉、土兵设防"。从明军的军事行动可以明显看出，此时的明军还是处于等待援军而被动防御的作战状态。

杨应龙则抓住明军没有汇集的时机，于万历二十七年（1599）六月，展开了大规模的军事部署：一、亲自率大军攻打綦江，并分别于赶水、猫儿冈屯兵；二、派娄国等属下"以偏师一犯南川，一犯江津"；三、令儿子杨朝栋守沙溪辑麻山，专防永宁宣抚与贵州的明军。

杨应龙在攻下綦江城后，"尽取资财子女去"而将"老弱者杀之，投尸蔽江而下，水为赤"，大肆屠城，将城池洗劫一空而去。面对杨应龙的强烈攻势，朝廷依旧摆出了严防的态势，"日夜征调汉土兵守渝城"，明军进一步的军队征调，使得杨应龙不敢贸然进攻。

明神宗朱翊钧听说綦江陷落，大为恼怒，下令追夺前四川巡抚谭希思、贵州巡抚江东之官职，赐李化龙尚方宝剑，可以便宜行事。他还给兵部下了一道谕旨："綦江失守，蜀事甚急，可忧。着该总督率属厉兵，相机防剿。陕西、甘肃、延绥、浙江等兵，俱难如议调用，刻期赴援。刘綎素称忠勇，你部里马上再行催他奋身报国。"

　　万历二十七年（1599）十月，总督李化龙到了重庆，刚从朝鲜战场打完的刘綎也到了重庆，明朝大军基本在重庆会师，但是身为总督的李化龙深知，这支从各地调集过来的军队，急需的是军心和秩序的整顿。对于战略要害位置的偏桥，李化龙"议置劲兵万余，据要害，通楚、黔道"。随着明军各路的集结和战略的部署，战争逐渐转入了明军的进攻阶段。

　　到了万历二十八年（1600）正月，随着明军大军汇集，杨应龙亦发动大规模的军事行动与明军展开搏斗，"杨应龙勒兵数万，五道并出"，攻打龙泉司，分别击败了据守的官兵。但面对明军与周边土司的进攻，杨应龙并没有占得先机，在攻下龙泉后，正打算攻打婺川之时，一听官坝被攻下，便马上"撤兵遁"，杨应龙开始渐渐失去优势。

　　明军抓住杨应龙退兵的时机，也是"延宁四镇、河南、山东、天津、滇、浙、粤西兵至者，踵背相属，各土司亦用命"，各地的军队大会师之时。总督李化龙将大军分为八路围剿杨应龙，"川师分四路：总兵刘綎从綦江入，总兵马孔英从南川入，总兵吴广从合江入，副将曹希彬受吴广节制，从永宁入，而中军，率标下游兵策应。黔师分三路：总兵董元镇，统土知府陇澄、知州岑绍勋等由乌江；参将朱鹤龄受元镇节制，统宣慰安疆臣等由沙溪；总兵李应祥统宣慰彭元瑞等由兴隆，湖广偏桥一路，分两翼：总兵陈璘，统宣慰彭养正等由白泥；副总兵陈良玭受璘节制，统宣抚单宜等由龙泉"。

　　李化龙部署完毕后，于万历二十八年（1600）二月十二日，令"分道并发，每路兵约三万，官兵三之，土司七之"，檄告各路军队"以地娄山等关为期"并对关内外的军民施以不同的作战指导，"关外且战且招降，多不可胜诛也。关内疾战勿受降，师不可久老，贼诈不可信"，从这关内外不同作战思想来看，李化龙对作战目标及目的非常明确，就是把杨应龙消灭，而不是以偏概全地错杀其他，并为平定杨应龙之后的播州善后奠定了良好的统治基础。

八路大军以刘綎部最骁勇善战，因而李化龙把他放在最重要的綦江一路。杨应龙深知刘綎厉害，颇为惧怕，派重兵把守要害。二月十五日，刘綎分兵三面围攻，连克三峒。那一天，刘綎督战阵前，左手拿金锭，右手挺剑，大喊："用命者赏，不用命者齿剑！"士兵锐不可当，终于大捷。

三月初，杨应龙派其子杨朝栋率精锐主力苗兵数万前去抵挡，分别由松坎、鱼渡、罗古池三路并进。刘綎在罗古池埋伏万人以待松坎来犯之敌，以万人埋伏营外以待鱼渡来犯之敌，另有一军左右策应。刘綎身先士卒冲入敌阵，苗兵大惊失色，连连呼喊："刘大刀至矣！"全军顿时溃败，刘綎追奔五十里，杨朝栋只身突围，差一点当了俘虏。杨朝栋战败，杨应龙的部众更加闻风丧胆。

刘綎乘胜攻至娄山关下。此关为杨应龙老巢的前门，形势险要，易

刘綎的雕像

守难攻，但见万峰插天，从箐中有一径小道，才数尺宽，叛军设木关十三座，关楼之上堆积滚木、梭杆、垒石，下列排栅数层，合抱大木横截路中，沿路挖掘深坑，坑内密布竹签，自谓万险俱备。

刘綎派步兵分左右两路绕道包抄娄山关后背，自己督率主力正面仰攻，攀藤鱼贯毁栅而上，两面夹攻，夺下娄山关。四月初，刘綎屯兵白石口。杨应龙困兽犹斗，自己率苗兵决一死战。刘綎勒马冲坚，令将士分两翼夹击，挫败杨应龙，追至养马城，与南川、永宁两路官军会合，连破龙爪、海云等险囤，兵临海龙囤下。

然而，海龙囤险恶的自然条件给明军的作战造成极大的阻碍。其中娄山关地势险要，被形容是"万峰插天，中通一线"，而海龙囤，更是一处"飞鸟腾猿，不能跃者"的险要之地。杨应龙依靠这些天险，又因海龙囤据当时的播州府治很近，"在城北四十里"，所以后勤补给也相当便捷，而且海龙囤"山顶为大面积的丘陵状平地"，既具生产之需，又具屯兵的优势，加上周围又有众多兵农合一的屯，如"海龙屯周围有龙爪、望军、海云等屯，养马、养鸡等城，皆为海龙屯羽翼"，它们在战前只作为海龙囤的补给屯堡，一遇到战事，便可作为军事屯堡，从而成为海龙囤的羽翼。

海龙囤因这些优势成了明军与杨应龙最后决战之地。艰险的自然环境和不利的交通条件，使明军作战异常艰苦，往往得冒着生命的危险"从间道攀藤"。明军八路大兵陆续云集于海龙囤下，把它团团围住。从五月十八日开始，各军轮番进攻。

总督李化龙接到父亲去世的讣闻，明神宗朱翊钧令他墨缞视师，李化龙赤脚起草檄文，督促各军奋力进攻。连日大雨滂沱，将士驰骋泥淖苦战。六月初四，天忽开朗。次日，刘綎身先士卒，一举攻克土城。杨应龙坐困穷崖，连夜散银数千两，招募敢死队拒战，苗兵都骇散四奔，无一人响应。杨应龙提刀巡视，只见四面火光冲天，彷徨长叹，与妻田氏相对而泣。次日天明，官军破城而入，杨应龙仓皇与爱妾周氏、何氏关门自缢，纵火自焚。其子杨朝栋、弟杨兆龙等被生擒。

此次平播战役，先后一百一十四天，斩敌二万余人，以杨应龙的彻底失败而告终。万历二十八年（1600）十二月，督抚李化龙、郭子章、江铎班师回朝，押解播州叛军头目六十九人抵达京师。明神宗朱翊钧特地来到午门城楼参加庆典。杨朝栋、杨兆龙等人在凛冽的寒风中被磔于市。

五、善后

播州之役一结束，朝廷首先对播州善后确定了总方针："一宥无辜。言兴师伐罪，止诛元凶及有名恶党，凡汉土诸人，不得已相从者，不必诛遭引。一安地方。一禁豪强。一议蠲恤。一夷险隘。一议撤留。一慎勘叙。一明功罪。一禁揭害。凡胁从免治，流移招复，毋许豪强乘机兼并，仍尤加赈恤，以安新定地方，兵马久戍劳苦，酌量次地撤还；永靖诸苗横恣捕诛，就着撤回兵马剿处，可即便宜行事，军中一应有功人员，俱从公叙来，余俱依议。"

也就是说，从恢复播州地方治安、百姓生活生产、战后军队的撤留等等各方面明确了"便宜行事"的善后原则，简而言之就是让战后的播州地区能够尽快全面地稳定及发展。因此，朝廷对播州善后相关事宜，令有能之臣在限定时间内共同解决，希望通过最大程度的努力，做好善后工作："巡抚郭子章，总督王象乾会勘播界，务上不损国威，下不拂夷情，众论佥同，事情画一，并将已退者果否可以建县设流，清摊起科，未退者今后作何输粮派马，以及看守听调，一并确勘，改限次年三月以里具奏。"这样做的目的就是让播州地区尽快地稳定和发展，让百姓尽快地安居乐业，从而为接下来的"改流"做好准备。

朝廷对于播州地区外部事务的善后处理，主要针对的是关于战后播州地界纷争处理情况，不仅包括国家层面，即朝廷对播、水之间地界纷争的处理，而且包括地方层面，即播州与水西两个土司之间具体的纷争情形。

从国家层面来说，播州之役结束之后，对于播州土地的纷争，稳定边疆的统治，急需中央出面解决，可以说是迫在眉睫。《明实录》对此便记载道："播称沃土，人人垂涎，今当鼎盛之时，原有地者思欲多占，原无地者亦思妄，漫无统纪，至相争杀，黔既不敢问，蜀又不复言，日久月深，患在眉睫。"从这短短的几句话中就发现，如果对播州土地不进行明确、合理地划分，就将严重影响播州地区以后的安宁。

播州之役结束后，朝廷对于遵义、水西地界的争执，要求贵州总督抚按衙"从公勘议，限十一月内完极"，希望尽快解决地界的问题，不要为以后的不稳定埋下隐患。

朝廷对于播、水之间地界之争的态度，亦是对播州善后事宜的大政方针，即确定"诸臣保境安民为上，以招携远为急，以党同伐异，挑衅酿祸为戒，则播事从此得善其后，水西从此得保其终，而在事者从此亦得免于纷纷之议"的方针。

从这项大政方针中可以看出，朝廷对于善后事宜的处理以地区稳定为最重要的考虑因素，希望使经历战争之后的播州及其与周边土司关系，甚至是后来的贵州地区能稳定和谐地发展。

播州之役后，播州被"裂其土为郡县，被发尽入编户，鳞介悉改衣裳"，马上实施了各方面的汉化"改流"措施，而善后"改流"的措施涉及政治、经济、文化各方面。善后措施涉及播州地区政治、经济、文化各方面的改流，但善后之重之难在于对播州地区的儒化教育，因为只有发展播州地区的教育事业，才能为各方面具体的善后提供思想保障，就如明代播州绥阳县第一任知县詹淑所说："矧播沦胥八百年，一旦改土设流，固将移风易俗，而不于学校加意，何以脱苗习而化顽梗？ 犹不耕菑畲而欲丰裕，难矣！"可见，"改土归流"的难点和重点在于播州地区的文教事业建设。

因此，战后明廷即对播州文教进行了"改流"，除遵义府学继续办外，遵义、桐梓、绥阳、仁怀县、正安州设县学，平越设府学、湄潭设县学，启迪庶民百姓，并在各地开创书院大兴讲学之风。从意识形态上对播州地区进行深入教育，改善播州地区落后的文教事业，为善后措施及"改土归流"顺利地实施奠定思想基础。

丈量田土不仅是"改流"的一个重要措施，更是"改流"的一个重要目的，丈量田土即是对原来播州实际的土地数额进行统计，这是增加田赋征收来源的重要手段。田赋是中央重要的财政税源之一，因此丈量田土而增加税收既是"改流"的意义，也是"改土归流"的重要标志。

对于播州田土的数量统计与田制改革，李化龙就此向户部提请了相关意见，涉及田土统计的方法以及需要注意的事项："一丈田粮。环播幅员千里，田地数千万亩，旧额粮岁以五千八百石输贵州，益夷方赋税原轻，至应龙出而后考取民财，定为新额，名曰'等实'。每田一亩，微银数钱，初犹敛其财以招苗，后并夺其地以养苗，而赋法荡然矣。今既改流，自当仍用汉法，第额粮轻重，蜀无定规，查克平九县田地，分别上、中、下三等，每亩上田四升，中田三升，下田二升，今仿之以清播田，定为等则，务令均平，二年之后方起科征收。一限田制。播土旧民仅存者什之一二，遗弃田土，往往冒认影占，若不为限制，恐将来田地阔而人民少，不能成府县之规。今应将播之旧民号扬保子者，人给田三十亩，其余无主之田与没官者，许三省之民占籍授田，各为限制。"

因为原先播州只要缴纳象征性的贡赋，而不受中央赋税体制的控制，所以大量的田土需要进行丈量，将其纳入到中央赋税制度之中。朝廷根据李化龙的提议，即"授田先尽原住人民，招抚流移复业，果有无主没官田土，方许外人占籍，勿令豪强奸狡，乘机冒夺，至归之人失所"。通过明确播州善后具体田制的原则，保障了田土改革的顺利进行。为保护底层百姓的生产积极性，中央便设置义田性质的"渡"，招抚百姓耕种，如万历二十八年（1600）设赵北渡，"其义田一分，载粮一钱七分，载种一石，招渡夫王姓耕食"。

平播之后，明廷并没有设置新的卫所，而是直接任免官员去当地进行管理，或者设置更多的以军事作用为主，以经济作用为辅的屯卫和驿站，因为再增设军事性的卫所势必产生更多的权属和领土划分问题，就如李化龙所说："贵州卫所已多，且黄平原有一所，不必增设以滋冗滥，播地三面环夷，干戈甫戢，当此经纶草昧之始，设立有司，可以招抚流亡，而图久安。布置将领，可以备御仓卒，或易于生事徼功。而开边衅，欲以内修戎备，外摄夷心，整肃群僚，警服众志，为地方长久之计。"因此，较为妥帖的方式便是通过任免官员将领和设置兵备，以这种间接又较为柔和的方式来稳定刚刚经历战火的播州地区。

由于"深山邃谷，远箐茂林"，贵州各地之间一有往返所需"动逾旬日"，严重影响政令传达和物资运输的速度，因此不得不增设驿站"令夜郎、乘凤、乐源、乐道、永镇、儒溪、永定七处，各州县达府要路，宜各设驿站以协济夫马之奔驰，以联属遐方之脉络"，从而有效解决险恶的自然环境所带来的不利因素，在一定程度上促进了播州地区与贵州的发展。

虽然播州战争结束，杨氏势力也受到重创，"夫应龙以极恶就经，一死安赎是命，剉尸传首，恭严天诛，其妻孥党与七十余人槛来阙下，重者分裂，轻者钳奴。"杨应龙被"剉尸"，而其他主要分子亦被"谪戍边鄪"，但是还是有一些杨应龙旧将，一直对播州伺机而动，试图恢复其原来的统治。如万历三十一年（1603）春三月"播州余贼吴洪等作乱，有司讨平之"。

播州从唐乾符年间（874—879）由杨氏世袭统治，绵延达二十九世八百余年，到杨应龙及其儿子死亡而终结。万历三十一年（1603），明朝在此实施"改土归流"政策，改播州为遵义、平越二府，遵义府下辖遵义、桐梓、绥阳、仁怀四县，平越府下辖黄平州及余庆、瓮安、湄潭三县，以遵义府隶属于四川，平越府隶属于贵州。毫无疑问，播州土司杨氏势力的消灭，"改土归流"的实行，对于这一地区政治的统一，经济、文化的发展，是一大进步。

当时已退休在家的前内阁元辅申时行，对于平播战争耗费湖广、四川、贵州三省财力过多，有所非议。此话并非没有根据。但他由此而否定此役，认为朝廷"好事喜功，穷兵黩财，非国家之利"。

这本质上是对明神宗朱翊钧的批评，大胆而且泼辣，也过于偏激，本末倒置。凡事都有一利必有一弊，播州之役也不例外。虽然耗费了巨额财力，骚扰了地方，但是，若不重兵压境予以铲除，那么杨氏盘踞播州的局面将永无改变之日，蜀、黔的治安也将始终留有隐患。从多次招抚杨氏均遭失败来看，以战争手段平定播州之乱实在是迫于无奈的唯一可供选择的方案。以历史的眼光看，如果此时不平定播州，那么到了清朝雍正年间"改土归流"时势必还得采用暴力予以荡平。迟平不如早平，于国于民都是利多而弊少的好事。

同时代的另一官僚朱国祯的看法就高明多了。他说："播州一案，当时用兵，可不可乎？曰：可。蜀三面邻夷，且借为用，而播为最劲，此不可制。四起效尤，无蜀并无黔滇。且分八路，克险关，彼犹倔强如故，势安得已。曰：既克矣，因而郡县之，可不可乎？曰：可。悉天下全力，平二千里，为国家辟土开疆，此盛事也。"

确实，把播州的"改土归流"视为万历朝的盛事，是不算过分的。正如瞿九思在其名著《万历武功录》中所说："此唐宋以来一大伟绩也。"这是明神宗朱翊钧从政以来留在史册上极其辉煌的一笔。

令人不解的是，当明神宗朱翊钧通令嘉奖有功人员时，在征东与平播战争中立下赫赫战功的大将刘綎，竟以馈赠上司（李化龙、郭子章）金银玉带，而遭到"免官永不叙用"的处分，实在过于赏罚失衡。

当播州战事吃紧时，是明神宗朱翊钧自己首先想到刘綎，说他"素称忠勇"，要兵部催他从东征战场驰骋千里赶到西南边陲奋身报国的。战事结束后，总督李化龙把刘綎评为"军中第一功"，明神宗朱翊钧却以通馈这类官场寻常事为借口，不仅不予评功，反而给予严厉处分，令人百思不得其解。

是怕他居功自傲，尾大不掉，抑或是危难已过，翻脸不认人？无怪乎谈迁要为刘綎鸣不平："马或奔蹄而致数千里，士或负俗之累而立功名，一二佚行，学士大夫或不免焉，况介胄豪举者哉！""今刘将军以通馈败，其馈人多矣，不幸中弹墨。然窃以为当事过之。彼两台既自好，麾之门外，不必奏劾，即奏劾亦当曲请以东逐岛倭，西歼叛司，功未尽录，当夺一阶，俾省廉洁之效，何至褫秩等于文吏也！设刘将军掊饷溢敛，将何法以加之乎？国家少有风尘之警，动抚髀兴叹：廉如伯夷，信如尾生，驱之行间，始吏议不相耶！"

这些话表面是抨击言官，实际是批评明神宗朱翊钧。更令人不解的是，当云南、四川叛乱又起，明神宗朱翊钧想起了被他罢官的刘将军，居然违反自己先前的"永不叙用"旨意，起用他为总兵官，再次为朝廷效力，以后又调其至辽东战场，直至战死。

第十章：天恩与大恨

——建州女真的叛乱和抚清
之战

一、三卫

　　说起明代女真人的历史，建州三卫是无法绕过的话题。自明初起至清立国之前，建州三卫的影子始终投射在辽东大地之上。建州三卫不仅见证了明朝之辉煌，也加速了其国祚亡废。有人说，明亡，实亡于万历。但从另一个角度来说，明亡，实亡于辽东。而建州三卫的兴衰与明廷的政策息息相关。也正是由于明朝在对待辽东女真人政策上的失误，才终使得清兵叩关入京。从这个意义上而言，说建州三卫改变了明清的历史，以至于影响了中国历史的前进轨迹，当不为过。

　　明朝立国之后，辽东的女真部族主要分布在"混同江以东，东滨海，西接兀良哈，南邻朝鲜，北至奴儿干"的地区，并大体分为：建州女真、海西女真和野人女真。

　　明朝统治东北地区之后，开始全面招抚女真诸部，一面设立卫所，鼓励朝贡，一面招徕女真内迁，并设三卫两州以安置。《东夷考略·女直》记载，明廷于永乐七年在开原设置安乐州，在辽阳设立自在州，上述两州均在辽东都司属下。

在这种政策之下，一些女真部落首领纷纷率部众来朝，其中一些头目，如亦失哈、王肇舟、佟答刺哈等还受到了朝廷重用。而女真诸部的归附和支持，也令明朝在东北地区的统治日渐稳定，开始设立大量的卫、所。据统计，自永乐元年（1403）十一月开始，明朝在东北女真地区先后共设置三百六十八个卫、二十个所。

在对女真各部设立卫、所进行管理的同时，明朝还对各部大小首领分别授予都督、都指挥、指挥使、千户、百户、镇抚等官职。此外，还对这些首领进行赏赐以代俸禄，任其"自相统属，打围牧放，各安生业，经商买卖，从便往来"，以"共享太平之福"。

由此可见，在当时的社会环境下，明廷对女真人所在地区实施了宽松的民族自治政策，所以女真人居住地的卫所制有别于其他地区的卫所制。这种卫所为军政合一的地方政权机构，兼有行政及军事两种职能。女真部落首领为官也与其他少数民族地区不同，其职官为血缘家庭世袭制，父职子袭。他们在俸禄上也与内地官员迥异，虽为朝廷命官，但无俸禄钱粮，只是在每次赴京朝贡之时领取朝廷的赏赐，而赏赐的途径有两条："贡赏"和"抚赏"。

据《明实录》记载，凡被明廷任命的女真首领均"赐诰印、冠带、袭衣及钞币"。"诰""敕"是皇帝任命官员的诏书。依据明制，五品以上官员为"诰"，六品以下为"敕"。而"印"是为官者权柄，所以"赐诰印"便是给女真首领任命证书和官印。明廷则"令岁以冬月从开原入朝贡"，"唯野人女真僻远无常期"。

明朝让女真首领每年入京朝贡，表面上是女真给朝廷敬献贡品，但实际上是明廷资助女真经济的重要渠道。按照规定，女真首领在朝贡时一律从开原入关，经守关者检验后放行，至辽东都司所在地辽阳再度受检后，由官员伴送入京。天顺八年（1464），明朝又开辟抚顺关贡道，建州女真也可由此入关赴京。

女真人完成进贡及领受明廷赏赐后，礼部便在会同馆设宴款待他们。而每餐宴赏都很丰盛，酒肉佳肴应有尽有，这项工作由光禄寺派专人负责。此外，明廷还允许贡使在京城街市进行为期五天的贸易，然后自行出京。沿途买卖也不加限制。由于京官、边将在明初较清廉，"厚往薄来"政策得到了较好的贯彻执行。但这种政策带来了一个不好的后果：女真各部贪图赏赐，进而争先朝贡，给明廷带来了巨大的压力。

据《明实录》记载："国初，海西、建州二夷朝贡，例每岁一次，每贡以千五百人计，每次赏赉供应之费以巨万计。"其后，朝贡的女真人数逐年增多，"来朝贡者，进马或三五匹，动辄三四十人，有回至途中复来者"。明廷的赏赐支出随之大增，时间长了便不堪重负，最后不得不一再限制女真各部进京朝贡的人数，以期节省国库开支。

于是，正统二年（1437），皇帝下令：今后外夷来朝，只许二三人或四五人，如果没有印信公文，就不许入境。天顺八年（1464），皇帝再次下令限定入贡人数：建州、毛怜等卫，允许百人前来。海西、兀者等卫，只许来三五人。此外不得重复、冒名，须审验后才能入关。

建州卫能够获取百人的朝贡规模，足见明廷对其的重视。这种重视来源于建州卫首任指挥使阿哈出的无比忠诚。根据学者考证，此际的建州卫大概位于今辽宁东北、吉林通化一带。阿哈出任建州卫指挥使后，积极协助明廷招抚女真诸部，并向明廷详细介绍了图们江两岸和朝鲜境内的女真各部情况。此外，阿哈出还为明廷招抚野人女真，明廷则对受抚的女真各部首领委以建州卫所属官员职位。这样，阿哈出的统辖范围大为扩大，一跃成为女真诸部中势力最强的一支。

但建州卫的强大令朝鲜很是不安。朝鲜认为明廷扶持建州卫，而阿哈出为朝廷招抚建州女真各部及野人女真，是"扼我咽喉，掣我右臂"，所以朝鲜便想方设法制约阿哈出。为打击女真各部，永乐四年（1406）春，朝鲜宣布停止庆原贸市，激起了建州、兀狄哈等部的抄掠，双方关系恶化。加之兀狄哈人的侵袭，阿哈出便率众迁往辉发河上游的凤州居住（今吉林海龙县境内），自此与明廷关系变得更加密切。

永乐八年（1410），明成祖朱棣率军征讨鞑靼蒙古，阿哈出派子释迦奴随征，在鄂嫩河获胜班师。八月，因为释迦奴从征有功，明廷升其为建州卫指挥佥事，赐名李显忠。是年，阿哈出去世，李显忠袭父职。

永乐二十一年（1423），由于不堪忍受鞑靼和兀良哈的侵扰，建州女真只好向明廷请求回到原驻地阿木河流域。次年李显忠病故，其子李满住率管下指挥沈时里哈等部众一千余户离开凤州，于四月中旬到达婆猪江西北的兀剌山（今辽宁桓仁县城西北九千米许的五女山）南的瓮村。

洪熙元年（1425）十二月，李满住第一次入京朝贡，得到朝廷赏赐，并被任命为建州卫指挥使。第二年（宣德元年）三月，明廷"升建州卫指

被视为建州女真先祖的李满住

挥李满住为指挥佥事，俱袭文职"。为表示自己忠于朝廷，李满住又于宣德四年（1429）派人赴京，奏请"入朝充侍卫"，被明宣宗朱瞻基善意劝止。次年三月，李满住以建州卫指挥佥事的身份再次入京朝贡，获赐"彩币、表里、绢布、金织、纻丝、袭衣有差"。此次受到的礼遇与上次明显不同，说明其已受到朝廷重视。

虽然李满住与明廷相处融洽，但他与朝鲜的关系日益紧张起来。宣德八年（1433）四月，朝鲜突然大举进攻建州卫，建州部众仓促应战，损失重大，一百八十三人被杀，二百八十四人被掠，李满住本人也"身被九创"，其妻死难。闻知此事，当时的辽东总兵官都督巫凯便上奏朝廷，称"朝鲜国擅攻建州卫，请诘问之"。看到明廷出面干预，朝鲜随即向建州卫归还了所掠人口及牲畜，但李满住仍感到朝鲜的威胁，只得由瓮村迁居到兀剌山北偏东十八公里的兀弥府（今辽宁桓仁县北拐磨子镇南东古城子村），韬光养晦，蓄势待发。

在接下来的三四年中，建州卫在李满住的带领下，经过苦心经营，彻底摆脱了缺衣少食的局面，农业发展得很快。这再次引起朝鲜方面的不安。正统二年（1437），朝鲜再次兴师八千，兵分三路扑向建州卫，杀死建州兵丁六十名。此次突袭，李满住早有防备，所以损失不大，且在要路设伏兵，回击了入侵者。但其部众已很难在婆猪江流域继续居住，李满住便于次年率部众迁移到苏子河（苏克素浒河）畔的灶突山下，设卫所于费阿拉城（费阿拉城故址位于今辽宁新宾永陵镇南二道河边，"费阿拉"为满语，意为"陈旧的山冈"）。

这时，李满住所部仅剩下一千多户，而当时的苏子河畔"多虎豹，屡害牛马，不能安业，粮饷匮乏"。面对新的困境，李满住只得再次求助明廷。尽管李满住再迁未经朝廷奏准，但朝廷还是感到"浑河水草风不近边城，可令居住"（《明实录·英宗》）。李满住率众垦荒、狩猎、采集，用土特产与开原等处汉人贸易，生活状况渐渐改善。

此后，李满住进一步加强了与明廷的联系。正统七年（1442）正月，李满住遣指挥安屯等赴京"朝贡马及貂鼠皮"，明廷"赐宴并赐彩币等物"，随即晋升李满住"为都督佥事，仍掌卫事"（《明实录·英宗》）。正统十二年（1447），明廷晋升李满住为建州卫都督同知。不久，因蒙古瓦剌也先屯兵黄河（今昭乌达盟西拉木伦河），欲攻海西，辽东形势紧张，李满住"曾往北京，自请扈从"。

然而，景泰元年（1450）四月，李满住在蒙古瓦剌的威逼利诱下，面对一点蝇头小利，对信任并屡次帮助过他的明廷动起了刀兵。他"率兵扰开原、沈阳，并攻打抚顺城"。虽然其后在提督辽东军务右都御史王翱派出的指挥王斌、经历佟成的招抚下，李满住"稍归所掠男女，而身自入朝，贡马谢罪"，但明廷已经对这个狼子野心的李满住彻底失去了信任。

为惩戒建州女真，成化三年（1467）九月二十四日，由提督辽东军务左都御史李秉、总兵官武靖伯赵辅、都督佥事王英等统兵，太监黄顺、少监张林督军，调动两万九千人，兵分左、中、右三路，由抚顺关出境，兵分五哨进攻建州三卫。左路右哨军出浑河、越石门、经土木河到分水岭（今新宾东南沿边墙向西河的发源处）；右路右哨军由鸦鹘关（今新宾长春岭北三道关）经喜昌口，过凤凰城（今凤城凤凰山中）、黑松林、摩天岭（在凤凰城西北）到婆猪江。中路军自抚顺经薄刀山、粘鱼岭，过五岭（今新宾西境），渡苏子河至古城（今新宾西古城）。

与此同时，朝鲜派中枢府知事康纯、鱼有沼、南怡等统兵万人，兵分两路从东路堵截。右路由大将南怡率领，自朝鲜慈江道满浦进攻婆猪江；左路由大将鱼有沼率领，自朝鲜慈江道高沙里入攻兀弥府。十月初四，明军先后杀到费阿拉城。由于建州各部分散且毫无防备，建州卫首领李满住及长子古纳哈等三百八十六名女真人被朝鲜军擒获后斩杀。朝鲜军还活捉了二十三人，获取两百余头牛马等牲畜，焚毁了二百一十七处房屋院落。是为"成化犁廷"。

二、乱局

"成化犁廷"之后，明廷以李满住的孙子完者秃为建州卫都指挥佥事，执掌卫事。《李朝实录》称完者秃为"达罕"，他是李满住次子都喜的长子。完者秃时期，建州卫开始缓慢复苏。他主动修好，调整了与朝鲜的交往策略，但双方还是时有冲突。完者秃执掌建州卫期间，与明廷虽也有争端，但基本保持称臣纳贡关系。从成化十八年（1482）开始，完者秃调整对朝策略，从而缓和了与朝鲜的紧张局面。

但部分首领的恭顺，并不能改变明廷对建州女真的戒备心理。面对女真各部纷纷扰边的情况，明廷开始尝试让"夷狄相攻"、分而治之，并施行武力惩戒的战略。比如，明中叶以后，明廷经常派通事深入女真各寨窥视，对前来朝贡、互市的女真人也进行监视，他们常以酒、肉、金、银、布、帛等蝇头小利挑唆女真各寨之间互相猜忌，以致其"互生仇隙，边事渐坏"。此后至万历二十年（1592）的七十年时间里，建州女真中有都督头衔的有二十二人，但其统属、世系关系都无法考证。《明实录》中也难以区分这些人的卫籍，可见此时建州三卫已名存实亡。

就在建州三卫一片乱局之时，有野心家开始了女真重新崛起的第一次尝试。这个人就是建州右卫都指挥使王杲。王杲本名缠查，有二子，长子阿台（清史中称其阿太章京），次子名券孤（亦称阿海）。阿台的女儿叫哈分不哈，最后嫁给塔克世，所以她就是努尔哈赤的母亲。而阿台的妻子是觉昌安（亦称佟叫场，努尔哈赤祖父）的孙女。由此看来，王杲便是努尔哈赤的外祖父。

史书记载王杲"生而聪慧，有才辩，能解番汉语言字义，尤精日者术（占卜），舞智而强悍"。嘉靖朝后期，王杲控制了建州各部去往抚顺、清河等马市的货源，贩卖貂皮、人参、松子等辽东特产，"结毂连骑，炫潢于道，获取重利"，经济实力日益增强。

此时的建州三卫已经四分五裂，先后称都督的就有章成、方巾、撒哈、松巾、斡黑纳、柳尚、古鲁哥、蟒子、松塔等人。他们之间互不隶属，且不断火并，均分别入京朝贡或互市。王杲也正是趁此机会，控制了建州三卫的五百道敕书，统领了建州各部。嘉靖末年，明廷批推王杲为建州右卫都指挥使。约在隆庆末年王杲升为都督，故人称其"阿古都督"。

王杲自认为力量足够强大，便一反常态，决议对抗明廷。嘉靖三十六年（1557）十月，王杲率部偷袭抚顺关，杀死了抚顺备御彭文洙，并入掠东州、惠安、一堵墙等边堡。嘉靖四十一年（1562）五月，王杲又在媳妇山设伏，活捉了明辽阳副总兵黑春，将其肢解。自此之后，王杲更加肆无忌惮。他犯辽阳，劫孤山，略抚顺、汤站，先后杀死了明军指挥王国柱、陈其孚、戴冕、把总温栾及王守廉等大小军官数十人。

王杲的残暴行径，使辽东军民大为惊恐，"时自开原至辽阳，自将领至屯民，在在煽动，人人自危"。明廷也出动军队，部署在马郡单、馒头山一线，截杀前来抢掠的王杲部将。此外，令海西王台搜捕王杲与来力红，同时急请朝廷速罢辽东市赏，取消王杲的入市资格，对其施以经济制裁。王杲见此情形，便集结了三千多名骑兵，准备再次抄掠，却正中明军埋伏，败逃到古勒城（今辽宁新宾西北边境苏子河口北岸的古楼村）躲避。

为彻底消灭王杲,万历二年(1574)十一月,巡抚张学颜协同辽东总兵李成梁,率军誓师讨伐王杲。明军携火炮、火枪、火箭等大量火器,直捣古勒城。古勒山前,李成梁命副将杨腾、游击王惟屏分别屯兵于要害之处。王杲与蒙古"三卫"速把亥等率兵迎战,两军激战多时,王杲部众难以抵抗明军进攻,奔溃入寨,坚守不出。古勒城沟深垒高,栅寨坚固,且据山险,易守难攻。李成梁命明军用火器攻城,古勒寨瞬间一片火海。

明军连破数栅,来力红等人也拼死抵抗,矢石如雨下,战斗万分激烈,双方死伤甚众。把总于志文、秦得倚先从东北角登城而入,诸将随之相继入城。王杲见外城不保,便退入内城,并将于志文射死。李成梁严令明军攀缘上城,并顺风纵火,烧毁了五百余间房屋及大批辎重。战斗结束,王杲部将来力红等十余人战死,明军取得胜利,斩杀千余人,俘获五百多头牛马。王杲见势不妙,趁乱逃脱。次年二月,怀着报复之心的王杲卷土重来,但立刻被早有准备的明副总兵曹簠击溃,王杲逃向阿哈纳(宝实之孙)寨。明军随后追击,王杲为活命,将身穿的"蟒褂、红甲"授阿哈纳,携马、牛、羊、貂皮、杂帛等逃走。

王杲逃脱后,本欲前往蒙古泰宁卫首领速把亥土蛮处避难,但因路途不便直走,思前想后,"度生平惟王台相得甚欢,意欲假台以为因缘,于是归台"。王台是海西女真都督,驻开原以北,部族繁盛而强大,"控弦之夷凡万余人"。他忠顺明廷,很受重用。

很快,王杲藏匿于王台处的消息被明廷侦知,"顺而又顺"的王台一方面难以违拗明廷旨意,另一方面也痛恨王杲恃强凌弱,不听约束,且屡次犯边,破坏市贡。权衡利弊之后,他最终决定交出王杲。他同长子扈尔罕带兵前往王杲暂住的石三头儿寨,将王杲及其家室二十七人押送至明副使贺溱驻地。后来明廷赏其功绩,晋升王台为右柱国、龙虎将军。

贺溱随即将王杲押赴广宁。张学颜见王杲被擒，欢喜非常，便令千总柯万用槛车将王杲押往北京，"阙下献俘"。万历皇帝亲自登上午门云楼，集结百官赞扬。最后王杲在京被"磔杀"，也就是被凌迟处死，然后"悬首蒿街"（蒿街是当时少数民族贡使集中地区，四夷馆所在地）。处决王杲后，因塔克世对明廷较忠顺，而且在攻打王杲时曾做过明军的向导，李成梁便将王杲的属地拨给他。又因塔克世讨伐王杲有功，且有胆略，明廷授其为建州左卫指挥使。

王杲死后，王杲的两个儿子阿台和阿海时刻不忘为父报仇。他们在几年中重新修复了古勒城，另外筑建了沙济城、黑机革城。二人积极备战，招兵买马，很快又壮大起来，还经常骚扰明边。万历十一年（1583）正月，阿台联合西部蒙古部瓜儿兔、黄台吉，预谋掠夺广宁、开原以及辽河一带。当时，明朝辽东巡按等官员最担心女真与蒙古在东西两部合兵。

阿台此举引起了总督周泳、巡抚李松、宁远伯李成梁等人的担忧。他们感到，如果不及时剿灭阿台，势必给辽东带来巨大危险。于是，他们决定一劳永逸，彻底剿灭阿台兄弟的势力。同年二月，建州图伦城（今辽宁省新宾县汤图境内）城主尼堪外兰向边关密报阿台行踪，还要引导明军攻打阿台驻守之地。

尼堪外兰出身叶赫部，却出生在建州部加哈（今新宾满族自治县上夹河镇附近）。其父是一个小奴隶主，但他很仰慕汉文化，所以给儿子取了一个半女真半汉语的名字——尼堪外兰（尼堪，女真语意为"汉人""南人"或"南蛮"；外兰，一说为汉语"外郎"的音译，意为"秘书"，有史家疑其非人名，或为官名，其真实姓名应为佟佳·布库录，存疑），意为"汉族人之外的兰花"，亦即女真人中的佼佼者。

万历十一年（1583）二月，阿台进攻海西女真哈达部王台的长子扈尔罕，又屡次侵扰孤山汛河。李成梁率兵与之在曹子谷遭遇，李成梁部阵斩叛军一千多人，并夺马五百。之后，阿台再次同阿海联合出兵，分别从静远堡和榆林堡闯入明边墙内，深入到沈阳城南浑河。李成梁率部疾驰至虎皮驿（今沈阳市南十里河）增援，于是阿台转至抚顺，饱掠而去。

驰援虎皮驿之后，李成梁又迅速出兵，让尼堪外兰做向导，从抚顺王岗台出塞百余里，直捣古勒寨。古勒寨依山而建，山势险峻，三面悬崖，四周壕堑，非常坚固，人马不能过，且有重兵把守。为一战成功，李成梁兵分两路：一路自己带领，攻阿台所据的古勒山寨，另一路由辽阳副将秦得倚率领，进攻阿海的营寨沙济城。

在尼堪外兰的指引下，秦得倚的大军一到，阿海的部属便纷纷逃遁。明军很快便攻克城寨，杀死了阿海，之后迅速回军至古勒山，与李成梁会合。此时，李成梁对古勒山寨的进攻却大费周章。由于山城易守难攻，阿台又骁勇善战，明军多次强攻都未奏效，且多有伤亡。

据清史书记载，觉昌安听说李成梁进攻古勒寨，很担心孙女的安危（其孙女为阿台妻子），便急忙与儿子塔克世赶到古勒寨。父子俩抵达古勒山下时，明军已发动进攻。觉昌安先进入寨中，向阿台说明原委，试图将孙女接出来，但遭到了阿台的坚决反对。觉昌安见状便劝阿台投降，但同样遭拒。久在寨外等候的塔克世见父亲迟迟不出，也赶到了寨里。

就在这时，李成梁的军队已经攻入寨内。因久攻不下，李成梁迁怒于尼堪外兰（"成梁因数尼堪外兰诱构，以致折兵之罪，欲缚之"）。尼堪外兰心里害怕，便亲自跑到寨边劝降。他向寨里喊话说："天朝大兵既然来此，岂有放过你们班师之理？你们不如把阿台杀掉，归顺天朝。李将军有令，谁能杀阿台，就叫他当城主。"寨中人心浮动，信以为真，一起将阿台杀死。守城兵卒见城主已死，纷纷倒戈，打开寨门迎接明军。然而，李成梁破城后，自食其言，将寨中老幼二千二百余人全部杀死，还大肆掠夺财物，缴获大量器械、囊驼、马牛羊等。而尚未出寨的觉昌安被烧死，塔克世也被明军误杀。

关于觉昌安父子之死，清朝官方记载与明人所记不尽相同，尤其在一些重要的情节上差异很大。茅瑞征的《东夷考略》称，李成梁征阿台，觉昌安、塔克世从征，且担任向导，后死于"兵火"。《东夷奴儿哈赤考》载，先是阿台将觉昌安传来，令其归顺，以合谋犯明，但被觉昌安拒绝，阿台便将其扣留。李成梁来攻时，塔克世因父亲在内，忙去救护。混乱中觉昌安被烧死，塔克世被明军误杀。关于阿台的死法，《建州私志》称，李成梁用火攻其中坚，经两昼夜，后来射死了阿台。

这里，我们无法探知哪种说法更接近事实，但从中可知觉昌安、塔克世父子是忠明的，且与李成梁关系密切。李成梁招来他们父子做向导，是想利用其与阿台的亲戚关系，劝告阿台接受招抚，放弃抵抗。只是清朝立国后不愿将其祖宗曾助明叛亲之事传于后世，为保名声故用曲笔，将觉昌安父子说成是为救自家人而导致被杀。

战后，李成梁命人寻找觉昌安父子的尸首，但只找到了塔克世的尸体（一说觉昌安被烧死，尸体无存），交给塔克世的长子努尔哈赤安葬。作为补偿，朝廷下令将攻古勒寨时所得的敕书三十道，另拨给马三十四，一并送给努尔哈赤，并令其承袭都指挥使一职。

三、遗孤

努尔哈赤为何以"爱新觉罗"为姓，历来说法不一。但《八旗源流》的作者瀛云萍的解释颇有见地。他认为，"爱新（阿什）"在女真语里的意思是"金"，而"觉罗"是徽宗语"赵"字的反切还原。当年，宋朝的徽钦二帝被金人掳掠到五国头城（今黑龙江省依兰县附近）。因当时女真人大多懂汉语，这些从亡汉人们便创造了徽宗语，即将单音的汉字拆开为复音，在谈故国情思时使用，以避免女真人窃听。

这一语言在 1921 年时仍在丹东、凤城一带流行，而徽钦二帝及其从亡宗室大臣们的后裔最后基本上都转化成赫哲族（黑斤—徽钦族）人，也有的融合于斡朵怜、胡里改两个万户部落中，他们都以"觉罗"（应读作"较烙"，连读即"赵"）为姓。综上，努尔哈赤以"爱新觉罗"为姓的意思是既要继承女真人创立大金国的光辉事业，又要如"赵官家"一样君临中华。

关于"努尔哈赤"的意义，有人认为当时的女真人多有以动物命名的习惯，所以"努尔哈赤"的意思便是"野猪皮"；但有的学者却不以为然，他们认为这来自回鹘语，因当时的女真人还没有文字，使用的是蒙古文字或汉字，而蒙古文是由回鹘文演化而来的，故"努尔"意为"光明"，而"哈赤"作"圣裔"讲，也当"太子""圣子"用，这样"努尔哈赤"的全意便是"光明圣裔"。

努尔哈赤的出生地是赫图阿拉，"赫图"在满语中意为"横"，"阿拉"意为"岗"，合起来即"横岗"之意。也就是凡察、董山所居的"灶突山下"。努尔哈赤的父亲塔克世共有五子一女，努尔哈赤行长，生母名额穆齐，姓喜塔喇氏，是阿台的女儿。努尔哈赤的两个同胞弟弟分别排行第三、第四，即舒尔哈奇、雅尔哈奇，另外还有一个同胞妹妹。塔克世的别妻为李佳氏，生一子，叫穆尔哈奇，排行第二。喜塔喇氏去世后，塔克世续娶一妻纳喇氏，名肯姐，是王台的养女。她生一子，即排行第五的巴雅喇。

努尔哈赤十岁时，生母去世，继母对他不好，父亲也很少帮助他。努尔哈赤无奈，只得自寻出路。赫图阿拉位于群山环抱之中，森林茂密，河流纵横。这里适合打猎、捕鱼，山上生长着人参、蘑菇、松子、榛子等，还有飞禽走兽。努尔哈赤为了生计，每日翻山越岭，采集野果，猎取禽兽，然后将这些东西送到抚顺、宽甸、叆阳、清河等马市上出售，换取生活用品。抚顺关马市距赫图阿拉较近，规模也较大。努尔哈赤经常来这里进行贸易，有时还到开原、辽阳贩卖人参、貂皮及其他土货。和他做贸易的主要是汉人，其次是蒙古人。这使得努尔哈赤更广泛地与广大汉人交往，受到汉文化的熏陶。由此，努尔哈赤通晓汉语、蒙古语，也深入了解了各族风情、历史与文化。

十六岁的努尔哈赤正在外祖父王杲家中，目睹了全寨覆灭的惨烈一幕。看到大事不妙，努尔哈赤带着同母弟舒尔哈奇，机智地"抱成梁马足请死"，使得李成梁心生怜悯，没有杀他，将他留在帐下，就像自己的养子，还让他随同自己一起出入京师，"谊同父子"。

此后，努尔哈赤和弟弟便在李成梁帐下生活，前者还做了李成梁的侍从，"每战必先登，屡立功，成梁厚待之"。也有史书称"成梁雏畜（努尔）哈赤，哈赤事成梁甚恭"。在奉从李成梁麾下的日子里，努尔哈赤有了更多接触汉人的机会。他会说汉语，能识汉字，喜欢读《三国演义》《水浒传》这样的小说及其他汉文典籍。他阅历颇多，既知晓中原形势，又深谙宫廷、官场之道。更重要的是，由于经常随李成梁打仗，努尔哈赤的军事经验日益丰富，这为其以后起兵打下了基础。而努尔哈赤也很欣赏自己的军事才能，"自谓有谋略"。

几年后，努尔哈赤离开了李成梁。至于原因，史籍里没有详细记载。有的民间传说认为李成梁发现努尔哈赤是危险人物，企图杀之，而李成梁的妾却不忍心，偷偷将努尔哈赤放走。万历五年（1577），十九岁的努尔哈赤回到家里，这时家中的生活状况已有所改善。继母让他分家另过，但"家产所予独薄，后见太祖有才智，复厚与之，太祖终不受"。

外祖父、祖父皆因李成梁而死，努尔哈赤自然对李成梁有怨恕，但城府颇深的他不可能将这种情绪表露出来，只能先将仇恨转嫁到尼堪外兰身上。努尔哈赤向明廷边将索要尼堪外兰，但被边将以其父祖死于误杀为由拒绝。尼堪外兰却又不合时宜地通令努尔哈赤归顺自己，这令努尔哈赤下决心与尼堪外兰一决雌雄。

万历十一年（1583）五月，努尔哈赤以报其祖、父之仇为名，依靠着祖、父留下来的十三副铠甲，率领部众三十人起兵讨伐尼堪外兰。是时，努尔哈赤年仅二十五岁。

努尔哈赤策马铜像

努尔哈赤扬言起兵讨伐尼堪外兰，立即得到一些尼堪外兰反对者的支持。第一次攻打尼堪外兰的大本营图伦城时，素被尼堪外兰挤压的苏克素浒部的四位酋长——萨尔浒城主卦喇之弟诺米纳、嘉木湖寨主噶哈善·哈思虎以及沾河寨主兄弟郭络罗·常书和郭络罗·杨书相约率兵前来帮助努尔哈赤。不过后来诺米纳被亲明派的龙敦说服，没有派兵。各路兵马抵达图伦城后便发起攻击。

尼堪外兰虽据守城池，兵马众多，却多为乌合之众。努尔哈赤人马虽少，却个个敢于冲锋陷阵，尤其是钮祜禄·额亦都，天生神力，能开十石强弓，逢战先登，所向披靡，尼堪外兰的军队根本不是对手。眼见图伦城不保，尼堪外兰急忙带领妻子和仆人向浑河部新建不久的嘉班城逃窜而去。三个月后，旗开得胜的努尔哈赤又率领部众去攻打嘉班城。

龙敦趁机又煽动诺米纳向嘉班城内的尼堪外兰通风报信，让其做好应对措施。可谁知尼堪外兰已被努尔哈赤吓破了胆，根本无心防御，立刻逃往抚顺附近的鹅尔浑城（位于今抚顺河口台东北、嘉班城西南）。留守在嘉班城的部众纷纷投降。给尼堪外兰送信的诺米纳则在之后的巴尔达城战役中被郭络罗兄弟设计诱杀。

这两次追杀行动让尼堪外兰名声扫地，而努尔哈赤及其部属则博取了威名。建州苏克素浒部的部众们从原来倾向尼堪外兰所代表的亲明派倒向了努尔哈赤所代表的反明派。明朝以及海西四部对建州的影响力被极大地削弱了。继努尔哈赤外祖父王杲之后，辽东地区重新崛起了一个具有反明倾向的政治军事集团。为巩固新兴集团的内部稳定，努尔哈赤将自己唯一的胞妹嫁给了嘉木湖寨主哈思虎。

不过，亲明派的海西女真可不会坐视努尔哈赤崛起而不管。于是，在努尔哈赤喘息未定之际，哈达部便联合建州浑河部兆佳城（今辽宁省新宾县下营子赵家村）城主理岱，侵攻了努尔哈赤管属的瑚济寨。万历十二年（1584）正月，努尔哈赤向理岱驻守的兆佳城发动反攻，大获全胜并生擒理岱。

万历十四年（1586）七月，努尔哈赤已拥有了一支千人左右的精干队伍，他趁机再次进攻躲在浑河部鹅尔浑城的尼堪外兰。攻克鹅尔浑城后，努尔哈赤却没有发现尼堪外兰。他登上城楼瞭望，发现向城外逃窜的人中有一人很像尼堪外兰。努尔哈赤立即带兵追赶，杀死了其中的八人，尼堪外兰却趁乱逃去了抚顺关。

返回鹅尔浑城后，努尔哈赤得知尼堪外兰已被抚顺明军保护起来，大发雷霆，将城中的十九名汉人全部杀死。看到其余被俘的六名汉人受箭伤，努尔哈赤又重新将箭插入他们的伤口中，让他们去给明朝边官报信，索要尼堪外兰。明朝边吏见努尔哈赤来势汹汹，而尼堪外兰已毫无利用价值，便将他拒之边台以外，又暗中通告努尔哈赤前来捉拿。努尔哈赤派将领戒沙带四十名甲士到抚顺关下，将尼堪外兰等人砍死。此后，明边吏每年给努尔哈赤"银八百两、蟒缎十五匹"，再次作为经济补偿和精神抚慰。

杀死尼堪外兰后，努尔哈赤统一了建州三卫，初步立足东北。万历十五年（1587），为招服女真各部族众，努尔哈赤于硕里口呼兰哈达（即呼兰山）下东南二道河（一名嘉哈、一名硕里加）中一平山的"建州老营"废址上建城三层，作为新兴政权的首府。多年以后努尔哈赤迁都辽阳时，称其为"费阿拉"，即"旧老城"，并建楼台殿阁。

努尔哈赤在建旧老城的同年六月二十四日，自称女真国"淑勒贝勒"（《朝鲜李朝实录·宣祖·卷一》载为"女真国"，有时书为"建州国"；"贝勒"意为"王"），并"定国政，禁革作乱、窃盗、欺诈、立禁约法制"（《武录·卷一》）。"定国政"便是女真社会由习惯法向成文法转变的表现之一。国政首先是禁止作乱。不准阿哈犯上作乱，不许诸申、阿哈对贝勒作乱，不准阿哈对主人作乱，这样做的目的便是维持统治秩序。其次是禁盗窃。亦即以法令的形式保护贝勒大臣的私产，使他们占有的阿哈、牲畜、财帛不被盗窃。最后是禁欺诈。要求阿哈对主人绝对忠顺，不能冒犯和反抗，不许诸申对贝勒怠慢不尊，要遵守贝勒的指令，不能借口对抗，或拖延不执行。由于此前女真族各部之间分散无统，根本没有法律约束，故此是以法制条令约束女真各部之肇始。同时，这也是建州女真的第一部口头法。从此，明代女真由部落联盟进入奴隶制国家统治时代。

四、扩张

建立女真国后，努尔哈赤加速对外扩张。1585年努尔哈赤便去攻打哲陈部山寨，杀死寨主阿尔太，此后又派额亦都攻打巴尔达城。到达浑河时，因涨潮无法渡河，额亦都便用绳子将士兵相互连接，鱼贯而渡。渡河后，额亦都夜袭巴尔达城。由于没有防备，守军仓促应战，额亦都率士兵奋勇登城。虽受伤五十多处，额亦都依然一鼓作气攻克了巴尔达城。战后，额亦都因此获赐"巴图鲁"勇号。随后努尔哈赤领兵攻打洞城，城主扎海投降。至此，努尔哈赤完全吞并了哲陈部。

万历十六年（1588）九月，苏完部长索尔果、董鄂部长何和礼、雅尔古部长扈尔汉率三部军民归附努尔哈赤。同年，努尔哈赤攻克王甲城，降服了建州最后一个未臣服的部落——完颜部。至此，努尔哈赤统一了建州五部。

万历十九年（1591），努尔哈赤又攻灭了长白山女真鸭绿江部。其后，努尔哈赤又将侵攻的目标转向野人女真。由于野人女真没有形成像建州女真和海西女真那样强有力的政权或者军政集团，所以征服他们相对容易很多。被征服的野人女真部落成为努尔哈赤后期人口、资源发展的源泉。

就这样，在短短五年内，建州诸部已经完全服从于努尔哈赤的领导。在统一女真各部的过程中，为取得明朝官方支持，努尔哈赤也极力表现出对明廷的"忠顺"。他一再向明朝献殷勤，"多刷还人口于抚顺所"，亲自到抚顺明朝守军处退还部下闯入边墙所掳掠的汉人。他照例派人到北京朝贡，还在抚顺、清河、宽甸、瑷阳四处关口进行互市交易，领赏。对此，李成梁还上奏朝廷，表彰其"忠顺"。

努尔哈赤的行动极大地迷惑了明辽东官员的耳目。在相当长的一段时间内，明朝内部有一部分官员认为努尔哈赤势单力薄，"奄奄垂毙"，又认为努尔哈赤是女真中"今日之王台"。万历十七年（1589），努尔哈赤又杀掉了屡次入边抢掠的女真酋长克五十，向明边吏献上其首级，明政府遂认为他"内向诚矣"。

万历二十年（1592），日本侵略朝鲜，明发兵援助，努尔哈赤请求出兵往援，虽未获允，但表达了忠于国家的心迹。再加上其祖父和父亲冤死的前车之鉴，明朝不便直接出面去攻打建州。其后，在总督张国彦、巡抚顾养谦等人的上疏奏请下，明廷授予努尔哈赤都督金事职衔，并表彰他"忠顺好学，看边效力"。这对女真人来说，意味着努尔哈赤可以凌驾于其他部落首领之上。

万历二十一年（1593）九月，海西四部联合蒙古科尔沁、锡伯、卦勒察三部以及长白山女真珠舍里、讷殷两部，组成九部联军，集兵三万余，分三路大举进攻建州。九部联军之所以进攻努尔哈赤，固然有其政治原因，但根本原因是建州女真侵犯了海西四部的经济利益。

努尔哈赤起兵后，利用联姻等手段使乌拉部的貂、参等货物不通过开原，同时收买明朝官吏，卡断开原与北方各部的通道，使货物直接通过其所管辖的清河市场。如此一来，开原南北两关生计贫落，叶赫、哈达两部无利可图。再者，努尔哈赤还在抚顺市场压价收购北来货物，抬价再输入清河、辽阳各市，以此获利。这就使得辉发、锡伯、科尔沁、扎鲁特及东海各部不但得不到平价货物，也不能及时得到乌拉的布匹。因此他们都对努尔哈赤心存怨怼，

明代画家笔下的野人女真

矛盾逐渐激化，战争也就不可避免。

战争伊始，九部联军在浑河北岸一带集结，向扎喀关（今辽宁新宾境）、古勒山一带推进。努尔哈赤遂令部属在占勒一带安营扎寨，与敌军对峙。当时建州部可用之兵大约有一万五千，兵力处于劣势。半夜时分，探马归报联军野驻营火之众漫如星瀚。当时努尔哈赤正在熟睡，身边臣仆无一人敢去惊动，只有侍寝的妃子富察·衮代敢去唤醒他。努尔哈赤被叫醒后，不慌不忙传令诸将，说为了不惊扰已经歇息的百姓，待天亮后再集结进军，说罢便又去睡觉了。

天亮后，建州军的探马回报敌军人数越来越多，建州军的将士们听后渐渐生出畏惧之心。努尔哈赤便召开军事会议说："我军现在应该去古勒山中占据有利地形，敌军虽然众多，成分却很杂，九部首领个个心怀私心，打起仗来一定互相观望。如果有哪一部的首领敢第一个出马，我们就先狠狠地反击他，其他八部的首领一定不肯吃亏，领兵退却，九部联军便可一战击溃。"

于是，努尔哈赤令部将在赫济格城相对的联军必经之地古勒山上据险设兵，又在入山道路两旁埋伏精兵，在山险要隘处置滚木、雷石等器械，确定了居高临下、依险固守、诱敌深入，以期伏兵制胜的作战计划。交战开始后，叶赫部首领卜寨、纳林布禄连续两天对赫济格城发动攻击，双方损耗极大，相持不下。

在关键时刻，努尔哈赤登上古勒山，派大将额亦都率精骑百人，驰至赫济格城诱战，令守山各军做好攻击准备。额亦都至赫济格城交战不久，即佯败回退。叶赫部首领卜寨贝勒督队疾驰追杀，直至古勒山下，争功而上。他们背对浑河，仰攻古勒山。山上滚木、雷石齐下，卜寨被滚木绊倒于马下，被额亦都的部将吴谈砍死，纳林布禄贝勒见状昏倒。联军失去主帅，各自夺路而逃。

数万联军拥挤于河边沼泽或山间狭途，混乱不堪。蒙古科尔沁部的明安贝勒马陷泥潭，只身而逃。乌拉部首领满泰的弟弟布占泰被生俘。努尔哈赤趁机命伏兵从四面杀出，联军纷纷落水溺死。建州兵一直将联军追逐至百里之外，至天黑方才收兵。后来，逃回叶赫的纳林布禄向建州索要卜寨尸体，努尔哈赤亲手将其尸砍为两半后送还，纳林布禄以是故哀死，卜寨的儿子布扬古、纳林布禄的弟弟金台石继为贝勒。

是役发生在癸巳年，故又被称为"癸巳之战"。建州军大获全胜，九部联军损失士兵四千余人、战马三千匹。而当时的明朝官员统计："奴杀北关达子（指叶赫兵）三千有奇，马牛无算。"（《筹辽硕画·卷二》）可见叶赫作为九部联军的主力，损失超过了联军死亡总数的四分之三，可谓元气大伤。努尔哈赤乘胜灭掉了长白山女真的讷殷、珠舍里二部。

同时，海西女真联盟被瓦解，叶赫部和乌拉部被迫和建州约盟。被俘虏的乌拉首领满泰之弟布占泰不但没有被杀，反被努尔哈赤收养，努尔哈赤还把自己的四女穆库什和弟弟舒尔哈齐的长女额实泰嫁给了他。对于九部联军中的蒙古诸部，努尔哈赤则采取了挟胜联合的策略：他从被俘的蒙古士兵中挑选出二十人，赐其衣马，将其送还，以示建州欲与蒙古诸部联合之诚心。蒙古科尔沁部首领奥巴等人亦派遣百余人的使团，带着良驹百匹、骆驼十头分别进献给努尔哈赤与其弟舒尔哈齐。建州女真与蒙古科尔沁部从此逐渐开启结盟之路。

五、大恨

万历三十一年（1603），努尔哈赤不顾许多大臣的反对，迁都于军事要地赫图阿拉。赫图阿拉西距抚顺两百里，既有关山险隘的保护，又有大路与辽沈相通。努尔哈赤迁都于此，正是为进一步统一女真族并防止明朝的干涉做准备。万历三十三年（1605），努尔哈赤又自称"建州地方等处国王""建州王""建州国汗"。万历三十四年（1606）十二月，蒙古喀尔喀五部恩格德尔台吉（后为努尔哈赤之女巴约特格格之额驸）等人以尊号"昆都仑汗"来敬称努尔哈赤。

此时，明朝感受到建州女真咄咄逼人的强大威胁，阁臣沈一贯向明神宗朱翊钧提议，收拾辽东非李成梁不行。于是，明神宗朱翊钧重新任命李成梁为辽东总兵。当时他年已七十六岁，大有英雄迟暮之慨了。万历三十四年（1606）李成梁与蓟辽总督蹇达、辽东巡抚赵楫，借口宽奠新疆（孤山堡、险山堡、新安四堡等新开拓的八百里之地）孤悬难守，断然放弃，尽徙居民于内地，居民恋家室，则以大军驱迫，死者狼藉。这种对辽东防务丧失信心的举动，遭到兵科给事中宋一韩、辽东巡按御史熊廷弼的弹劾。熊廷弼指责赵楫、李成梁有罪："不能开疆拓土，而反挈数百里膏腴土地拱手奉夷。""不徙民实塞下，而反劫塞下六万余人以至殍死。"由于明神宗朱翊钧一向宠信李成梁，对宋、熊的奏疏不予考虑，留中不发，辽事从此渐坏。

辽事变坏的另一个原因，是矿税太监高淮到辽东搜刮，搞得民怨沸腾。高淮是尚膳监太监，万历二十七年（1599）被明神宗朱翊钧派往辽东采矿征税。他到开原，严剥苛索，激起民变。不久又有金州、复州矿夫哗变。高淮不满辽东总兵马林不为他出力，上疏弹劾，明神宗朱翊钧下旨罢黜马林。给事中侯先春上疏申救，明神宗朱翊钧索性下旨遣戍马林、贬谪侯先春。

万历三十一年（1603）夏，高淮率家丁三百多人，张扬飞虎旗帜，金鼓震天，声称："欲入大内谒帝。"给事中田大益、孙善继、姚文蔚等人指责高淮，吏部尚书李戴、刑部尚书萧大亨等上疏弹劾高淮"擅离信地，挟兵潜往京师，乃数百年未有之事"。明神宗朱翊钧视若无睹。辽东巡抚赵楫弹劾高淮"罪恶万端"，无故打死指挥张某，明神宗朱翊钧也不予追究。高淮更加趾高气扬，竟然向皇上提出"镇守协同关务"，妄图插手辽东军政。兵部指责他狂妄，明神宗朱翊钧居然谬称："朕固命之矣。"从此，高淮愈加飞扬跋扈，招募死士，出塞射猎，发黄票龙旗，走朝鲜，勒索冠珠貂马。高淮的横行，激起廷臣的普遍不满。阁臣朱赓指出高淮在辽东，"大小城堡无不迂回遍历，但有百金上下之家，尽行搜刮"，"识者谓，天下有难必自辽始"。

高淮在辽东的骚扰，破坏了辽东战守的经济基础，明神宗朱翊钧却充耳不闻，听之任之。直到万历三十六年（1608）才下令召回高淮，交司礼监听候处分。到明神宗朱翊钧明白"高淮擅自出巡，骚扰地方，今又扣克军士粮饷，且各边军士卧雪眠霜，劳苦万状，九死一生，何堪虐害"，为时已晚了。《明史》对辽事大坏有一个精辟的分析："辽三面受敌，无岁不用兵。自税使高淮朘削十余年，军民益困。而先后抚臣皆庸才，玩愒苟岁月。天子又置万机不理，边臣呼吁，漠然不闻，致辽事大坏。"

万历四十六年（大金天命三年，1618）正月，领导女真反明派势力同女真亲明派势力周旋了数十年的努尔哈赤，终于在他六十岁的时候向臣子们宣布："吾意已决，今岁必征大明国！"四月十三日，努尔哈赤在赫图阿拉以"七大恨"告天誓师。据《清太祖高皇帝实录》记载，这"七大恨"檄文的内容是：

"大金国主臣努尔哈赤诏告于皇天后土曰：我之祖父，未尝损明边一草寸土，明无端起衅边陲，害我祖父，此恨一也；明虽起衅，我尚修好，设碑立誓，凡满汉人等，无越疆土，敢有越者，见即诛之，见而顾纵，殃及纵者，讵明复渝誓言，逞兵越界，卫助叶赫，此恨二也；明人于清河以南，江岸以北，每岁窃逾疆场，肆其攘夺，我遵誓行诛，明负前盟，责我擅杀，拘我广宁使臣纲古里方吉纳，胁取十人，杀之边境，此恨三也；明越境以兵助叶赫，俾我已聘之女，改适蒙古，此恨四也；柴河三岔抚安三路，我累世分守，疆土之众，耕田艺谷，明不容留获，遣兵驱逐，此恨五也；边外叶赫，获罪于天，明乃偏信其言，特遣使遗书诟言，肆行凌辱，此恨六也；昔哈达助叶赫二次来侵，我自报之，天既授我哈达之人矣，明又挡之，胁我还其国，己以哈达之人，数被叶赫侵掠，夫列国之相征伐也，顺天心者胜而存，逆天意者败而亡，岂能使死于兵者更生，得其人者更还乎？天建大国之君，即为天下共主，何独构怨于我国也？今助天谴之叶赫，抗天意，倒置是非，妄为剖断，此恨七也！欺凌实甚，情所难堪，因此七恨之故，是以征之。"

这"七大恨"除了第一恨误杀自己的父祖之外，大部分都围绕着明朝支持亲明派女真，阻止其统一女真之目的："叶赫恃明之援负隅于肘腋，而明亦倚叶赫为北关，不利于我之吞并也。""先图叶赫，则患明兵捣我之虚，非大挫明兵，夺其气不可。"这"七大恨"，跟当年完颜阿骨打颇有相似之处。其中最关键的要义就是："现在时机成熟了，因此我记起你当年对我的不好了。"努尔哈赤选择此时出兵伐明自然不是随性为之，而是深有原因的。

首先，兼并乌拉部以后，努尔哈赤试图统一女真各部，但明廷横加干涉，自此努尔哈赤始有"窥辽左之志"，于是在经济、政治、军事和组织等方面积极备战。而明军刚经历抗日援朝之战，实力损耗不小。换言之，此时后金已感到有了与明廷抗衡的资本。

其次，因明吏贪贿，致使贡赏、市赏停摆，加之明朝派来的税官高淮贪得无厌，极力搜刮建州百姓，且长期拖欠建州人参贸易款项。同时，辽东的明朝边官还肆意凌辱贡使，拼命克扣，即使努尔哈赤兄弟也未能幸免。

再次，自万历四十四年（1616）以来，辽东军民不断越边采木掘银挖矿，明金关系一度紧张。正如"七大恨"中所说，自清河以南，江岸以北，每年汉人偷逾出境，侵夺女真地方。

最后，万历四十四年（1616）起，辽东发生严重水灾，后金受灾尤甚，女真百姓饥寒交迫，老弱死者日益增多。努尔哈赤无奈令居民到朝鲜就食，次年后金又严重缺粮。以上种种，最终导致明金大战。

攻打大明的第一场仗至关重要。努尔哈赤思虑再三，决定先打自己比较熟悉情况的抚顺，理由是"抚顺是我出入处，必先取之"。而且，明朝多年以来一直在抚顺城附近大开马市，长年买卖货物的女真人对抚顺比较了解。努尔哈赤未起兵时，也常到抚顺马市贸易。抚顺城是明朝沈阳中卫下属的千户所，始建于朱元璋时代。抚顺城濒临浑河，地理位置十分重要，西距沈阳城仅有八十里，西北距开原两百里，西南亦距辽阳二百里，被明朝视为"全辽之枢纽"。

出于对努尔哈赤崛起的隐忧，万历三十七年（1609），明廷将抚顺的守军从五百人增加至一千人，将抚顺备御官升任为游击将军。为了一战而达到"大挫明军夺其气"的目的，努尔哈赤针对只有千人守军的抚顺城竟然动用了六万余大军（其中只有两万人参加了直接的攻城战，其余兵马还未投入战斗，抚顺攻城战就结束了），这些兵马几乎是努尔哈赤所能调动的所有兵力。这一支庞大的军力显然令大明守军陷入了极度恐慌之中，以至于明军士兵用"兵分队而阵，白旗白甲白马，望之如练，红旗红甲红马，望之如霞"（《筹辽硕画·卷九》）来形容后金的军队。

虽然后金军队占据了绝对的人数优势，但是努尔哈赤没有贸然出击。努尔哈赤先是派出少量部队冒充前来贸易的商人，将城中商人和军民引诱到城外进行贸易。当抚顺城门大开之时，努尔哈赤第八子皇太极率五千铁骑突然发动袭击，努尔哈赤亲率五千兵马在后增援。在绝对优势兵力和阴谋诡计的双重作用下，抚顺陷落了。大明抚顺城中军王命印、把总王学道、唐钥顺等人力战殉国，素与努尔哈赤有交情的抚顺游击李永芳举城而降。由于李永芳是首位投降后金的明朝高级将领，努尔哈赤为嘉奖李永芳，封其为副将，并把自己的孙女下嫁给他，尊称其为"抚顺额驸"。努尔哈赤又俘虏了明朝八省十六名商人，发给他们路费，让他们带上"七大恨"，回到家乡。

抚顺速降之后，后金又攻克了东州、马根单二城以及抚顺城到东州城之间的五百多个小城堡，并掳走数万人口及明廷在此的庞大牧群。大明广宁总兵张承荫奉巡抚都御史李维翰之命率万余众协同辽阳副将颇廷相、海州参将蒲世芳突击后金军，结果被后金优势兵力合围。激战之下，明军几近覆没，后金大军追杀四十余里，斩获颇多，其中战马九千匹、铠甲七千副，其余辎重更是无数。为了招降明军，张承荫部队里被俘虏的士兵中凡是南方人，努尔哈赤一律放归，每人赠银三两，以示恩赏。对其中主动归降并善战者，配给妻室，同时配发一条狗、两只鸡、两只鹅、一头牛，每月供米一斗，还给布匹等。

抚顺、东州、马根单攻城战及截击广宁援军之战使明军损失总兵、副将、参将、游击、千总、把总等军官至少五十余位，还损失了近万名士兵。大明对女真的防线似乎已陷入危机之中。同年七月，为进一步扩大战果，以达到逼退明军和逼降叶赫、一统女真之目的，努尔哈赤又率领六万余精兵围攻六千明军防守号称天险的清河城。城中明军与城中五百户居民奋起抵抗，杀死数千后金军，举城殉国，无一投降。九月二十五日，后金军劫掠会安堡，将三百屯民屠杀于抚顺关。

第十一章：合剿和破围
——功亏一篑的萨尔浒之战与明帝国的衰弱

一、震怒

万历四十六年（1618）四月十五日，明神宗朱翊钧接到抚顺陷落的紧急军情报告，他作出的第一个反应，就是向兵部指示防剿事宜："狡虏计陷边城，一切防剿事宜，行该地方官相机处置，军饷着上紧给发。其调发应援，该部便酌议具奏。"

代理兵部尚书薛三才没有立即调发援兵，而是向皇上大叹缺饷的苦经。辽军缺饷已历三年，户部应发额饷，从万历四十五年（1617）秋天到万历四十六年（1618）夏天，拖欠银子五十万两，即使不能全部照发，也应先发一半，以解燃眉之急。兵部自身也拖欠辽东马价银十一万七千八百两，抚赏银三万两，只能先发四万两，还缺十万七千八百两。另外还欠新兵饷银四万七千一百两。至于调兵之事，薛三才只是敷衍说，蓟辽总督汪可受已在选调蓟镇兵六千五百名，刻期援辽；其他各镇多事，征调不便。希望皇上大发内库帑金，由辽东巡抚、总兵自己招募。

显然，身为兵部主管首长的薛三才对此次辽东战局的严重性估计不足，仅仅把它看作先前常有的一般骚扰，没有引起重视。至于明神宗朱翊钧，接到薛三才要他发内帑储金的请求，立即借口"内帑空虚"予以回绝，要兵部与户部尽力措处。不过，他还是比薛三才敏感，意识到辽东事态的严重性，下令要九卿科道研究"大举进剿"事宜。

四月二十一日，总兵张承胤率军前去救援，被努尔哈赤的主力部队全歼，张承胤本人也力屈战死。四天后，努尔哈赤派官员与被擒汉人入关，送来一纸文书，声称为"七大恨"发兵等语，要求明朝派官前往谈判赴贡罢兵。

薛三才这才感到对方来者不善，向皇上表示"东事殆不忍言"。明神宗朱翊钧立即作出部署："辽左覆军陨将，虏势益张，边事十分危急。尔部便会推堪任总兵官一员，令刻期到任，料理军务。一应防御驱剿事宜，着督抚等官便宜调度，务期殄灭，以奠封疆。其征兵转饷等事，即遵旨会议具奏。"

有关部门遵旨会议后，薛三才向皇上报告应对步骤：

一、征调真顺、保河等地壮士，可得三万人。

二、各边废弁家丁，皆许效用军前，可得数千人。

三、山海关为蓟辽门户，须任命一员大将提兵弹压，兼为辽东声援。

四、起用原任总兵杜松驻守山海关，总兵王宣驻守关内。

明神宗朱翊钧一一照准，下令杜松原官起用，星夜赶去赴任。闰四月初一，河南道御史熊化向明神宗朱翊钧提议：宜速发粮饷，命蓟辽总督汪可受先期率兵数千直抵广宁，相机提调；巡抚李维翰则移驻辽阳，与新任总兵李如柏协力拒守，待援军抵达后徐图进取。兵部与有关官员都赞同这一方案。明神宗朱翊钧批准这一方案，作了一些补充：

一、督臣出关调度，事出创见，似难轻举。尔部既与多官议妥，汪可受着统兵前去，相机进止，务期持重，以保万全。

二、抚臣李维翰着视虏情缓急，再为移镇。

三、顺天、保定巡抚依议移驻山海、易州，互相应援。

四、内地空虚，着速行招募充补。

五、本兵（兵部尚书）黄嘉善着马上差人催他星夜前来，共图安攘，毋再迟延误事。

之后几天内，明神宗朱翊钧仍觉得不放心，多次向兵部发去谕旨，部署军机。其一说："尔部便行与督抚各官，沿边将士亟图战守长策，各处城堡都要用心防守，遇有虏警，并力截杀，务挫狂锋。且夕经略出关，援兵四集，即合谋大张挞伐，以振国威。"其二说："今援兵渐集，防剿有资，督抚等官还着用心调度，随宜战守，务在万全。"

蓟辽总督汪可受奉旨率兵出关，胆怯犹豫，在山海关逗留不前。向明神宗朱翊钧奏报时，寻找借口："初陷臣尝大张声势，称即日发兵数万，今乃与三四原任关将统数千人而往，传于奴虏，先声亦不足畏。"汪可受指望等待新任山海关总兵杜松率兵到关，配备兵部新充健马、工部新造盔甲，再出关备战。一句话，尽量拖延时间。明神宗朱翊钧对他这种逗留观望态度很不满意，当即下令："蓟镇援兵既集，尔便随宜调发，以资战守，出关调度，还酌量缓急，以为迟速。若贼势已逼，毋得逗留观望，致误军机。"

为了部署辽东的战略反攻，明神宗朱翊钧命蓟辽总督汪可受出关调度，杜松出任新设的山海关总兵之职，又命熟谙辽事的兵部右侍郎杨镐为辽东经略兼巡抚，将懦弱无能的巡抚李维翰革职听勘，还要都察院速差有魄力的御史一员，代杨一桂出任辽东巡按。

这两个月，明神宗朱翊钧一改以往万机不理的状态，忙得焦头烂额，既要调兵遣将，又要筹措军饷。辽东反攻的人事安排刚完，内阁元辅方从哲又向他奏讨内库帑金，认为上次所发内帑十万两银子太少，应该再多发一点。明神宗朱翊钧对他作了解释：

辽事方殷，军饷不足，朕非不动念，但饷银已经发过，何得又有此奏！户部所进内廷金花银两，祖宗旧制每年进内承运库一百万（两），以备典礼及各节例进赐各宫与皇太子等，及赏用内外日费，并各衙门奏讨、成造、军职俸银俱不得已之事，该库屡奏拖欠数多，未见补进，每年所进不足一年支用，凑以税银尚且不敷，何以盈余！可传户部，即遵旨上紧多方挪借设处，使军饷不缺。不得借口请帑，致误军机。

明神宗朱翊钧屡屡声称内帑空虚，拒绝以内帑支援辽饷。其实内帑并不空虚，明神宗朱翊钧死后，儿子朱常洛继位，当即发出内帑银二百万两解赴辽东及"九边"，以应急需。可见明神宗朱翊钧是舍不得发内帑，并不是没有银子可发。

多病的明神宗朱翊钧，晚年遇上如此棘手的辽事困扰，不禁精疲力竭，忧心忡忡。不久，旧病又发作了，头晕目眩，不时腹泻，身体发软。但是，对于辽事不敢稍有懈怠。病中还叮嘱方从哲传谕兵部，立即行文差人向总督、经略、总兵传达他的旨意：选择精壮军兵，整顿人马器械，各陈方略，相机征剿，务期殄灭，以除边患。

明神宗朱翊钧把辽东战略反攻的希望寄托于经略杨镐身上，根据兵部尚书黄嘉善的提议，他决定特赐杨镐尚方宝剑，以重其事权，总兵以下不用命者，得以军法从事，先斩后奏。以此来激励各总兵立即率兵出关，摆出决战的架势。

这年冬天，四方援兵终于齐集。但是杨镐并没有发动战略反攻。明神宗朱翊钧接到兵科给事中赵兴邦的奏疏，得知努尔哈赤又进犯会安，辽东仍无动作，很是不满，责问道："经略（杨镐）任事已久，各处援兵俱集，如何又有会安之失？平时备御无策，事后勘报不明，欺玩如此，镇道诸臣岂得无罪？念用兵之际，姑着策励供职。经略杨镐着严督将吏，设法整理，亟图挞伐，务期剿灭，以奠危疆。再有疏虞，同罪不宥。诸将有退缩不前，并妒功生事的，着遵前旨参来重处。"

明神宗朱翊钧迫切希望辽东战事很快出现转机，毕其功于一役。内阁元辅方从哲、兵部尚书黄嘉善、兵科给事中赵兴邦等官员，为避免师久饷匮，都以速战速决为上策。其实，这一决策是不现实的。按当时双方的态势，辽东战事的唯一正确策略，应该是稳固防守，伺机反击，逐步收复失地。但是，从皇帝、内阁到兵部都低估了建州女真的力量，以为大兵一到，胜利指日可待，所以接连发出红旗，催促杨镐进兵。

二、溃败

杨镐手握十万军队，号称四十七万大军，因此不惧怕只有六万余兵力的后金军队。为了彻底消灭努尔哈赤集团，杨镐决计兵分四路，全面包抄后金，防止后金军遁逃，以绝后患。

杨镐命"勇健绝伦"的山海关总兵杜松率领主力部队沿抚顺方向从西南出击；命总兵马林率部协同叶赫部士兵沿靖安堡方向从北面出击；命名将李成梁之子辽东总兵李如柏率军沿清河城、鸦鹘关方向从南面出击；命名将"大刀"刘綎会同朝鲜盟军沿宽甸方向从东面出击；另外派遣秉忠率领少量兵马驻扎在辽阳城，以备不时之需；又派遣李光荣率领部队驻扎在重镇广宁以确保伐金大军的交通和后勤保障。

而杨镐自己则坐镇沈阳城，遥控四路大军和其他辅助部队。杨镐限令杜松、马林、李如柏、刘綎四路兵马于三月初二之前务必会师于后金都城赫图阿拉，一同发起总攻，天兵大至，玉石俱焚，绝对不得有漏网之鱼。然而这种分进合击的战略部署却给了努尔哈赤一个绝好的机会。

明军各路官兵部署就绪后，原定二月二十一日出兵，但由于十六日开始降大雪，只好推迟出兵日期。朝廷大学士方从哲、兵部尚书黄嘉善等却一再催杨镐进兵。明军尚未出发，师期早已泄露，作战企图、进军路线、兵力部署等也被后金侦知，陷于被动。

明军第一路为主力部队杜松军。杜松以其陕西老乡保定总兵王宣、总兵赵梦麟为副将，以分巡兵备副使张铨为监军，统领右翼营游击刘遇节、参将龚念遂、参将柴国柱、游击将军王浩、参将张大纪、游击将军杨钦、游击将军王海龙、管抚顺游击事务备御杨汝达等人，总兵力达三万人。杜松军士兵多来自宣府、大同、山西、陕西等边镇，以骑兵为主，常年与北方少数民族厮杀且未落下风，还配置有朝鲜的四百名火铳手以及副将总兵赵梦麟的苍头"特种兵"，其实力堪称四路大军之冠。

二月二十八日，杜松出于某些原因，违背了杨镐的将令，一日内冒雪急行百余里，仅用了一天时间便抵达浑河岸边，比杨镐所定的日期提前了三天。杜松将大军兵分两处，分两万人于萨尔浒山麓扎营，自己则亲率一万精锐先行渡河。参将龚念遂等因辎重营渡河困难，便将火器辎重屯于斡浑鄂谟。结果杜松军只能轻装渡河，留下了大量火炮等重型火器。杜松军渡河间，早已侦知杜松行动的努尔哈赤于浑河上游毁坝放水，一时河水陡涨，明军被水淹死者达千余人。

而渡过浑河的明军也因"黑雾障天"的天气原因陷入被动。杜松军渡河后连破两个后金小兵寨，俘获十四名后金兵，试图突围。激战了四个时辰左右的杜松军于午时转战至界藩山吉林崖。后金二贝勒代善此时率领大队人马赶到，杜松顿时陷入劣势。但是远至吉林崖的杜松背后有浑河阻隔，已然失去了退路。杜松决计尽力速攻吉林崖，然后另作图谋。

经过一下午的鏖战，吉林崖一线陷入僵持状态。申时，努尔哈赤为防止萨尔浒大营的两万明军前来增援，派两蓝旗、正黄旗和正红旗四旗主力前去牵制。努尔哈赤在纵观战场局势后指出："（萨尔浒明军大营）此兵一败，界藩敌兵自丧胆矣。"于是努尔哈赤乃令右翼两白旗牵制界藩山吉林崖之明军，令镶黄旗、镶红旗增援左翼四旗之兵，集中主力四万五千人，共击萨尔浒明军。

萨尔浒大营由总兵王宣、赵梦麟等统率抵挡后金兵的奋力冲击。最后因后金军多，明军不能抵挡，萨尔浒明军大营被攻破，明军争相逃命，结果全部溃灭，王宣、赵梦麟战死。逃走的明军最后到达力阿哈时被后金军追上，亦被全部杀死。吉林崖杜松军看见萨尔浒大营被攻破，军心早已动摇。此时，后金军将攻打萨尔浒的兵力与同部署在吉林崖的兵力汇聚，吉林崖上的后金军亦蜂拥而下合攻杜松军。杜松亲率官兵奋战。

但是后金军已尽占河畔、莽林、山麓与谷地，以数倍于杜松的兵力将明军包围。一番激战后，明军"死覆成堆"，残部溃逃二十里直至灼勤山。当时天色已晚，明军持火炬夜战，却又被八旗铁骑由暗击明。明军复败，杜松被后金贝勒赖幕布射中面部，落马而亡。参将柴国栋，游击王浩、张大纪、杨钦、汪海龙以及管抚顺游击事备御杨汝达也战死沙场，监军张铨被俘杀。杜松部三万大军只有右翼营游击刘遇节和在大后方看护火器辎重的参将龚念遂率少量残兵逃脱。

第二路为走开原方向的马林军。马林军的副将是开原副总兵事务游击麻岩，下统诸将有铁岭游击事务都司郑国良、海州参将事务游击丁碧、开原兵备佥事潘宗颜、游击将军葛世凤、新兵右营游击赵启祯、新兵中营参将李应选、守备江万春等人，总兵力达两万人。除此之外，另有一万叶赫兵相助。马林部的士兵主要来自河北、山东和辽东开原。河北、山东的士兵实力远不如杜松部的边塞兵，而部分辽东兵也早已因为抚顺、清河之战，对八旗铁骑心生畏惧，故而马林部的战斗力较弱。

率领弱兵的马林倒没有像杜松军那样贸然猛进，而是中规中矩地按照原计划出三岔口，于三月初一抵达萨尔浒山东北方向的尚间崖。就在这时，马林忽然接到前方探马来报，发现了匆忙溃逃的龚念遂部。从龚念遂口中马林得知杜松军于前一天兵败，遂不敢前进。马林心知若无主将之命不战而退，势必会面临罪责，于是决定就地固守，以待其他两路援军赶到或者杨镐传来撤军的指令。马林将军队分三处就地驻扎，挖掘三层堑壕，将火器部队列于壕外，骑兵殿后，又命部将潘宗颜和杜松残部龚念遂分屯大营数里之外，以成掎角之势。

后金大贝勒代善率八旗主力转锋北上，直攻尚间崖，努尔哈赤亲率三千精锐朝龚营最薄弱的一隅猛冲。龚念遂部拥有杜松渡河前卸下的巨量火器，自恃有火器助阵的龚念遂并不出战，只是令部下密集施放枪炮。八旗军推倒掩护明军的楯车，打开突破口，冲入战阵内部，射杀明军。龚念遂部五千人全军覆没。攻破龚念遂火器军的努尔哈赤直奔尚间崖，命八旗军"先据山巅，向下冲击"，马林见状立即命令壕内的精锐步兵出壕援助。

前两路明军迅速相继败亡，刘𬘡所率领的第三路明军却姗姗来迟。刘𬘡所率部下分别是管宽甸游击祖天定、南京陆兵大营都司姚国辅、山东营都司周文、副总兵江万化、瑷阳守备徐九思、浙江兵营备御周冀明等人，总兵力有一万余人，另有一万三千朝鲜兵相助。由海、盖兵备道副使康应乾为明军监军，以同知黄宗周赞理，以镇江游击都司乔一琦为朝鲜军监军。刘𬘡率领的明军多为步兵，主要是来自川、湖、浙、福等省的南方人，不能适应东北地区的寒冷气候，且由于刘𬘡和杨镐曾在朝鲜战场上结下仇怨，二人私人关系闹得很僵，因此杨镐配发给刘𬘡军的装备在明军中是最差的，导致刘𬘡军的战斗力十分低下。

刘𬘡这一路行军路线危险而遥远，重峦叠嶂，而后金军利用山路两旁树木参天的条件，在三处关键的主干路段砍倒了许多树，让树木"纵横山谷，使人马不得通行"，迫使明军"且砍且行"，极大地拖延了刘𬘡军的行程。刘𬘡军赶到深河、牛毛、马家一带时，遭遇了防守董鄂路的数支小股后金部队。后金军寡不敌众，前后损失三千兵马，其余人突围溃逃。刘綎遂以为后金军不堪一击，继续深入敌境。此时，刘綎已孤军深入三百里，可是他并不知道西线杜松、马林两军已经全军覆没。

努尔哈赤听闻西线用来牵制刘綎部的后金部队折损了三千兵马，对刘綎部明军的实力心生一丝忌惮，"始怖刘节制"，心知若想击败刘綎军，不能力战只可智取。于是努尔哈赤心生一计，选"浙降人之黠者，诈为杜将军材官"，手持号矢取信刘綎，以炮响三声为联络信号。刘綎对冒充杜松联络官之人深信不疑，以为杜松已经直捣黄龙，遂放弃稳扎稳打、百战百胜的"鹿角枝绕营如城"之战术，"疾驱进兵"。就这样，刘綎极为迅速地、毫无防备地率领孤军朝努尔哈赤精心准备的伏击圈行进。由于刘綎以为后金军主力已经被击溃，所以并没有约束自己的部下，以至于在进入伏击圈之前，刘綎军士兵"数十里间，分掠部落，不成行伍"。

当监军游击将军乔一琦的先锋队进入富车一带的后金军伏击圈时，女真将领达尔汉以及牛录额真托保率领伏兵突然发动猛烈袭击，乔一琦所率明军霎时间全线崩溃，全军尽殁，仅乔一琦等高级将领得以逃脱，立即返回大营将战况告知刘綎。刘綎得知遭遇后金军主力，率领军队登上阿布达里冈，"督军进薄"，准备布置战阵。

后金军也登上山冈，位置还在刘綎军之上，而另外派一支军队直奔刘綎军的西边。山冈上的后金军自上而下冲击，奋勇攻击刘綎军队，刘綎殊死苦战。刘綎西边的后金军又从旁边夹击，刘綎军坚持不住，后金军乘势追击，同刘綎后续部队二营军队相遇。刘綎军还来不及布阵就被后金军击溃，刘綎"面中一刀，截去半颊，犹左右冲突，手歼数十人而死"（《明史纪事本末补遗》）。

刘綎的养子刘招孙骁勇无匹，见义父被杀，忍泪背上刘綎尸身冲出敌围，徒手杀死数人，亦因寡不敌众而战死。监军乔一琦见战局已定，宁死不降，投崖殉国。刘綎兵败身死，其手下尚有数千浙兵未散。可是山谷狭窄的地形让他们无法施展。"胡数百骑，驰突而上，浙兵崩溃，须臾间，斯杀无余。目睹之惨，不可胜言。"（《栅中日录》）而与刘綎军同行的朝鲜兵在其统帅姜弘立的率领下与后金贝勒代善讲和，进入赫图阿拉城投降。

三、败因

最后一路李如柏军是四路明军中最显窝囊的。李如柏军以辽阳副总兵事务参将贺世贤为副将，左翼营管游击事务都司张应昌、义州参将事务副总兵李怀忠、总镇坐营游击戴光裕、总镇左翼营游击王平、总镇右翼营管游击都司冯应魁、武靖营游击尤世功及平西堡备御加衔都司喻成名、李克泰，游击将军吴贡卿、于守志、张昌胤等人，以分巡兵备道参议闫鸣泰为监军，推官郑芝范为赞理。李如柏军主力多是辽东人，其总兵力达两万五千人。

李如柏的军队之师走鸦鹘关一路，此路乃四路明军最易行之路，一天之内若疾行五六十公里便可直捣赫图阿拉。赫图阿拉若失，后金将全军震动，明军之胜便唾手可得。因此，李如柏一路应该是努尔哈赤最担心的。然而努尔哈赤在此最为关键之路竟然只设五百名士兵以当李如柏两万五千之众，而李如柏挟大军在手一直观望不前，眼睁睁看着其他三路友军全军覆没，然后一枪不放地率军撤退。李如柏在撤退过程中遇到小股女真哨探的骚扰，全军数万将士竟然惊吓得四处狂奔，自相踩踏，死伤千余人，最后灰头土脸地撤离前线。

萨尔浒一役，明军阵亡高级将领和高级文职人员共三百一十人，四万五千八百七十余名将士战死沙场，损失战马、骆驼共四万八千六百余匹，战车一千辆左右，火器一万三千零一十五具。后金军仅折损数千人。是役被后来的乾隆帝誉为"基业实肇乎此"，是女真与明朝斗争的转折点。此战导致明朝在辽东地区的实力锐减，整个辽东防线完全崩溃，后金政权开始主导辽东形势。另外，此役后，努尔哈赤趁机吞并了海西叶赫部，后金在完颜金朝之后首次成为基本上统一的女真政权。

萨尔浒大战后金为什么会取得胜利，现在一般看法都是杨镐兵分四路之战略失当，而努尔哈赤正是看出了杨镐战略的弱点，以"凭尔几路来，我只一路去"战略，集中优势兵力，将各路明军各个击破。然而真相并非如此简单。后世史书为彰显胜利者的智慧，才会把复杂的阴谋与局势略写成努尔哈赤的机智与杨镐的愚蠢之间的对比。笼罩在萨尔浒之战的疑云，是不可能仅靠简单的一句"凭尔几路来，我只一路去"就能解释清楚的。

首先，杨镐兵分四路之战略并不是萨尔浒明军战败的关键原因。按照杨镐的计划，四路大军本来应该同时到达前线，努尔哈赤根本就不可能有机会集中兵力各个击破。努尔哈赤率领主力和任何一路明军纠缠，都会遇到其他三路明军的支援。更为重要的是，如果努尔哈赤同时分兵御敌，那么将至少有一路明军可以迅速攻占努尔哈赤的大本营赫图阿拉。这样女真军队不但会士气大挫，而且其粮草补给也会成为大问题，另外，攻占努尔哈赤后方的明军也可以与前线的明军两路夹击，努尔哈赤将插翅难逃。既然杨镐兵分四路的战略并没有致命缺点，甚至可以说是一个极为巧妙的战术计划，那么问题到底出在哪里呢？

其实问题就出在各路明军进军的时间上。我们可以看到，四路明军每一路军队都在执行杨镐计划的时间问题上出了致命差错。首先，杜松军从一出发起就以超乎寻常的速度进军，竟然"先战期三日抵浑河"。杜松既然提前三天到达前线，那么若遭遇女真军队埋伏，三天之内都不会得到增援。如此兵家之大忌，杜松这个身经百战的老将为何会犯？

根据现有文献材料，绝大多数线索都指向一个人——另一路明军统帅李如柏。在诸路明军会师于辽阳之际，李如柏在犒师大会上举杯对杜松阴阳怪气地说："我以首功让汝。"杜松则"直饮不辞"，并和李如柏调换了进军路线，杜松军改为进军防备重重的抚顺方向，而李如柏则改出兵相对安全的清河方向。在杜松出兵不久后，李如柏又"使人谬传如柏自清河进兵，奴酋（指努尔哈赤）已被擒"。杜松不甘心首功被李如柏夺去，这才更加急躁地快速行军，给了后金军围歼的机会。

而刘綎的败亡也与李如柏有着至关重要的关系。刘綎和后金军队决战的时候，李如柏明明可以出手援助，却拒绝副将贺世贤出兵增援的请求，依旧按兵不动，任由刘綎全军覆没。《明神宗实录·第五百八十一卷》中分析，"（若李如柏）少听贺世贤之计，偏师策应，杀入重围，刘綎当不至死，或夹击成功，未可知也"。可以说，李如柏的不作为是萨尔浒之战失败的最大原因。

那么李如柏为何不惜冒着输掉整场战争的风险，非得要置杜松和刘綎于死地呢？李如柏的父亲便是李成梁。李成梁不仅一再被明朝加封，其子侄也被封为明军中的高级将领，"子如松、如柏、如桢、如樟、如梅皆为总兵官；如梓、如梧、如桂、如楠，亦官至参将"。其中，李如柏的大哥李如松指挥过万历二十年（1592）平定宁夏哱拜叛乱之战以及壬辰抗倭援朝战争，并接替其父出任辽东总兵，其军略胆识不逊其父。李如柏的弟弟李如梅曾于万历二十四年（1596）出塞三百里，捣蒙泰宁部炒花胜还，以功晋封都督金事。后李如梅任御倭副总兵，跟随李如松抗倭援朝，射杀日本大名立花宗茂家侍大将十时连久和立花家臣小野成幸。后又升任御倭总兵官，参与蔚山之战，任先锋官，多有战功。李如柏本人亦战功赫赫，先后追随父兄在宁夏、朝鲜、蒙古等战场建功无数。

由于李成梁早就与努尔哈赤关系非常，而李家为了保持边塞稳定和既得利益，依然"与奴酋（指努尔哈赤）有香火之情"。尤其是在李成梁死后，继承父业的李如柏更是与努尔哈赤相互勾结。在李如柏看来，只要保持着与努尔哈赤的"香火之情"，小心翼翼地在努尔哈赤与明廷之间周旋，维持双方的平衡，李家就足以在辽东一带保持显赫的地位和权力。

可是，随着抚顺之战的打响和万历皇帝下诏讨伐后金，李如柏的如意算盘就被打破了。首先，李如柏不想与努尔哈赤撕破脸皮，且李如柏及其背后的辽东武将集团对努尔哈赤八旗铁骑的战斗力十分清楚，"畏敌之强"，"度我师不足以挡之"。

因此，李如柏在战前就和努尔哈赤有着秘密协定，双方只是象征性"交战"——"如柏之不欲当奴酋，即奴酋之不急击如柏也"，努尔哈赤方才敢在最惧为掎角、"制敌之命"的清河一路只设兵五百人，于三月初一率全部主力围攻杜松部，又于三月初四只在赫图阿拉留兵四千，率主力军围攻刘绖部。

其次，李如柏本欲独占辽东之利，然而萨尔浒战之前，"西陲勇将"杜松、"功冠于西南"的刘绖等"宿将并萃于辽"。李如柏"害其能"，生怕这些名将夺得征金首功，取代李家在辽东的地位，于是才故意对杜松使用激将法，并传递给其假消息，令其迅速进军，落入后金军的圈套，又在刘绖与后金军殊死搏杀之际，袖手旁观，致其全军覆没。可以说，正是李如柏及其背后的李系军官集团的私心，误军、误战、误国，成为导致明朝灭亡的祸首。

导致明军萨尔浒大战惨败的另一个人是总指挥杨镐。他为了个人的权欲和野心，大搞派系斗争。杜松、刘绖等军功派名将功勋卓著，不甘心听从杨镐的调度，而杨镐不但没有尽心去消释自己与手下军功派将领之间的隔阂，反而想尽一切办法去打压他们。尤其是对曾在朝鲜战场上与自己有过嫌隙的刘綎，杨镐居然给他的军队派发劣质装备。

而且，杨镐还想方设法去提拔、包庇与自己关系要好的将领，借以与军功派将领抗衡。如李如柏，杨镐与其"结义兄弟，曲宴私觌"，从抗倭援朝战争起，杨镐便视李如柏为自己的心腹将领。因此，杨镐一心想让李如柏夺得讨伐后金的首功。杨镐不但令其改出相对安全且便于直捣敌巢的清河路，还请朝廷令李如柏"将中军以为功在漏刻"。可是李如柏辜负了杨镐的期望，白白错失了战机。杨镐在得知其他诸路明军覆灭之后，"阴如柏率部全师归"。

在战败之后的总结中，杨镐便把一切罪名都安到已经殉国的将领头上。他在上奏万历皇帝时称："剿夷四路分兵，沈阳（指杜松军）不遵期约，遂并开铁路同致覆败，臣恐清河、宽甸两路愈远难准，俱以令箭驰止。去后清河路李如柏遵奉回师。"

杨镐非但不责怪李如柏不战而逃之罪，反而称赞其"遵奉回师"，这样的不公招致朝野上下一片不满。浙江道御史杨鹤上疏道："观今日功罪，不别赏罚，不明风闻。杜松鏖战身死，杀贼亦多，经反言杜松贪功轻进，不问如柏之逗留，保以服死事之心。"直接指出了杨镐与李如柏沆瀣一气，反诬杜松的黑幕。

马林部的覆灭也与杨镐的私心有关。马林出身将门，父亲马芳为当世名将，《明史》赞其"大小百十接，身被数十创，以少击众，未尝不大捷；擒部长数十人，斩馘无算，威名震边陲，为一时将帅冠"。不过马林却丝毫没有继承其父的勇略，史书称其"雅好文学，能诗，工书，交游多名士"，"虽更历边镇，然未经强敌，无大将才"。马林说到底不过是一个倚仗父名的贵公子，不堪任独当一面之职。不过，为了压制军功派诸将，扶植自己在军中的势力，杨镐还是执意提拔马林为一路主帅。

同属马林一路军的开原兵备道潘宗颜知晓杨镐让马林出任统帅，上书云"林庸懦不堪"，乞易他将，建议"以林为后继"，并预言"不然必败"。然而杨镐视此良言为军功派将领的夺权之辞，不予理睬。后来懦弱胆小的马林果然在战争中弃军逃跑，导致全军无主，迅速覆灭。

除了杨镐、李如柏等人党同伐异，私心误国，用阴谋陷害同僚外，朝鲜盟军的敷衍也是明军萨尔浒决战惨败的重要原因之一。朝鲜国君光海君李珲对迅速崛起的后金心存畏惧，迟迟不肯派出援军。后来在万历皇帝的逼迫下才勉强答应将军队开到义州等边境地区。此外，光海君还采取拖延运粮等手段拖延朝鲜军的前进。可以说，若朝鲜军没有一拖再拖，刘綎军就能奇袭赫图阿拉，如此，谁胜谁负便难以预料了。

四、补牢

到了四月，方从哲请求从速补充内阁辅臣，为此连上十几道奏疏，甚至在文华门连续候旨六天，才得到皇上寥寥数字的回答："请补阁员，少俟有旨行。"过了两天，明神宗朱翊钧向方从哲作出解释，请补阁员的事实在是由于病得不轻，无法批阅奏章，不得不拖延的。明神宗朱翊钧说："朕自前月以来，不时动火静摄。昨偶感雨气微寒，以致腹疼泻痢，头目眩晕，数日未止，见今服药调理未愈。……其枚卜阁员，并补大僚等事，少俟朕稍愈，即旦夕详览简发。"

战败的消息传来，京师大震。内阁元辅方从哲立即报告明神宗朱翊钧，希望皇上在此紧要关头出御文华殿，召见九卿科道等官会议，共图保卫辽东保卫京师的方策，但是并没有引起明神宗朱翊钧的重视。第二天，详细的战报传来，明神宗朱翊钧才感到大事不妙，向兵部发去一道谕旨，

对杜松贪功轻进，以致丧师，表示痛惜；对马林应援失期，有所不满，要
他戴罪立功。

次日又传谕内阁，对杜松等将领出兵违期，贪功不利，殒将丧师，表
示愤慨。他还说，文武百官关于辽事的紧急奏疏，待详细审阅后，再作出
批示，要方从哲传示各衙门，静候谕旨。不久，明神宗朱翊钧作出决定，
下令逮捕此次战败的主要责任者杨镐，将他关入锦衣卫诏狱论死；起用熊
廷弼为辽东经略，出来收拾残局。

熊廷弼，字飞白，号芝冈，湖广江夏人。万历三十六年（1608）巡按
辽东时，对巡抚赵楫、总兵李成梁放弃宽奠新疆八百里极为不满。他在辽
东数年，杜馈遗，核军实，按劾将吏，不事姑息，风纪大振。后改调为南
直隶督学。万历四十七年（1619）杨镐丧师，明神宗朱翊钧鉴于熊廷弼熟
悉辽事，提升他为兵部右侍郎兼右佥都御史，代杨镐经略辽东。

熊廷弼立即走马上任，还未出京，开原沦陷。他上疏分析辽东形势：
辽左为京师肩背，欲保京师，欲保河东，开原必不可弃。今开原破、清河
弃、庆云掠、辽西围，铁岭、懿路数城居民逃亡。独辽阳、沈阳孤立于河
东，难以守御。然而，不守辽、沈，必不能保辽东；不复开原，必不能保
辽、沈。他把收复开原看作保卫辽东的当务之急，为此，他请求皇上速遣
将士、备刍粮、修器械，不要拖欠军饷，不要从中掣肘，不要交担于臣而
不相照管。

明神宗朱翊钧深以为然，立即降旨："恢复开原乃御虏安边急务，应
用兵马、器械、钱粮、刍豆等项，着各该衙门火速处办，刻期齐备，毋得
借口缺乏，致误军机。"并且赐给他尚方宝剑，以重其事权。明神宗朱翊
钧对熊廷弼寄予很大的期望。

熊廷弼刚出山海关，铁岭又失守，沈阳及各城堡军民一时尽逃，辽阳
人心惶惶。八月初，熊廷弼进入辽阳，立即着手整顿，劝逃亡者回归，斩

逃将以祭死节将士，杀贪将陈伦，劾罢总兵李如桢，以李怀信代替，督军士造战车，治火器，浚濠缮城，为长期守御之计。

几个月下来，辽阳守备大固。于是，他又向明神宗朱翊钧条陈制敌方略。他深谋远虑地指出：今日制敌方案有三，即恢复、进剿、固守。此时此地漫谈恢复、进剿，显然过于草率。不如以固守为稳着，守正是为了战。然而，守亦谈何容易！敌军十万，官兵应有十八万，而现在仅有近八万，还在简汰之中，不能作为实数。只有招募、征调二法，予以补充。这十八万军队，分布于嗳阳、清河、抚顺、柴河、三岔儿、镇江诸要口，首尾相应，小警自为堵御，大敌互为应援。不过，十八万军队需要饷银三百二十四万两、米粮一百零八万石、马豆九十七万石，必须保证供给。

从当时的战略态势来看，熊廷弼不同意恢复、进剿两种方案，而采取固守方案，是唯一正确的抉择。明神宗朱翊钧很快批准了这一方案，批示道："审度贼势，分布战守方略，颇合机宜。防守既固，徐图恢复进剿，尤是万全之策。所用兵马粮饷着该部多方措处，毋致缺乏。……熊廷弼着益用心经略，副朕倚任之意。"

在明神宗朱翊钧的全力支持下，熊廷弼经略辽东一年，取得了明显的成效，局势渐趋稳定。辽阳颓城已整修一新，丧胆逃亡的人民纷纷回归，生活安定。原先遭到战争威胁的奉集、沈阳两座空城，如今俨然成为重镇，民安于居，贾安于市，商旅纷纷于途。

在以后几个月中，明神宗朱翊钧虽身患重病，但对熊廷弼仍分外关注，别的奏疏可以不看，唯独熊廷弼的奏疏非看不可，而且无不一一批答，随上随下。明神宗朱翊钧对边事的关切，对熊廷弼的信赖，使熊廷弼能够安于官位，使辽东获得暂时的安宁。

明神宗朱翊钧最后两年的生活，是在辽东战事的忧虑与日益加重的疾病煎熬中度过的。万历四十六年（1618）入夏以来，一直到病逝，明神宗朱翊钧身体始终不好。六月初六他对方从哲说："朕入伏以来，暑湿熏蒸，不时腹泻，头目眩晕，身体发软。见今服药未愈，临御不便。"

不能视朝，还得为辽事操心。这时，他多么需要得力的内阁辅臣为之排忧解难。自从万历四十五年（1617）次辅吴道南丁忧归里后，内阁辅臣只有元辅方从哲一人，而方从哲又偏偏不是一个勇于任事的股肱之臣，当此多事之际畏缩不前。他因儿子方世鸿杀人，遭巡城御史弹劾，索性借此机会乞求皇上罢官。不久，天上出现彗星，京师又有地震，方从哲向明神宗朱翊钧指出，妖象怪征，层见叠出，是他奉职无状的结果，表示要痛自修省，又想辞官不干。

此举引来朝士杂然哄笑。河南道御史熊化上疏弹劾方从哲佐理无效，私庇辽东督抚。于是，方从哲再次上疏乞罢，称病在家，坚卧不出。明神宗朱翊钧不能没有辅臣，劝慰他不必对言官的弹劾太介意，对他说："方今国事多艰，须卿弘猷匡济，共图化理，岂可以浮言坚欲求去！"

万历四十七年（1619）的春节到了。正月初一，明神宗朱翊钧照例又是免朝，这已是万历二十年以来的惯例了。方从哲还是率文武百官来到午门外举行庆贺典礼，礼毕后，又到仁德门致礼。然后，向长期不见面的皇帝上了一道奏疏，对近年来的朝政缺失——大僚半缺、言路几空，发了一通牢骚。明神宗朱翊钧看了以后，批示道："览奏，情词恳切，具见忠爱，朕已悉知。所请补大僚、用言官，俟朕详览，陆续简发。其余诸事，朕已知道了。况今国家多事之际，又值履端节届，卿为首辅重臣，宜表率百僚，岂可托疾不出，国事何赖！"

从万历四十六年（1618）十二月以来，方从哲称病在家，逍遥了四十多天，致使内阁大门白昼紧闭，辅臣揆席虚悬，无人理事。明神宗朱翊钧不得不派鸿胪寺堂上官前往方府宣谕："辅臣方从哲速出视事！"

几天后，方从哲才声称病痊，出来视事。及至杨镐出师大败的消息传来，礼部主事夏嘉遇以为辽事之坏方从哲难辞其咎，两次上疏弹劾。方从哲唯恐皇上怪罪，吓得不敢到朝房办公。直到明神宗朱翊钧优旨恳留，才放下心来，入阁视事如故。为了减轻压力，方从哲三月十一日向明神宗朱翊钧提出，希望皇上出御文华殿，召见九卿科道等官会议，共图保辽保京师之策。

不料，万历四十八年（1620）七月二十一日明神宗朱翊钧病逝，熊廷弼失去了强有力的支撑，不久就遭到言官出于党派门户之见的无端攻击，终于导致罢官的下场。辽东局势从此发生剧变，每况愈下，再难以挽回了。

五、驾崩

明神宗朱翊钧派文书官到内阁传谕，向方从哲表明，对杜松等出师不利感到深切警惕；同时对于他不能出御文华殿会见群臣作出解释："朕自三月初一日以来，偶感微寒，头目眩疼，心腹烦懑，又且痰湿注足未愈，见今服药调摄。"明神宗意思是，因疾病缠身，无法出御文华殿，希望大臣们谅解，不要再伏阙恳请了。

方从哲实在沉不住气了，改变以往那种虚与委蛇的态度，批评皇上并无真心实意："臣以枚卜一事，竭诚恳请，无奈吁呼虽切，聪听转高。不曰圣躬未愈，则曰圣体尚须调摄；不曰少俟有旨，则曰旦夕即有旨下。辗转延挨，日复一日，是皇上原无允补之意，不过借此以示羁縻耳。"矛盾已经尖锐到这种地步，明神宗朱翊钧不便再拖，便对方从哲说："卿今恳请数至，便着吏部会推在任在籍素有才望堪任者六七员来简用。"

吏部遵旨会推阁员之后，把名单报了上去，明神宗朱翊钧并没有马上点用。方从哲连续奏请，明神宗朱翊钧才简用了史继偕、沈纮二人，感到不太满意，又将简用阁员的公文压住不发。方从哲接到的仍是这样的谕旨："朕昨入夏以来，天气乍寒乍燠，以致腹痛泻痢，服药稍愈。近又连日阴雨，偶尔中暑，头目眩晕，动履艰难。各衙门章奏未经详览，见今服药调摄，俟朕少瘳，次第简发。"

然而，明神宗朱翊钧的病始终不见好转，一直到他病逝，仍未正式任命史继偕、沈纮为内阁辅臣。皇帝疾病缠身，廷臣伏阙吁请无效，朝政处于半瘫痪状态：内阁只有一人，部院堂官只有八九人，科道官只有十几人，中央政府难以运作。这种状况引起言官们极大的不满，内阁元辅方从哲不免成为众矢之的。御史张新诏弹劾方从哲："诸所奏揭，委罪君父，诳言欺人，祖宗二百年金瓯坏从哲手。"御史萧毅中、刘蔚、周方鉴、杨春茂、王尊德、左光斗等纷纷攻击方从哲。方从哲早就不想干了，面对如此声势，立即向明神宗朱翊钧提出"尽夺臣官，放归田里"。

如果真的让方从哲放归田里，内阁无人，政府岂不瘫痪！当此之际，明神宗朱翊钧只能出面承担责任，他说："朕因连日动火，致患目疾，未暇详阅，且批发章疏间有更改，皆朕亲裁独断，与卿何预！"同时又谴责了那批言官："不谙事体，诬蔑辅臣，好生可恶。"隔了几天，他又派文书官到方从哲寓所传谕："朕以腹泻痢疾，服温暖之物过多，遂连日动火，致患目疾。足疾未愈，每入冬甚剧……（卿）今杜门不出，国事何赖！"

方从哲从十一月以后，始因人言，继因患病，连续八次上疏乞休，自谓决无再出之理。今见皇上如此诚恳挽留，既不能脱然径去，又不能晏然苟安，每天到内阁办公，赴文华门恭候票拟，以及简用阁臣之旨，总是落空。

万历四十八年（1620）春节过后，明神宗朱翊钧的病情仍不见好转。入春以后，他又有动火眩晕、目疾、脾胃诸症。方从哲以为是借口调摄搪塞，要皇上择日御文华殿，召见文武群臣。两天后，九卿等官员齐集于文华门，联名上疏，请皇上临朝。明神宗朱翊钧派太监到思善门传旨：

朕前因中暑伤脾，又患目疾足痛。昨入春以来又发眩晕。其各项文书繁多，日每查简，俟简出何项文书，即发何项文书。卿且回内阁候旨，仍传与大小九卿各官，俱着回原衙门办事，毋得再有渎扰。

方从哲再次愤然上疏，以病甚乞休。明神宗朱翊钧派太医院医官前往诊视，温旨慰留，并派文书房太监传话给他："自入春以来动火眩晕，神思恍惚，又目疾足痛，又泻，见今服药调摄。其各项文书日每查简原疏，补阁臣、点大僚管官，俟简出即发行。"

方从哲因从未目睹，不相信皇上果真病重到"神思恍惚"的地步。明神宗朱翊钧也知道臣下对他是否真病有所怀疑，便对方从哲说："朕因动火，头目眩晕，身体软弱，又足痛，动履不便，见今服药调摄。且疾病痛楚，是人所乐受否？真疾非假。所请临朝未便……"

四月初六，明神宗朱翊钧的皇后王氏病逝。宫中忙于丧礼事宜。四月十一日，方从哲前往思善门哭临，然后到仁德门恭请皇上圣安，要太监转告亲至御前一睹"天颜"的请求。少顷，太监口传明神宗朱翊钧旨意，召方从哲到弘德殿。方从哲随太监来到弘德殿皇上御榻边，但见御榻东向，皇上侧身而卧。这是方从哲进入内阁八年来第二次见到皇上，他西向行四拜礼后，跪在地上致辞："圣体违和，外间不能尽知。昨闻御医传示，臣不胜惊惧。又值中宫皇后崩逝，圣心哀悼。伏望皇上宽慰圣怀，善加调摄，以慰中外臣民之望。"说完又叩头致礼。

明神宗朱翊钧回答："朕知道了。国家多事，先生可尽心辅佐。"

方从哲说："臣蒙皇上厚恩，倘可图报，敢不尽力？"

明神宗朱翊钧说："朕自昨岁三月以来，时常动火，头目眩晕。五月后又中暑湿，肚腹不调，呕吐几次，脾胃受伤。至今不时泻痢，身体软弱。因泻多，下部肿痛难坐。又湿痰流注，右足痛，动履不利。每日文书俱朕亲览，但神思恍惚，眼目昏花，难以细阅。"看来病情确实不轻，且是多病并发。要求一个臀部肿痛难坐、足痛行动不便、眼目昏花、神思恍惚的人，临朝处理公务，批阅公文，显然是不现实的。方从哲亲眼所见，心中不免有点酸楚。

这时，明神宗朱翊钧又对司礼监太监说："都说与先生。"那意思是把病情一五一十全部告诉方从哲。待司礼监太监说完，明神宗朱翊钧昂起头来对方从哲说："先生试看朕容。"还把手腕露出来让方从哲看。方从哲跪行到御榻前仰视，见明神宗朱翊钧果然消瘦得厉害，便劝慰道："皇上一身百神呵护，但加意调理，自然万安。"说完这些，方从哲抓紧这一难得的时机，把平时积压的问题简要地当面向皇上提出："如今辽东虏情紧急，又值皇后大礼，阁中只有臣一人，且十分病困，实难支持，望皇上将已点二臣即赐简用。"

明神宗朱翊钧回答："辽东的事，只因文武不和，以致如此。阁臣本已批了，因朕寿节，文书多，不知安在何处，待查出即发。"

方从哲紧叮一句："简用阁臣，乃今日第一要务，望皇上早赐查发。"

明神宗朱翊钧说："待朕体稍安，即行。"

方从哲叩头称谢后，又提出第二个要求："见今大僚科道缺乏至极，当此多事之时，望皇上即赐补用。"

明神宗朱翊钧还是那句话："知道了。待朕稍愈，即为简发。先生可回阁办事，尽心辅理，不要推诿。"

方从哲还想再谈第三件事，久病的明神宗朱翊钧支撑不住，闭目就枕，口中喃喃道："知道了……"便渐渐入睡。方从哲只得叩头告辞。

这次皇上在弘德殿御榻前的召见，方从哲受宠若惊，留下了深刻的印象，尤其对皇上的病情有了真切的了解，以前以为皇上装病偷懒，实在有点冤枉他了。他返回朝房后，对同僚们谈起皇上的病情时说："上自言病状甚悉，语多不能尽忆。"又说，皇上目眩头晕日久，耳朵近于失聪，对话时每每回顾内侍，令他们复述，才能听清。可见明神宗朱翊钧已经病入膏肓了。

帝制时代，皇帝大权独揽，一旦病倒，政府的运作便失灵。对于明神宗朱翊钧这个不肯大权旁落事事独断的人而言，尤其如此。疾病使他不能临朝亲自裁决大政方针，又不能及时批阅奏章公文作出批示。方从哲只能一味等待，除了对皇上专意静摄、章奏封束高阁发发牢骚之外，别无他法。进入七月，明神宗朱翊钧病情恶化，有半个月没有进食。

七月十七日，方从哲从御医那里获悉此事，立即上疏安慰。明神宗朱翊钧已无力阅读，听太监转述后，口传谕旨："朕因脾胃受伤尚未痊愈，昨稍尔劳烦，近又中暑湿蒸，前疾复作，见今服药调摄，神思不爽。其紧要各项文书，俟朕疾稍瘳，即简发行。"病危的明神宗朱翊钧，仍念念不忘痊愈后重理朝政，他自己也没有料到，四天后竟一命呜呼。

七月二十一日，宫中传出"上疾大渐"的消息。英国公张维贤、大学士方从哲、吏部尚书周嘉谟、户部尚书李汝华、兵部尚书黄嘉善、代理刑部尚书张问达、代理工部尚书黄克缵、礼部右侍郎孙如游等人，慌忙赶到弘德殿，明神宗朱翊钧勉励大臣们"用心办事"。

大臣们向皇上致辞问安。吏部尚书周嘉谟不失时机地向皇上提出用人的请求，皇上随口答应。待大臣们退出后，明神宗朱翊钧发出了他最后一道给内阁的谕旨：

"朕嗣祖宗大统，历今四十八年，久因国事焦劳，以致脾疾，遂不能起，有负先皇付托。惟皇太子青宫有年，实赖卿与司礼监协心辅佐，遵守祖制，保固皇图。卿功在社稷，万世不泯。"

发出这道谕旨的当天，明神宗朱翊钧在弘德殿御榻上病逝。他在位四十八年，享年五十八岁。临死前，他留下了遗诏。在遗诏中，首先表示，对临朝四十八年之久已无可遗憾："朕以冲龄缵承大统，君临海内四十八载于兹，享国最长，夫复何憾。"接着，他回顾了这四十八年政治生涯，作出了评判："嗣服之初，兢兢化理，期无负先帝付托。"以后由于身体多病，"静摄有年，郊庙弗躬，朝讲稀御，封章多滞，寮寀半空，加以矿税烦兴，征调四出，民生日蹙，边衅渐开。夙夜思惟，不胜追悔"。

看得出，在缠绵病榻之际，明神宗朱翊钧对他的一生作了深刻的反省，很有一点自我批评的勇气，承认了一系列弊政及其危害。基于这样的检讨，他提出了一些补救措施：一是"内阁辅臣亟为简任，卿贰大僚尽行推补"。二是"建言废弃及矿税诖误诸臣，酌量起用"。三是"一切榷税并新增织造、烧造等项，悉皆停止"。四是"各衙门见监人犯，俱送法司查审，应释放者释放"。五是"东师缺饷，宜多发内帑以助军需"。

显而易见，这些措施对于整顿紊乱的朝政不无小补。然而这一切未免太晚了，难以改变后人对他的看法。《明史》对他的一生作这样的评价：

"神宗冲龄践祚，江陵秉政，综核名实，国势几于富强。继乃因循牵制，晏处深宫，纲纪废弛，君臣否隔。于是，小人好权趋利者驰骛追逐，与名节之士为仇雠，门户纷然角立，驯至惷愍，邪党滋蔓。在廷正类无深识远虑，以折其机牙，而不胜忿激，交相攻讦。以致人主蓄疑，贤奸杂用，溃败决裂，不可振救。故论者谓：明之亡，实亡于神宗。岂不谅欤！"

对神宗的这种盖棺定论，虽不免过于苛刻，却并非不实之词。综观神宗一生，可谓功过参半。他亲手缔造了堪称整个明代最为富庶强盛的万历王朝，又亲手加以毁坏。他临朝以来，对边事最为关注，所创造的政绩也最引人注目，却也酿成了最为严重的辽东边事，终于由此而导致大明的覆亡。他在临朝初期，对张居正信赖备至，两人配合默契，联手推行新政，成绩斐然；为了报复张居正的威权震主，竟不择手段，不计后果，使新政逐渐化为乌有。由此而引发的翻案风，开启了官僚社会中的党派门户之争。以后他竭力想予以遏制，却苦于心有余而力不足，终于被党争搞得焦头烂额，为他的两个孙子——明熹宗朱由校、明思宗朱由检——留下了无法摆脱的政治后遗症。他并非庸主，而是一个颇有英才之气的帝王，前半生的励精图治，让人刮目相看。

明神宗的致命伤在于"酒色财气"四字，铸就了后半生的一错再错。他沉迷于酒色，使他从青年时代就疾病缠身，想要躬行亲政，又苦于力不从心。他宠幸郑贵妃，使这个野心勃勃的女子在政治舞台的帷幕后上蹿下跳了几十年，在他死后仍不肯罢休。他的尚气使性，使臣下心灰意冷、离心离德，他又担忧大权旁落，更加容不得谏诤，晚年的朝政几乎处于半瘫痪状态。他的贪财秉性，驱使他醉心于聚敛财富，把有明一代最为富庶的一段大好时光，搞得民穷财尽，元气大伤。所谓"明之亡，实亡于神宗"的感叹，大概是由此而发的吧！正如孟森所说："熹宗，亡国之君也，而不遽亡，祖泽犹未尽也。""思宗而在万历以前，非亡国之君也，在天启之后，则必亡而已矣"。

尾声：定陵

明神宗朱翊钧死了，但他的故事并未就此结束。和所有的帝王一样，他的"风光大葬"同样是大明王朝的一项重要工作。

事实上，早在万历十一年（1583），当时年仅二十一岁的朱翊钧便已然开始考虑为自己建造陵墓了。刚刚接替张居正的内阁首辅张四维奉旨之后，不敢怠慢，第一时间预先派礼、工二部大臣偕同钦天监官员、风水先生到天寿山挑选。

几天后，礼部把踏勘结果报告明神宗朱翊钧，安葬明世宗朱厚熜的永陵以东的潭峪岭、安葬明穆宗朱载垕的昭陵以北的祥子岭、东井南边的勒草洼三处都是可供选择的吉壤。明神宗朱翊钧郑重其事地又命定国公徐文璧、内阁首辅张四维、司礼监太监张宏等前往核勘。

经过一番权衡，明神宗朱翊钧最后拍板，点用了其父明穆宗朱载垕昭陵所在的大峪山。陵址选定后，明神宗朱翊钧于万历十二年（1584）十月初七，任命了一个庞大的工作班子，负责筹建工作。定国公徐文璧、内阁首辅申时行为知建造事，兵部尚书张学颜、工部尚书杨兆为总督，工部侍郎何起鸣为提督，礼部尚书陈经邦为总拟规划。

除了政府的这套班子，万历帝还组建了由司礼太监张宏为总督，太监刘济为提督，张清、王升、马良为管理的内宫班子，双管齐下。经过将近十个月紧张的土木准备工作，终于在次年八月初一正式破土动工，营建寿宫。到万历十八年（1590）六月，这个持续了约五年时间、耗资八百万两银子的工程最终得以顺利竣工，是为"定陵"。

根据明神宗朱翊钧的意图，总拟规制的礼部尚书陈经邦拟定的设计方案是仿照安葬明成祖朱棣的永陵规制营建定陵，力求规模宏大，构造精美。例如明楼，十三陵其余诸陵的明楼顶部全是木质结构，唯独永、定二陵的明楼顶部（额枋、斗拱、飞子、檐椽）是由青白石雕琢的预制件构筑而成。再如外逻城，一般明陵只有宝城，没有外逻城，永陵加筑了外逻城，定陵仿效此制，也在宝城之外加筑了椭圆形的高厚坚实的外逻城。

从总体建筑格局看，定陵的地面建筑，相当于皇宫的外朝部分，地下玄宫则相当于皇宫的内廷部分。也就是说，地面建筑中的祾恩殿、明楼、宝顶，相当于皇宫中的奉天（皇极）殿、华盖（中极）殿、谨身（建极）殿，祾恩殿两侧的配殿，相当于文华殿、武英殿，祾恩门则相当于奉天门。地下玄宫的前殿、中殿、后殿，相当于皇宫内廷的乾清宫、交泰殿、坤宁宫，左右配室则相当于东西六宫。

定陵的玄宫，是一座规模宏大的石质建筑，通体用青白石和汉白玉砌成，采用双曲拱券形式，没有一根梁柱。殿室有前、后、左、中、右五座，殿室与殿室之间有双扇石门相隔。前殿、中殿、后殿的石门用料考究，还建有精致的门楼。前殿和左右配室的石门外端，分别建有城砖起券的隧道券，券外有金刚墙封闭入口，并与隧道相连。

前殿的隧道走向，从明楼右侧的宝城墙隧道门开始，至明楼之后直通正对前殿石门的金刚墙入口。前殿是玄宫前部第一座石门内的殿室，平面为纵向长方形，尽处有石门与中殿相通。前殿的大门是全部石结构的券门，券门上出檐，椽枋、瓦脊、吻兽全部是汉白玉雕成。券门下是用汉白玉做成的两扇石门，门高三点三米，宽一点七米。每扇门都是整块石料制成，洁白无瑕，光润异常。

券门内上部，横以管扇（铜制长方形大梁）。石门内侧，有凸起部分，用以承托自来石（顶门用的石条）。石门关闭时，自来石上端顶住门内凸起部分，下端嵌入券门地面上的一个凹槽内。进入石门，是玄宫前殿，东西长二十米，南北宽六米，高七点二米。地面为方形金砖（澄浆砖）铺地，南北二壁用石条砌至券顶。

中殿位于玄宫第二道门内，也是长方形券室，东西长三十二米，南北宽六米，高七点二米。地面用方形金砖平铺，南北二壁用石条平铺起券。前后有石门与前后殿相通，左右有甬道、石门，与左右两侧室（配殿）相通。这是通往前后左右四殿室的中枢殿室，室内陈设着神宗和孝端、孝靖两皇后的汉白玉雕成的御座（宝座）。中央御座在后殿门前，面东放置，靠背雕四个龙头，伸向两端，两侧扶手也雕龙头。这是神宗的御座，两边是孝端、孝靖二后的御座。每个御座前分别设有黄色琉璃制成的五供（香炉一、烛台、花瓶各二），以及一盏由青花云龙瓷缸做的万年灯（长明灯），内贮灯油，油面有铜圆瓢，瓢内有灯芯。

后殿是玄宫的主室，又称玄堂、皇堂，是安放帝后梓宫和随葬器物的地方，比其他殿室更为高大宽敞，南北长三十点一米，东西宽九点一米，高九点五米。四壁全部用石条平砌，地面铺花斑石，磨砌得十分平滑整齐。殿内设有用汉白玉做成的宝床（棺床）。上开金井三处，与地面相接，以畅通生气。

金井上安置帝后的梓宫，神宗居中，原配皇后王氏居左，追封皇后王氏居右。神宗的梓宫外有椁，用朱漆松木板做成，长三点九米，大端宽一点八米，高一点八米。四周散放着九块玉料和四只梅瓶，椁板上放着木制仪仗幡旌。椁板里面是梓宫，用楠木做成，外涂朱漆，大端高一点四米，宽一点五米，长三点三米。梓宫上面有丝织铭旌，写着几个金色大字——大行皇帝梓宫。尸体四周，放置金器、玉器、瓷器、玉带及各种珠宝镶嵌佩饰，另外还有被褥、袍服、冠冕等。

明神宗朱翊钧的陵墓之所以建造得如此恢宏，与其执政初期大明王朝国力的恢复有着密不可分的关系。明神宗朱翊钧运气太好了，正如亚马孙的一只蝴蝶可以掀起南美洲巨大的风暴一样，在经过了一系列阴差阳错之后，全世界的白银开始如潮水一般涌入正处于国运上升期的大明王朝。

腌出上等的咸肉需要多种多样的调味品，即使手艺再精湛的大厨也必须依靠香料与盐的完美配合，才能制作出耐存储的美味。在中世纪，欧洲最为热门的香料主要有几样：一是印度黑胡椒，二是印度尼西亚丁香、肉豆蔻仁和肉豆蔻皮，三是斯里兰卡桂皮，第四样是中国特产——姜。

从货运路线上来看，这几大香料的产地都在东方。1453年奥斯曼土耳其帝国灭亡拜占庭帝国之后，就隔绝了欧洲到东方的通路，垄断了传统的东方贸易。欧洲人没有香料简直生不如死，只能自己奋发图强，探索新路，对香料的渴望被认为是欧洲人探索新大陆的最大动力。

英语中"spice"（香料）这个词来源于拉丁语"species"，常用来指代贵重但量小的物品。高昂的价格甚至使香料成了富人炫富的工具，中世纪有一种流行的炫富方式就是用桂皮烧掉债务人的借条。

在巨大利益的刺激下，欧洲商人开始了大规模的东方冒险。葡萄牙、西班牙、荷兰、英国等国勇敢的航海家们进行了一次次历史性的远航，共同成就了永载史册的大航海时代。财运来了谁也挡不住，自从美洲被发现后，大量产自墨西哥和秘鲁的白银落入了西班牙人和葡萄牙人手中。

1573年，自从第一艘满载白银来购买中国生丝和瓷器的大帆船到达马尼拉后，跨洲贸易产生的白银开始如潮水一般涌入中国。几乎在相同的时间，距离中国更近的日本发现了世界罕见的大银矿——石见银矿和生野银矿。对于明朝来说，日本银有更便捷的地理条件进入中国，与南美银交相辉映。

中国商品不仅质地精良而且价格很低，具有很强的市场竞争力。以丝绸为例，在欧洲，中国同类商品的价格仅是本地产品的一半，在北美洲的墨西哥，中国产品的价格仅是西班牙产品的三分之一。一时间，世界各地的商人带着当时国际流行的硬通货——白银纷纷涌向中国，疯狂采购中国商品。对于一贯自给自足的明帝国而言，进口需求远不如出口那么强劲，这样就产生了巨大的贸易顺差。明帝国仿佛一个超级大海绵，瞬间吸收了全世界大部分的白银，被欧洲人惊叹为东方的"银泵"。

美洲二十年间有四亿比索的白银输入马尼拉，其中大部分最终转到了中国。据何芳川《澳门与葡萄牙大商帆》记载，仅1631年经菲律宾输往澳门的白银就有一千四百万两，而明朝鼎盛时一年的财政收入还不到五百万两白银。明神宗朱翊钧赶上了最好的年景，多年的财政赤字完全消失。明朝在经济方面一直以来的混乱与窘迫，在"一条鞭法"的实施与巨量白银涌入的双重加持下得到了巨大的改观。

张居正死后给万历皇帝留下的家底包括外库银三百多万两，老库银二百多万两，窖库银四百万两，总计达到千万两之巨，创下有明以来国库储备的新纪录。万历皇帝可以说是外借天时，内依人和，不劳而获，坐享其成。大河有水小河满，明朝中央各部也都有自己的银库，工部有节慎库，兵部有常盈库，光禄寺也有小银库，那些年间全都满满当当，私房钱留得相当充裕。

至于皇帝的私人内库，包括如承运库、广惠库、天财库、广源库等十二大库，不仅储满了各种贵金属，还收纳着来自全国各地的各色名贵实物，包括绫罗绸缎、珠宝珍玩、瓷器茶叶、香料蜡烛，应有尽有。太仓银库里，五十两一个的大元宝码得整整齐齐，一眼望不到边，即使在昏暗的库房也闪烁出夺人心魄的光芒，无言地夸耀着帝国的强盛富庶，给明神宗朱翊钧带来了莫大的安全感与满足感。然而他不曾想到的是，这座看似永远也花不完的银山，会消耗得这样快。

宁夏之役、朝鲜之役与播州之役被后世称为"万历三大征"，三次大战虽然留下了彪炳千秋的功绩，但也耗干了帝国的鲜血。与此同时，皇家的奢靡生活却丝毫未变，每年都要耗费大量国家财富。此时国库的存银进账如涓涓细流，支出却似大江决堤。经过多年毫无节制的消耗，到了万历十五年（1587），外库银已基本用光；万历二十七年（1599），窖库银一扫而空；万历三十六年（1608），老库银也只剩下八万两。南京户部的银库在万历十三年（1585）时还有一百五十万两储备，花到万历二十八年（1600）也见了底。户部官员上奏，用八个字准确地描绘出明帝国的财政状况：环视太仓，一空如洗。

万历三大征的辉煌战果仿佛南柯一梦，再不复还。大明王朝在一个曾经并不起眼的敌人——女真人面前一次又一次遭遇了史无前例的惨败。萨尔浒只是个开始，后面还有松锦大败、广宁大败、沈阳大败、松山大败，一步步蚀光了明帝国的老本。后人常把土木堡之败作为明朝由盛转庸的转折点，又以萨尔浒之败作为明朝由庸转衰的转折点。处于国运衰落期的大明王朝，就算能够侥幸打赢一两次战役，也终将在生机勃勃的对手面前输掉整个国家。

明神宗朱翊钧死后第二年，努尔哈赤率诸位贝勒发动了广宁战役，结果王化贞狼狈逃出广宁，熊廷弼在得知"西平堡已失，援兵尽殆"之后，也只好弃城遁入山海关，广宁兵败，京师大震。熊廷弼、王化贞自然要对广宁之战负主要责任。随后，大批控告熊廷弼"无谋"和"欺君"的奏疏蜂拥而至。曾经被认为可堪大用的救世英雄，在当时被说得一无是处。

迫害熊廷弼的真凶，正是以忠君为国著称的"东林党"，杨链、左光斗等所谓东林君子皆在其中。一心报国的熊廷弼终于被送上了断头台，而熊廷弼所在的"楚党"也被"东林党"欺负得如同丧家之犬，最后只得被迫投奔阉党。天启五年（1625）秋日，野云暗淡，孤雁哀鸣，一颗怒目圆睁的忠臣头颅被九大边镇轮流传视。"东林党"人弹冠相庆，朝廷中的有识之士都深感不平，扼腕叹息，边军将士更是无不心寒气苦，士气大丧。一位曾向熊廷弼请教过守辽方略的大臣，看到熊廷弼血肉模糊的首级时一时悲愤难已，写诗追念："记得相逢一笑迎，亲承指教夜谈兵。才兼文武无余子，功到雄奇即罪名。慷慨裂眦须欲动，模糊热血面如生。背人痛极为私祭，洒泪深宵哭失声。"这首诗的作者，便是熊廷弼的继承人，后任辽东督师袁崇焕。

一百多年后，早已坐稳了帝国江山的清高宗爱新觉罗·弘历在读到熊廷弼的事迹后十分感慨，一针见血地说了句公道话："论明之晓军事者，当以熊廷弼为巨擘。读其《陛辞》一疏，几欲落泪！而以此尽忠为国之人，首被刑典，彼其自坏长城，弃祖宗基业而不顾者，尚得谓之有人心，具天良者乎？"

说起来明神宗朱翊钧和清高宗爱新觉罗·弘历在两个方面有着颇为相同的命运。第一，他们同样见证了一个王朝最后的中兴强盛，又亲手将它推入了万劫不复的深渊；第二，他们死后都没能在自己耗资巨大的豪华陵寝中得到长眠，都未能躲过坟墓被毁、尸骨无存的惨剧。

一个皇帝的风评往往与那个时代言论自由的程度成反比。皇帝被黑得越厉害，反而恰恰说明当时是一个言论相对自由，政治氛围开明的时代。明神宗朱翊钧性格中最大的闪光点就是对待大臣比较宽容。尽管他一生中一直在面对如潮的抨击和反对，却没有判处过任何人死罪。无数大臣以近乎人身攻击的激烈言辞对皇帝的私人生活横加指责，也不过被革职为民而已，尽管也有不少官员死于廷杖的拷打和诏狱的恶劣环境，但并非出自皇帝的本意。

顾炎武说得好："昔在神宗之世，一人无为，四海少事。"平心而论，明神宗朱翊钧虽然几百年来一直背负着昏君之名，但绝非一无是处。作为一个中人之君，他被人诟病最多的无非是懒惰、平庸和贪婪，而在破坏力更大的荒淫、暴虐和残忍方面，实际上并无大过。

一般来说，一个王朝的末期往往经济凋敝，百姓苦难，唯独明朝与众不同，晚明时百姓的生活幸福指数并不低。与清朝那些桎梏人性、毁灭文化的"圣君"相比，只是敛敛财、喝喝酒、偷偷懒的万历皇帝，完全可以称得上是一位仁君了。1955 年，定陵被开掘，长眠于巨大金丝楠木红漆棺椁中的明神宗朱翊钧和他的两位皇后无可奈何地重见天日。

沉睡了三百三十五年的万历皇帝早已成为枯骨，他头戴乌纱翼善冠，身穿刺绣衮服，手持念珠，腰系玉带，以扭曲的姿态毫无尊严地出现在当代人的面前。从他的骨骼状况可以看出，这位皇帝不仅脊柱弯曲，而且右腿骨骼严重变形，足以证明他一直声称的足心作痛、步履甚艰以至于无法上朝并非虚言。当时定陵出土了大批珍贵文物，但除了金器数百件被保存下来之外，大量精美的袍料、匹料和服饰用品全部风化，造成无法挽回的遗憾。

今天的定陵陵园门口处，耸立着一座体积巨大的无字墓碑，安放在一只巨大的赑屃背上，无言地记录着墓主人功过参半的矛盾一生，无论后世对他如何毁誉，他都不会再予以反驳。

百年浮世，风雨帝国，一梦华胥，到头来，黄粱散尽，终归是两手空空。